환경기념일로 풀어 본

유아기 지속가능발전교육

지옥정

창지사

머리말

이제 4세 지난 지 얼마 안 된 외손자와 집 가까이에 있는 잠두봉 공원에 올랐다. 2024년 1월, 겨울임에도 산책길에 볼거리, 놀거리가 꽤 많다. 나무 밑에 누워 있는 마른 나뭇잎 중 가장 긴 나뭇잎 찾아 길이 대 보기, 제일 작은 잎 찾아 우리만 아는 비밀 장소에 꼭꼭 숨겨 주기, 마른 나뭇가지 주워 더 멀리 던져 보기, 충실해 보이는 솔방울 골라 골리앗처럼 큰 나무 둥치 맞추기 등. 아이의 반짝거리는 눈빛, 조심스러운 몸짓, 청량한 웃음소리가 눈부신 빛살처럼 주변을 환히 밝힌다. 산책 후 소중히 들고 온 기름한 나뭇가지는 아직도 현관문 안쪽에 서서 우리의 따뜻했던 시간을 몸으로 보여 준다. 아이는 내게 전화할 때마다 우리가 숨겨 준 그 작은 나뭇잎이 잘 있는지, 나뭇가지도 잘 있는지 궁금해하며 물어본다. 이 아이의 미래를 힘을 다해 지켜 주고 싶다. 이 책의 제2판을 내는 주요 이유 중 하나이다.

이 책의 초판이 2014년에 나왔으니 꼭 10년의 세월이 흘렀다. 그때만 해도 우리나라 유아교육 현장은 물론, 학계에서도 '유아기 지속가능발전교육'을 어떻게 실행해야 할지 잘 모르던 상태였다. 2011년부터 시작된 '유네스코 한국위원회의 ESD 인증' 사례가 대학 부속 유아교육기관을 통해 나오고, 필자가 중심이 되어 개발한 '유아녹색성장교육 프로그램'이 2013년 초에 전국 유치원에 배부되긴 했으나 여전히 선뜻 다가가기 어려운 주제로 인식되고 있었다. 이런 상황에서 2013년에 한국교원대학교 조부경 교수님의 권유로 e-learning 컨텐츠인 '환경기념일로 풀어 본 유아기 지속가능발전교육'을 필자가 개발하게 되었고, 그 콘텐츠를 조금 더 다듬어 2014년에 책으로 출판할 수 있었다. 책의 중심 내용은 필자가 2010~2011년 호주의 퀸즐랜드 기술대학교(Queensland University of Technology)에 방문 교수로 머물면서 연구했던 내용과 청주 8개 유아교육기관에서 적용해 보았던 사례였다. 당시 '충북자연사랑유아교육연구회' 학습공동체 안에서 치열하게 고민하면서 현장 적용하느라 애써 준 선생님들, 집필 과정에서 마음 다해 도와 준 제자 김종선, 김용년, 정애경, 변지혜 님에게 여전히 감사한 마음을 가지고 있다.

제2판을 내는 2024년, 지금의 현실은 초판을 내던 10년 전에 비해 확연히 달라졌다. 시대적 배경뿐만 아니라 한국 유아교육계에서 지속가능발전교육을 인식하는 정도나 정부의 관련 방침, 노력의 정도도 많이 바뀌었다. 예를 들면 2014년 당시에는 얼마 전 유엔사무총장이 언급한 바 있는 '지구가 끓는 시대(Era of Global boiling)'라는 단어를 들어보지 못했다. 그저 '지구온난화(Global warming)'라는 단어가 사용되는 정도였다. 또 우리나라의 경우 2014년에는 '탄소중립 중점학교'도 없었고, 'ESD 공모 사업'도 유네스코 한국위원회 경우 말고는 없었다. 2024년 현재는 이런 사업들이 활발히 진행되고 있고, 유아교육 현장의 참여 폭도 넓어졌다. 시대적 상황이 이렇게나 바뀐 것이다. 필자가 제2판을 내야겠다고 크게 느낀 부분이다.

제2판 역시 초판의 경우와 마찬가지로 전체적으로 3개의 PART로 나누어 기술하였다. 먼저, PART Ⅰ. '지속가능발전과 지속가능발전교육'은 3개의 장으로 나누어 기술하였다. 즉, 제1장에서는 지속가능발전이 무엇이고 왜 필요한지를, 제2장에서는 지속가능발전교육의 출현 배경은 무엇이고, 그 의미는 무엇이며, 2016~2030년까지 전 세계적으로 강력하게 추진되고 있는 SDGs(Sustainable Development Goals)와 어떤 관계가 있는지를, 제3장에서는 우리나라 정부의 관련 노력 및 지속가능발전교육과 국가 수준 교육과정과의 관계 등에 대해 다루었다. 이어 PART Ⅱ. '유아기 지속가능발전교육과 환경기념일' 역시 3개의 장으로 나누어 기술하였다. 즉, 제4장에서는 유아기 지속가능발전교육의 세계적 동향과 그 특성이 무엇인지를, 제5장에서는 모범적인 사례들을, 제6장에서는 유아기 지속가능발전교육의 소재로서 환경기념일을 소개하면서 교육내용과 교육방법을 소개하였다. 마지막으로 PART Ⅲ.에서는 선정된 몇 개 환경기념일에 대해 소개하고 이를 유아교육 현장에 적용할 수 있는 실제 방안들을 제시하였다. 즉, 제7장부터 제14장까지는 '세계 물의 날'부터 '아무것도 사지 않는 날'에 이르기까지 8개 환경기념일의 의미 및 유래, 그 환경기념일과 유아기 지속가능발전교육과의 관계, 관련 활동 소개순으로 기술하였다.

이 책에서 실제 사례로 제시하고 있는 것은 모두 2004~2019년까지 함께한 학습공동체 8개 원과 2023년에 다시 새롭게 구성한 학습공동체 10개 원에서 나온 것이다. 그간 어려운 상황에서도 학습공동체 일원이 되어 든든한 울타리 역할을 해 주신 우성자(가경) · 이미연(수림) · 이지영(아이림) · 임진숙(미평) · 장승옥(BK) · 홍경선(영광) · 김경수(온누리) · 송향자 · 이옥주(무궁화) · 신미숙(자연생태숲) · 신희정(청주 YWCA) · 이호인(중원) · 정애경(아이온) · 정은경(YB) 원장님께 머리 숙여 감사드린다. 또한 20년 가까운 긴 세월을 원장으로, 지금은 'EfS 유아와 환경연구소'의 부대표로 신실하게 함께 해 주는 김영수 부대표님께도 고마운 마음을 전한다. 더불어 언제나 따뜻한 지지로 함께 해 주는 가족이 있었기에, 무엇보다 아람이, 상윤이, 상준이를 통한 생명의 신비가 매일매일 너무도 감사했기에 이 책의 마무리가 가능했음도 밝히고 싶다.

초판이 나왔을 때 창지사에서 멋진 책으로 제작해 주셔서 당시 세종도서로 선정되는 기쁨을 누렸고, 더 많은 이들에게 소개될 수 있었다. 제2판도 지속가능발전교육을 어떻게 해야 하나 고민하는 유아교육 관계자들에게 하나의 이정표로 널리 소개될 수 있기를 소망한다. 부족한 내용임에도 현대적 감각으로 다시 잘 다듬어 주신 이혜란 대리님을 위시한 창지사 편집부 여러분의 노고에 감사드리며, 앞으로도 크게 발전하시기를 빈다. 끝으로, 지금까지도 일할 수 있도록 힘주시고 지혜 주시는 창조주 하나님께 깊은 감사를 올려 드린다.

2024년 2월
건강한 지구 생태계에서 우리 아이들이 복되게 자랄 수 있기를 바라며.
지옥정 씀

차 례

PART Ⅰ

지속가능발전과 지속가능발전교육

제 1 장

지속가능발전의 필요성 및 개념

학습목표

1. 지속가능발전의 필요성을 파악한다.
2. 지속가능발전의 출현 배경 및 그 개념을 이해한다.
3. 지속가능발전을 위해 전 세계가 공동으로 노력해야 함을 안다.

1. 지속가능발전의 필요성

1) 지속가능발전에 관한 관심 증대

'지속가능발전(SD, Sustainable Development)'이 무엇일까? 왜 우리는 이것에 관심을 두는 걸일까? 먼저 다음과 같은 상황을 상상해 보자.

상윤이는 2명의 친구와 함께 타임머신을 타고 미래로 날아가는 중이다. 타임머신의 시침은 2030년, 2040년으로 계속 움직이고 있다.

상윤: 어디쯤 세울까? 2050년? 2080년? 아니면 2100년?

아람: 2100년 어때? 그래도 그쯤은 돼야 뭐 더 멋지고 신기한 것들이 나올 것 같은데….

이준: 나도 아람이 말에 찬성. 2100년에 세우자.

상윤: 좋아, 그럼 2100년에 서도록 타임 맞춰 놓는다.

아람, 이준: 와~! 거의 다 되어 간다. 벌써 2090년이야.

상윤: 쉿~! 2100년에 거의 다 왔어. 모두 안전 막대 꽉 잡아. 충격이 있을지도 모르거든.

(타임머신이 '파바박, 파바박' 소리를 내며 서울의 한 고층 빌딩 옥상에 내려선다.)

타임머신에서 나는 기계음: 2100년 3월 15일. 여기는 대한민국 서울입니다.

이준: 얘들아, 눈 떠봐. 타임머신이 완전히 섰어.
빨리 밖으로 나가 보자.
상윤, 아람: (눈을 빠꼼이 뜨며) 아, 알았어.
그러니까 지금이 2100년 세상이란 말이지?
상윤: 좀 떨리는데… 지금은 어떤 세상일까?

독자도 타임머신에서 내려 상상의 눈으로 주변을 살펴보자. 2100년 서울의 모습은 과연 어떠한가? 공기를 들이마신다고 해 보자. 어떤가? 지금보다 더 살기 좋은 환경인가? 사람들의 표정은 또 어떤가? 지금보다 더 행복해 보이는가? 글쎄~! 부정적으로 답하는 이들이 훨씬 더 많으니 문제이다. 지속가능발전에 관한 관심이 증대하는 이유이다.

2) 지속가능발전의 필요성

(1) 지구가 위험하다. 얼마나?

지구가 위험하다고들 한다. 어느 정도로 위험하다는 것인가? 가늠하기 위해 먼저 최근의 신문 기사 제목 몇 가지를 살펴보자.

"기후 위기가 일상이 되어 버린 세상" (함유근, 2022. 9. 30.)
"기후변화, 지구를 삼키다 1부. 불타는 지구" (YTN, 2022. 11. 2.)
"1.5도 넘으면 우린 다 멸망하나요?" (KBS, 2023. 8. 7.)
"기후변화 마지노선 1.5도 넘었다... 2도 돌파하면 '재앙'" (이승준, 2024. 2. 7.)

어떤가? 기사 제목만 보아도 지구가 처한 상황이 얼마나 안 좋은지 짐작할 수 있다. 이번에는 좀 더 분명하게 '환경위기시계(Environmental Doomsday Clock)'[1)]로 확인해 보자. 전 세계 환경파괴에 대한 위기감을 시간으로 표시한 환경위기시계에서 '0~3시'는 염려 없는 수준(barely concerned), '3~6시'는 약간 염려되는 수준(slightly concerned), '6~9시'는 상당히 염려되는 수준(fairly concerned), '9~12시'는 극도로 염려되는 수준(extremely concerned)이다. 그리고 12시는 어떤 생물도 살 수 없는 상태의 지구를 의미한다. 그렇다면 현재 지구의 환경위기시계는 몇 시일까? 2023년 기준으로 9시 31분이다. '극도로 위험한 수준'이다. 한국 역시 9시 28분으로 이미 9시를 넘겨 버렸다.

[그림 1-1]은 처음 환경위기시계가 측정되기 시작된 1992년부터 2023년까지의 변화 과정이다. 암울하게도 세월이 갈수록 멸망 시점인 12시를 향하여 계속 전진하고 있다. 그나마 다행인 점은 간혹 시간이 뒤로 가기도 했었다는 사실이다. 특히 2020년 이후 코로나 상황과 맞물리면서 그러했다. 코로나 상황에서 전 세계적으로 재택근무 또는 재택수업 비율 높이기, 붐비는 곳으로의 여행 자제, 공장 가동 줄이기 등을 하였고, 그 결과 환경위기 정도가 감해진 덕분이다. 즉, 세계인이 어떤 자세로 어떻게 생활하느냐에 따라 지구 환경이 개선될 가능성도 분명히 있다. 이는 '지속가능발전교육을 통한 낙관적 미래'를 논할 수 있는 중요 근거이다.

1992	1993	1994	1995	1996	1997	1998	1999
7:49	8:19	8:47	8:49	9:13	9:04	9:05	9:08
2000	**2001**	**2002**	**2003**	**2004**	**2005**	**2006**	**2007**
8:56	9:08	9:05	9:15	9:08	9:05	9:17	9:31
2008	**2009**	**2010**	**2011**	**2012**	**2013**	**2014**	**2015**
9:33	9:22	9:19	9:01	9:23	9:19	9:23	9:27
2016	**2017**	**2018**	**2019**	**2020**	**2021**	**2022**	**2023**
9:31	9:33	9:47	9:46	9:47	9:42	9:35	9:31

[그림 1-1] 측정이 처음 이루어진 1992년부터 2023년까지의 환경위기시계 변화 과정

자료: https://www.af-info.or.jp/en/ed_clock/

1) 리우환경회의가 열리던 1992년에 일본 아사히 글라스 재단(The Asahi Glass Foundation) 주도하에 처음으로 측정되었다. 이후 매년 전 세계 환경전문가 대상 설문조사 결과를 기반으로 '인류생존의 위기감을 시간으로 표시'한 환경위기시계를 발표해 오고 있다. 우리나라의 환경재단은 2005년부터 아사히 글라스 재단과 공동으로 한국의 환경위기시계를 포함한 전 세계 환경위기시계를 발표해 왔다. 매년 9월 초순에 발표한다.

만일 이런 식으로 환경위기시계가 12시를 향해 계속 나아간다면 지구의 미래는 어떻게 될까? 관련하여 영화 두 편을 살펴보자. <Wall-E>와 <설국열차>이다. 먼저 <Wall-E>의 한 장면이다. 서기 2700년의 지구. 우주에서 멀리 바라보이는 지구는 이제 더 이상 푸르지도, 아름답지도 않다. 누렇고 탁하게 보일 뿐이다. 점점 지구로 가까이 다가와 보면 쓰레기와 온갖 오염 물질로 뒤덮인 곳, 이런 지구에 더 이상 인간들은 살지 않는다. 아니, 살지 못한다. 생물체가 살 수 없을 정도로 지구는 망가졌기 때문이다. 그나마 살아남은 인간들은 액시엄(Axiom)이라는 거대 우주선을 타고 지구 밖으로 모두 탈출해 버렸다. 지구를 청소하도록 프로그래밍 된 청소 로봇들만 남겨 놓은 채 말이다. 이제 다른 로봇들은 다 멈춰 버렸고 아직도 지구를 부지런히 청소하고 있는 것은 로봇 Wall-E뿐이다.

다음으로 <설국열차>는 기상이변으로 인해 지구에 새로운 빙하기가 닥친 이야기를 그리고 있다. 기차 밖에 있는 모든 것은 다 얼어 죽고, 오직 특수 제작된 기차에 올라탄 사람들만 살아남았다. 이 기차는 멈추지 못하고 1년에 한 바퀴씩 지구를 돌고 돈다. 기차 밖으로 나가는 것은 곧 '얼어 죽는 것'을 뜻하기 때문에 누구도 기차 밖으로 나가지 못한다. 그렇게 17년 동안이나 기차는 지구를 희망 없이 돌고 있다.

이 두 영화의 공통점은 다음과 같다. 먼저, 현재와 같은 생활방식이 계속된다면 지구는 죽음의 땅으로 변해 버릴 가능성이 크다는 것이다. 둘째, 그런데도 희망을 이야기한다는 점이다. <Wall-E>에서는 지구에 벌레 한 마리가 나타나고, 가녀린 화초 하나도 피어난다. 그것을 발견한 인간들은 지구에서 살 수 있는 희망을 보면서 액시엄을 타고 다시 지구로 돌아온다. <설국열차>의 경우, 기차 안에서 벌어진 치열한 전투 끝에 망가져 버린 기차에서 어쩔 수 없이 밖으로 나오게 된 소년과 소녀 눈에 멀리 북극곰 한 마리가 보인다. 얼어붙었던 지구가 살아나고 있는 것이다.

전술한 영화 줄거리들은 물론 상상에 기반하고 있지만, 실제로 그런 일이 일어날 가능성도 아주 배제할 수는 없다. 제목부터 으스스한 『우리는 가장 빠르고 확실하게 죽어가고 있다 Ⅰ, Ⅱ』(건국대 인류세인문학단, 2020), 『2050 거주불능지구』(Wallace-Wells, 2020) 등과 같이 여러 과학적 증거에 기초하여 집필한 저서들에서도 그런 가능성을 열어 두고 있기 때문이다.

(2) 어떻게 위험한가?

지구가 위험하다는 사실을 개략적으로 짚어 보았다. 이제 보다 구체적으로 지구의 현재 상태를 살펴보기로 하자.

① 바다 오염

[그림 1-2]의 왼쪽 사진은 놀랍게도 바다 한가운데가 배경이다. 관련하여 오른쪽 사진의 붉은 동그라미는 지도에는 표시되지 않지만, 실제로는 볼 수 있는 섬으로 일명 '쓰레기 섬(Great Pacific Garbage Patch)'이다. 태평양 주변 국가들로부터 나온 쓰레기들이 자이어(Gyre)라는 해류에 의해 한군데로 계속 모이면서 생겨난 것으로, 크기는 무려 남한의 16배 정도로 추정된다. 시간이 지날수록 그 크기는 계속 커지면서 해양생태계를 심각하게 위협하고 있다(조홍섭, 2022. 9. 6.; CNN, 2023. 4. 18.). 관련하여 Hawken(2022: 564)은 "매년 세계는 인류 전체의 몸무게보다 30% 더 무거운 약 4억 700만 톤의 플라스틱을 생산하며, 매분 22톤이 넘는 플라스틱이 해양으로 흘러들어가고 있다."면서 플라스틱 문제로 인한 해양 오염의 심각성을 지적하였다. 실제로 한겨레에 게시된 "플라스틱 먹고 죽은 고래…뱃속에 쓰레기 29kg 있었다."(조홍섭, 2018. 4. 11.), 매일경제의 "바다 거북이들 '최후의 만찬'…10마리 중 8마리 배 속서 발견된 이것(비닐, 낚싯줄, 그물망, 필름포장재 등)"(정희영, 2022. 9. 26.)과 같은 뉴스 제목은 그로 인한 바다 생물들의 고통을 여실히 보여 준다.

[그림 1-2] 바다 오염과 쓰레기 섬

자료: http://fun.jjang0u.com/chalkadak/view?db=160&no=47083

최근에는 일본의 후쿠시마 오염수 방류(2023년 8월 24일 오후 1시를 기점)가 전 세계인들의 해양생태계에 대한 우려를 키우고 있다. 관련하여 시민사회단체에서의 반대 운동도 거세다. 예를 들면 한국 YWCA에서는 2023년 7월 10일 명동 성당 앞에서 일본 YWCA와 공동으로 "한국과 일본 YWCA는 일본 후쿠시마 오염수 해양 방류를 반대한다!"라는 공동 기자회견을 한 바 있다(https://ywca.or.kr/activity_news/19968/).

② 공기 오염

공기 오염(대기오염)의 문제점도 극심하다. 화석연료로 돌아가는 공장에서 뿜어내는 매연, 자동차의 배기가스 등이 그 중심 원인이다. 공기 오염은 산성비나 오존층 파괴, 지구 온난화와 같은 환경문제를 일으키며 인체에도 직접적인 해를 끼친다. 오죽하면 이미 10년 전에 "미세먼지 무서워 방독면 쓰고 웨딩 촬영하는 中 커플"(송혜민, 2014. 2. 26.)과 같은 뉴스가 나왔겠는가! 당시 특수 방독면을 쓴 채 걷고 있는 한 시민의 모습은 공기 오염과 우리 일상생활의 직접적 관계를 선명하게 보여 준다. 물론 최근 북경의 공기 질이 나아졌다고는 하지만, 앞으로 우리에게도 얼마든지 가능한 일이라는 점에서 경각심을 가질 필요가 있다.

실제로 Green Peace에서 2020년 자료에 근거하여 보도한 "한국, OECD 회원국 중 초미세먼지 최악의 국가. 가장 오염도 높은 도시 100개 중 한국 도시 61개 포함… 2018년 44개에서 17개 증가"(이철현, 2020. 2. 25.)나 "2022년 '대기질 합격점' 세계

[그림 1-3] 공기 오염과 시민의 삶

자료: http://news.china.com.cn/2014-02/26/content_31596430.htm

13곳뿐…한국도 WHO 기준치 2~5배 넘어서"(권수현, 2023. 3. 15.), "전국 초미세먼지 기승…수도권 비상저감조치"(KBS, 2023. 3. 20.)와 같은 뉴스 제목들은 우리나라가 처한 공기 오염 실태를 잘 보여 준다. 참고로 2022년의 IQAir World Air Quality Report(https://www.iqair.com)에 의하면 전 세계에서 세계보건기구(WHO, World Health Organization)의 PM2.5 공기 오염 기준(Air Pollution Guideline)을 충족하는 나라는 5%에 불과하다. 관련하여 <세계보건기구 대기질 데이터베이스 2022 보고서>[2)]에 따르면, 전 세계 인구 99%가 WHO 기준을 초과한 오염된 공기를 마시는 것으로 나타났다. 이는 직전 조사인 2018년의 92%에 대비해 7% 상승한 수치다(김명윤, 2022. 4. 5.).

공기 오염이 무서운 것은 무엇보다도 우리 건강에 심각한 악영향을 미치기 때문이다. 관련하여 지옥정 · 김경숙(2018)의 연구에 의하면 최근 유해환경으로서의 미세먼지는 유아교육기관 운영에 커다란 장애 요인으로 작용한다. 자녀들이 미세먼지에 과도하게 노출될까 노심초사하여 학부모들이 미세먼지 상황에서의 실내외 활동 운영에 종종 민원을 제기하기 때문이다. 그런 염려가 무리가 아닌 것이 실제로 김경수 · 지옥정(2020)이 WHO 자료를 위시하여 여러 관련 연구물들을 종합 · 정리한 바에 따르면 '공기 오염'은 암 발생률, 특히 폐암과 밀접한 관련이 있다. 이외 뇌졸중, 심장병, 천식을 포함한 만성 및 급성 호흡기 질환의 원인이 되기도 한다. 특히 어린 영유아의 경우 성장 지연까지 가져올 수 있을 정도이다. 그런 맥락에서 교육부는 유치원을 포함한 모든 학교에 적용하도록 <대기오염 대응 매뉴얼(미세먼지-오존) 개정본>(교육부, 2021. 8.)[3)]을 내놓은 바 있다. 여기서는 미세먼지 농도에 따른 실외놀이 유의사항뿐 아니라 실내 공기질 관리(공기정화장치 가동, 물걸레질 청소 등)에 대한 것까지 세세하게 밝혀 놓고 있다.

2) WHO는 2011년부터 전 세계 도시의 대기질을 측정하면서 2~3년 주기로 관련 데이터를 업데이트하고 있다. 2022년 보고서는 117개국 6,743개 도시에서 측정한 대기질 분석 결과를 보여 준다.

3) 이번 개정의 초점은 경보 발령 후 조치 결과 절차 변경, 미세먼지 담당자 운영 내용 구체화 등이다. 이 매뉴얼은 2016년 3월에 제정되었는데, 현재의 개정판까지 10번 이상의 개정이 이루어졌다. 개정 시마다 내용이 더욱 구체화되었고, 2019년 6월 개정부터는 '오존 대응'까지 추가되었다.

③ 땅과 먹거리 오염

땅은 또 어떨까? 점점 더 많은 중금속 사용, 농약과 비료의 과도한 사용, 공장 폐수 및 생활하수, 음식물 쓰레기, 기름, 화학물질, 방사성 물질들과 같은 요인들이 땅을 계속 오염시키고 있다(김맹수, 2005a). 특히 방사성 물질의 유출은 땅의 오염에 치명적인 요인이다. 2011년에 일어난 일본 후쿠시마 원자력발전소 사고로 인한 방사성 물질의 유출 영향은 현재 진행형이다. 그로 인해 땅과 물이 심각하게 오염되었고, 먹거리 문제를 비롯한 암 발생, 기형아 출생 등의 요인이 되고 있다. 실제로 그 사고 이후 기형 동식물들의 출현 사례가 빈번하게 보도되고 있다. 관련하여 김익중(2013)은 후쿠시마 원전 사고 후 일본에서 생산되는 농산물의 70% 정도가 세슘으로 오염된 것으로 추정된다는 점과, 그 영향이 적어도 300년 정도(최소 10세대) 지속될 것이라고 기술한 바 있다.

[그림 1-4] 토양 오염의 다양한 원인

④ 지구 온도 상승

UN 사무총장인 안토니오 구테레스(António Manuel de Oliveira Guterres)는 2022년 11월 이집트에서 열린 제27차 유엔기후변화협약 당사국총회(UNFCCC COP, UN Framework Convention on Climate Change Conference of Parties) 개회식에서 '우리는 가속페달에 발을 올린 채 기후 지옥으로 가는 고속도로에 있다…협력하거나 소멸하거나 인류에게는 두 가지 길이 있을 뿐'이라고 하였다. 그런가 하면 2023년 유엔 연설에서는 '끓어오르는 지구의 시대가 왔다.(Era of global boiling has arrived.)'라고까지 표현하였다. 그의 이러한 발언들은 기후변화에 관한 정부간협의체(IPCC, Intergovernmental Panel on Climate Change)의 보고서에 비추어 보면 결코 과언이라 할 수 없다. IPCC 6차 보고서 중 2021년 8월에 나온 <제1실무그룹 보고서>([그림 1-5] 오른쪽 참조)에 의하면 현재 지구 온도는 산업혁명 이전보다 약 1.1도 상승한 상태(2013년 5차 보고서에서는 0.85도 상승)이다. 금세기말(2080~2100년)이 되면 지구 온도는 지금보다 더 상승할 것이다. 여기서 제시한 5가지 가상 시나리오에 따르면, 가장 최선의 시나리오인 '2050년 탄소중립을 달성하는 경우[4]'는 1.4도, 가장 최악의 시나리오대로 라면 4.4도(3.3~5.7도 범위) 정도 상승할 것이다. 이 보고서 내용에 비추어 볼 때 2018년에 나온 <IPCC 특별보고서>([그림 1-5] 왼쪽 참조)에서 강조한 '1.5도 이내로 지켜내는 것'은 전 세계적으로 엄청난 노력을 기울여야만 가능한 일임을 알 수 있다. 교토의정서(Kyoto Protocol, 1997년 COP3[5]에서 채택), 파리협정(Paris Agreement,

---

4) 약칭 탄소중립기본법(법률 제18469호, 2021. 9. 24. 제정)에 의하면 "탄소중립"이란 대기 중에 배출·방출 또는 누출되는 온실가스의 양에서 온실가스 흡수의 양을 상쇄한 순 배출량이 영(零)이 되는 상태를 말한다. 이때 "온실가스"의 주요 성분은 이산화탄소(CO_2), 메탄(CH4) 등이다.

5) COP(Conference Of Parties)는 매해 열리는데, 예를 들면 2022년의 COP27은 이집트, 2023년 COP28은 아랍에미리트에서 개최되었다. COP29는 산유국인 아제르바이잔에서 2024년 11월에 열린다.

2015년 COP21에서 채택) 등을 통해 유엔을 중심으로 전 세계가 지구 온도 상승을 2도 아래로 억제, 1.5도 이내로 지켜가기 위한 계속적 노력을 기울여 온 것도 동일 맥락에서 이루어진 일이다.

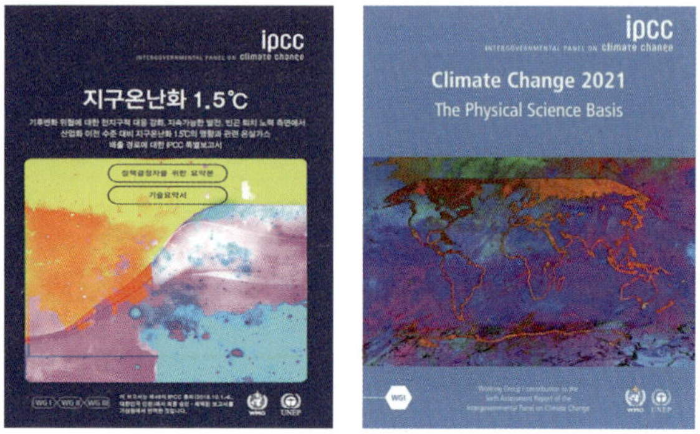

[그림 1-5] IPCC의 2018년 특별보고서 / 2021년 나온 제1실무그룹 보고서

관련하여 2021년 8월, 당시 COP26에 참석한 세계 정상들에게 해수면 상승으로 인한 투발루의 위기를 알리고자 사이먼 코페(Simon Kofe) 투발루 외무장관이 바다(예전에는 육지였던 곳)에서 한 성명 발표를 영상으로 보여 준 것은 유명한 일화이다. 몰디브에서 건설 중인 '세계 최초의 부유 도시'도 해수면 상승으로 인한 고육지책으로 나온 것이다. 바다 위에 지어지는 이 도시는 주택, 식당, 상점, 학교 등 부유식 모듈 약 5,000개로 구성되어 있는데, 인구 2만 명 정도가 살 수 있다고 한다. 2024년부

[그림 1-6] 바다에 들어가 성명 발표한 투발루 외무장관 / 몰디브에 건설 중인 부유 도시

자료: (좌) 시사 in. 740호(2021. 11. 24.) / (우) Https://maldivesfloatingcity.com

터 거주자 입주가 시작될 예정이라고 한다. 독자들은 이런 도시에서 살고 싶은가!

이런 상황과 관련하여 조효제(2020)는 『탄소사회의 종말』에서 지구 온도가 2도 정도 오르면 지구는 불가역적 연쇄 반응을 보이면서 '찜질방 지구'로 될 것이며, 이렇게 되면 인간의 모든 권리(예: 생존권, 교육권, 식량권, 스포츠권 등)는 심각하게 훼손될 것이라고 하였다. Wallas Wells(2020)도 『2050 거주불능지구』에서 기후변화의 공격은 원자폭탄보다 더 전면적이고 지구 구석구석까지 영향을 미치면서 생태계 전체를 위협할 것이므로, 지금부터라도 우리 삶의 시스템을 전격 전환해야 한다고 주장하였다. 동일 맥락에서 Hawken(2022)은 『한 세대 안에 기후 위기 끝내기』에서 기후 위기를 막기 위한 행동의 시급성을 강조하면서 구체적으로 탄소중립 건물(제로 에너지 건물), 슬로패션 등의 방안들을 소개하고 있다.

⑤ 환경오염에 따른 동식물 멸종 속도 가속

환경오염에 따른 주요 현상 중 하나는 동식물 멸종 속도 가속화이다. 인간을 제외한 모든 동식물이 현재, 역사상 가장 빠른 속도로 줄어들고 있다. 국제자연보전연맹(IUCN, International Union for Conservation of Nature)에 따르면 2000년 이후 동식물 멸종 속도는 더욱 가속화되고 있다. 참고로 IUCN에서 제시한 자료에 의하면 현재 44,000종이 멸종 위기에 처해 있으며, 이는 평가된 종의 약 28%에 해당하는 수치이다.

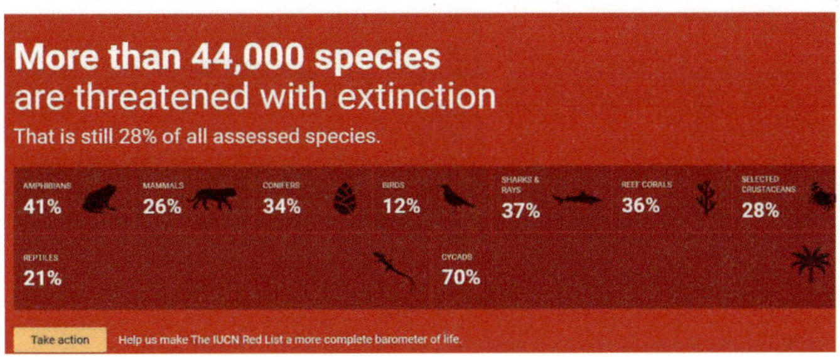

[그림 1-7] IUCN에서 제시한 멸종위기종 상황(2024. 2. 14. 인출)

자료: https://www.iucnredlist.org/en

최근 우리나라에서 어마어마한 수의 꿀벌 증발 사건이 일어났다는 보도-전국 4,173개 농가, 39만 517개 벌통에서 약 60억~70억 마리가 사라진 사건(최경호, 2022. 3. 20.)-도 동일 상황이다. 꿀벌들이 모두 사라지면 무슨 문제가 생길까? 이를 레이첼 카슨은『침묵의 봄』으로 표현한 바 있다(Carson, 2011). 일단 제기되는 직접적 결과 중 하나는 식량 생산 저하이다. 유엔 식량농업기구(FAO, Food and Agriculture Organization of the United Nations) 발표대로 세계 작물 중 약 75%가 꿀벌과 같은 수분(受粉) 매개자를 필요로 하기 때문이다(https://www.fao.org/world-bee-day/en). 참고로 매해 5월 20일은 '세계 벌의 날(World Bee Day)'로서, 2017년에 유엔이 전 세계의 식량 생산과 생태계 보호에 중요한 역할을 담당하는 벌의 가치를 알리기 위해 지정한 세계적 환경기념일이다.

이런 맥락에서 야생동물의 보존과 지속가능성을 지키기 위한 한 가지 방안으로 '코미디 야생동물 사진대회(Comedy Wildlife Photography awards)'가 2015년부터 매년 개최되고 있다. 전 세계 사람들에게 스러져 가는 야생동물에 대한 주의를 기울이고 보존을 위한 행동을 하도록 촉구하기 위함이다. 2023년 대회에는 85개국 이상에서 5,300여 점의 작품이 출품되었는데, 여기서 수상작 두 편만 살펴보면 다음과 같다.

[그림 1-8] "기타 치는 내 폼 어때?!" / "짹짹~! 나 아니라니까! 쟤야, 쟤."

자료: https://www.comedywildlifephoto.com/

2. 지속가능발전의 출현 배경 및 개념

1) 지속가능발전의 필요성 제기

미국의 경제학자 케네스 보울딩(Kenneth Boulding, 1966)은 *The Economics of the Coming Spaceship Earth*라는 그의 글에서 '우주선 지구(Spaceship Earth)'와 '우주인 경제(Spaceman Economy)'라는 개념을 제시하였다. 이는 지구를 하나의 폐쇄된 체계로 보는 새로운 경제 패러다임이다. 보울딩의 '우주선 지구' 개념은 1968년 12월, 최초의 유인 우주선인 아폴로 8호가 보내 온 '우주에 떠 있는 공 모양의 지구' 이미지로 인해 더 주목을 받았다. 이와 같이 지구를 하나의 우주선에 비유할 때 지구상의 인류는 우주인으로 비유할 수 있고, 그런 인류에게 허용된 공간과 자원은 '지구'뿐이다. '오직 하나뿐인 지구(Only One Earth)'인 것이다. 지구 안에서의 지속가능성이 관심 대상이 된 것이다.

2) 환경 관련 국제회의에서 지속가능발전 부각

환경오염이 세계적 화두로 떠오르면서 환경 관련 국제회의가 열리게 되었다. 1972년 6월 5일~16일에 스톡홀름에서 개최된 유엔인간환경회의(UNCHE, United Nations Conference of the Human Environment)가 그 최초이다. '하나뿐인 지구(Only One Earth)'라는 주제로 개최된 이 회의에서 '인간환경선언'이 채택되었다. '인간환경선언' 또는 회의 개최지명을 따서 '스톡홀름선언'이라고도 하는 이 선언문은 환경 위기에 처한 지구를 보전하는 데 지구인 모두가 함께 협력하고 노력해야만 한다는 선언적 규정이다. 여기에는 7개의 선언(Proclaim)과 26개의 원칙(Principle)이 포함되어 있다. 여기서 제1선언을 보면, 인간은 환경의 피조물이자 형성자라는 점이 강조되고 있다. 그런가 하면 제1원칙에서는 '인간은 존엄하고 행복한 삶을 누릴 수 있는 좋은 환경에서 자유, 평등, 적절한 생활 조건을 누릴 기본권을 가지고 있으며, 현재와 미래 세대를 위해 환경을 보호하고 개선할 엄숙한 책임을 진다.'라고 밝히고 있다. 이미 이때부터 미래 세대에 대한 언급이 되고 있는 것이다. 제1선언과 제1원칙의

원문만 여기서 제시하면 다음과 같다.

Declaration of the United Nations Conference on the Human Environment

Proclaims that:

1. Man is both creature and moulder of his environment, which gives him physical sustenance and affords him the opportunity for intellectual, moral, social and spiritual growth. In the long and tortuous evolution of the human race on this planet a stage has been reached when, through the rapid acceleration of science and technology, man has acquired the power to transform his environment in countless ways and on an unprecedented scale. Both aspects of man's environment, the natural and the man-made, are essential to his well-being and to the enjoyment of basic human rights the right to life itself.

Principles

States the common conviction that:

Principle 1

Man has the fundamental right to freedom, equality and adequate conditions of life, in an environment of a quality that permits a life of dignity and well-being, and he bears a solemn responsibility to protect and improve the environment for present and future generations. In this respect, policies promoting or perpetuating apartheid, racial segregation, discrimination, colonial and other forms of oppression and foreign domination stand condemned and must be eliminated.

자료: 유엔환경계획 홈페이지(http://www.unep.org/)

'인간환경선언'은 자연에 관한 인간의 인식을 근본적으로 바꾼 계기가 되었다는 점에서 코페르니쿠스의 지동설에 비유되기도 한다. 그만큼 전 세계적으로 큰 의미를 가진 회의였고, 선언이었다. 그런 이유로 유엔은 1972년 회의 개막일이었던 6월 5일을 '세계 환경의 날(WED, World Environment Day)'로 정하고 다음 해부터 기념하였다. 아울러 1973년에는 유엔환경계획(UNEP, United Nations Environment Program)을 창설하여 환경 관련 업무를 맡아보게 하고 있다.

'세계 환경의 날' 관련해서 UNEP이 하는 주요한 일은 매년 '세계 환경의 날' 주제를 정해 발표하고 행사 주최국에서 기념행사를 치르는 것이다. 예를 들어 2024년의 주제는 '토지 복원, 사막화, 가뭄 회복력(land restoration, desertification, and drought resilience)'이고, 행사 주최국은 사우디아라비아이다. 2025년에는 우리나라가 '제54차 세계 환경의 날' 기념행사 주최국이다. 참고로, 세계 환경의 날 2013년(주제: Think, Eat, Save)과 2023년(주제: Beat Plastic Pollution)의 포스터를 살펴보면 다음과 같다.

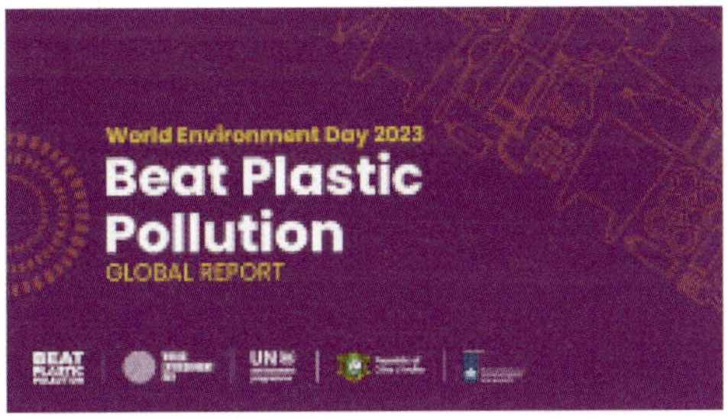

[그림 1-9] '환경의 날' 포스터(2013년 것과 2023년 것)

자료: UNEP(https://www.worldenvironmentday.global/about/history)

3) 지속가능발전의 개념

유엔환경계획(UNEP)은 1973년 창설 후 환경 관련하여 여러 국제업무를 주관해 왔다. 그중 하나가 1983년에 세계환경발전위원회(WCED, World Commission on Environment and Development)를 설립한 일이다. 이때 위원장은 노르웨이의 첫 여성 수상을 지낸 브룬트란트(Gro Harlem Brundtland)였다. 이 위원회는 다년간 연구를 거쳐 1987년에 <브룬트란트 보고서: 우리 공동의 미래(Brunndtland Report: Our Common Future)>를 발표하였는데, 여기서 '지속가능발전'을 '미래 세대가 그들의 필요를 충족시킬 능력을 훼손하지 않으면서 현재 세대의 필요를 충족시키는 발전'으로 명시하였다. 이 보고서에서 다룬 주요 쟁점은 인구와 인적 자원, 산업, 식품 문제, 종과 생태계, 도시화(도시문제), 공유지 관리, 에너지, 갈등과 환경오염의 8가지이다(최돈형 외, 2011). 지속가능발전이란 환경보호에 그치는 것이 아니라 사회정의, 경제성장을 포괄하는 포괄적 개념이라는 것을 밝힌 것이다.

> Our Common Future
>
> … Humanity has the ability to make development sustainable to ensure that it meets the needs of the present without compromising the ability of future generations to meet their own needs.
>
> 자료: http://conspect.nl/pdf/Our_Common_Future-Brundtland_Report_1987.pdf

3. 지속가능발전을 위한 전 세계적 노력

1) 전 세계 나라들의 상호연관성과 공동 노력의 필요성

지속가능발전을 위해서는 전 세계 사람들이 다 함께 노력해야 한다. 왜 그럴까? 먼저 다음 문제를 읽고 답해 보자.

> **문제**: 휴대전화 없이는 단 하루도 생활하기 어려운 요즘 세대들을 포노 사피엔스(Phono Sapiens)라고 부른다. 그만큼 휴대전화가 현대인에게 필수품으로 자리 잡은 것이다(최재붕, 2019). 이런 '휴대전화'와 '아프리카 소년병'은 관계가 있을까?
>
> **답**: 있다. / 없다.

답은? '있다.'이다. 이스마엘 베아가 소년병이었던 자신의 직접경험에 기초하여 저술한 『집으로 가는 길』(Beah, 2007)은 바로 이런 관계를 잘 보여 준다. 이 책에 등장하는 12살짜리 소년들은 이웃 마을에서 열리는 랩 경연대회에 가려고 나섰다가 영문도 모른 채 소년병으로 끌려가 참상을 겪는다. 휴대전화기 핵심부품인 탄탈 커패시터의 원료인 콜탄 매장지를 차지하려는 내전에 휘말린 것이다. 사람만 화를 당한 것

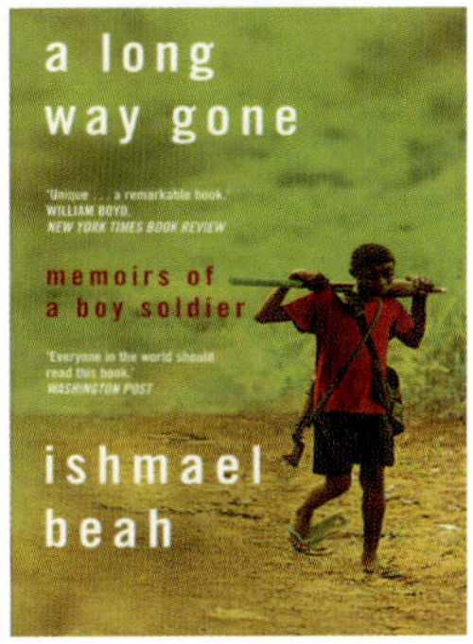

이 아니다. 콩고는 고릴라의 마지막 서식지인데 콜탄 채굴 열풍이 불면서 그 수가 급격하게 줄고, 코끼리를 포함해 야생동물 90%가 사라졌다. 우리가 휴대전화 한 대를 아무렇지도 않게 버리거나 바꿀 때 아프리카 내전은 격화되고, 어린 소년들도, 야생동물들도 고통받으며 죽어 가는 것이다(Wackernagel & Rees, 2006).

휴대전화와 아프리카의 내전이 관련되어 있듯이, 지구상의 모든 문제는 상호 밀접하게 연결되어 있다. 고장 난 우주선을 방치하면 결국 거기 탄 우주인 모두는 죽을 수밖에 없듯이 지구 문제도 방치하면 지구상에 사는 모두의 파멸로 귀결될 것이다. 지구 환경위기시계가 멸망 시점인 12시에 닿기 전에 지구인 모두가 힘을 합쳐 당면한 문제들을 해결해야 한다. 지속가능발전(SD, Sustainable Development)이 강조되는 이유이다.

2) 지속가능발전을 위한 전 세계의 공동 노력

1987년에 <브룬트란트 보고서>가 나온 이후 국제사회는 더욱 본격적으로 지속가능발전을 위해 노력하기로 하였다. 그래서 1992년 6월 3일~14일까지 '지구를 건강하게, 미래를 풍요롭게'라는 기치 아래 브라질의 리우데자네이루(Rio de Janeiro)에서 유엔환경발전회의를 개최하였다. 정식 명칭은 '환경 및 발전에 관한 국제연합회의(UNCED, United Nations Conference on Environment and Development[6])'인데 일명 '지구정상회의(Earth Summit)' 또는 '리우(Rio)회의'라고도 한다. 이 회의에서 '환경적으로 건전하고 지속가능한 발전(ESSD, Environmentally Sound and Sustainable Development)'에 관한 '전문'과 '27개 원칙'을 담은 '리우선언', 그리고 그 '행동계획'

6) 'Development'를 번역자에 따라 '개발' 또는 '발전'이라고 쓴다. 예를 들면 '환경 및 발전에 관한 국제연합회의'를 '환경 및 개발에 관한 국제연합회의'라고도 한다. 이 책에서는 모든 'Development'에 대해 통일되게 '발전'이라고 기술하였다.

으로서의 '의제 21(Agenda 21)'을 채택하였다.

[그림 1-10] 어린이 지구헌장의 8원리

자료: http://www.littleearthcharter.org

'리우선언'이란 공정하고 지속가능하며 평화로운 인류사회를 만들어 나가는 데 필수적인 윤리와 규범이 담긴 국제 선언문으로서 지구헌장의 전신이다. '의제 21'은 총 40장으로 이루어져 있는데 그중 36장은 '교육, 홍보 및 훈련'에 관한 내용으로 지속가능발전을 위해 교육 쇄신이 이루어져야 함을 강조하고 있다. 이후 '리우선언'은 2000년 3월 파리의 유네스코 본부 회의에서 지구헌장으로 최종 발표되고 나서 2002년 8월 26일~9월 4일 남아프리카공화국 요하네스버그에서 열린 지속가능발전 세계정상회의(World Summit on Sustainable Development, 일명 Rio+10)[7]에서 채택, 승인되면서 비로소 법적 구속력을 갖는 문서가 되었다. 이에 근거하여 4~8세 어린이용 '어린이 지구헌장(LEC, Little Earth Charter)'도 만들어졌다. 어린이 지구헌장의 8가지 원칙(principle)은 [그림 1-10]과 같이 생명, 서로 연결, 가족, 과거, 지구, 평화, 사랑, 미래이다.

지속가능발전을 위한 세계적 노력은 지금도 계속 진행 중이다. 그 대표적 증거가 2001~2015년까지 저개발국가 중심으로 진행된 '새천년발전목표(MDGs, Millennium Development Goals)'에 이은 '지속가능발전목표(SDGs, Sustainable Development Goals)'이다. 이는 전 세계가 2016~2030년까지의 기간 동안 지속가능발전을 위해 노

7) Rio+10에 이어 Rio+20은 2012년 6월에 브라질의 리우데자네이루에서 열렸다. 여기서 녹색경제를 촉진할 정치적 합의를 담은 '우리가 원하는 미래(The future we want)' 정상 합의문이 채택되었다(http://www.unep.org/rio20/). Rio+30은 2022년 10월에 리우데자네이루에서 'The Transformation in Education Since the 1992 Rio Summit'라는 주제로 개최되었다.

력하자는 것으로, 총 17개 목표(Goal)와 169개의 세부 목표(Target)로 구성되어 있다. 17개 목표와 그 중심 내용은 다음과 같다.

[그림 1-11] SDGs의 17개 목표

자료: https://sdgs.un.org/goals/

〈표 1-1〉 SDGs의 각 목표별 중심내용

목표	중심 내용
1. 빈곤 종식	모든 곳에서 모든 형태의 빈곤 퇴치
2. 기아 해결	기아 종식, 식량 안보 달성, 영양상태 개선과 지속가능한 농업 강화
3. 건강과 복지	모든 연령층의 모두를 위한 건강한 삶 보장과 웰빙 증진
4. 양질의 교육	모두를 위한 포용적이고 공평한 양질의 교육 보장과 평생학습 기회 증진
5. 성평등	성평등 달성 및 모든 여성과 여아의 권한 강화
6. 깨끗한 물과 위생	모두를 위한 물과 위생의 이용 가능성과 지속가능한 관리 보장
7. 지속가능한 청정에너지	모두를 위한 적정 가격의 신뢰할 수 있고 지속가능하며 현대적인 에너지에 대한 접근 보장
8. 좋은 일자리와 경제성장	모두를 위한 지속적이고 포용적이며 지속가능한 경제성장, 완전하고 생산적인 고용과 양질의 일자리 증진
9. 산업혁신과 사회 기반 시설	회복력 있는 사회기반시설 구축, 포용적이고 지속가능한 산업화 증진과 혁신 도모

목표	중심 내용
10. 불평등 해소	국내 및 국가 간 불평등 감소
11. 지속가능한 도시와 공동체	포용적이고 안전하며 회복력 있고 지속가능한 도시와 주거지 조성
12. 지속가능한 생산과 소비	지속가능한 소비와 생산 양식 보장
13. 기후변화 대응	기후변화와 그 영향에 맞서기 위한 긴급 대응
14. 해양생태계 보존	지속가능발전을 위한 대양, 바다, 해양자원의 보전과 지속가능한 이용
15. 육상생태계 보호	육상생태계의 보호, 복원 및 지속가능한 이용 증진, 산림의 지속가능한 관리, 사막화 방지, 토지 황폐화 중지와 회복, 생물다양성 손실 중지
16. 정의, 평화, 효과적인 제도	지속가능발전을 위한 평화롭고 포용적인 사회 증진, 모두에게 정의 보장과 모든 수준에서 효과적이며 책임성 있고 포용적인 제도 구축
17. 글로벌 파트너십	이행 수단 강화와 지속가능발전을 위한 글로벌 파트너십 재활성화

자료: 통계청(https://kostat-sdg-kor.github.io/sdg-indicators/goals/)

현재 전 세계는 SDGs 목표 성취를 위해 전방위적 노력을 기울이고 있다. 다양한 연령대 사람들에게 SDGs를 이해시키기 위해 노력하고 있는 것도 그중 하나이다. 『지구의 내일을 부탁해 SDGs』(Think the Earth, 2019)는 이런 맥락에서 나온 일종의 SDGs 안내서로 각 목표별 모범 사례를 제시하고 있다. 예를 들면 목표 4인 '질 높은 교육'의 모범 사례로 제시된 발리섬의 '그린 스쿨(Green School)'은 자연친화적인 학교 건물, 신재생에너지를 사용하는 시설과 설비, 마을 사람들과도 함께 지속가능한 삶을 경험하도록 하는 활동 위주의 교육을 하는 곳으로 사진과 함께 소개되어 있다.

이런 노력, 특히 SDGs의 중심 동력이라고 보는 교육 관련 노력은 지금도, 앞으로도 계속되어야 할 인류의 과제이다. 그런 의미에서 제2장에서는 '지속가능발전교육의 출현 배경 및 역할'에 대해 알아보고자 한다.

정·리·하·기

1 전 세계 환경 파괴에 대한 위기감을 시간으로 표시한 것을 환경위기시계라고 한다. 현재 지구는 어떤 시각에 와 있을까?

① 0~3시
② 3~6시
③ 6~9시
④ 9~12시

2 환경위기 문제와 관련하여 세계 최초로 1972년에 스톡홀름에서 UN 인간환경회의가 개최되었다. 이때 주제명은 무엇일까?

① 환경보호(Environment Protection)
② 자연과 인간(Nature and Human)
③ 우주선 지구(Spaceship Earth)
④ 오직 하나뿐인 지구(Only One Earth)

3 다음 중 〈브룬트란트 보고서: 우리 공동의 미래(Brunndtland Report: our common future)〉와 관련된 내용으로 옳은 것은?

① 세대 내 이질성을 중시하고 있다.
② 지속가능발전의 개념을 명시하였다.
③ 리우회의 결과로 나온 연구물이다.
④ 브룬트란트는 노르웨이의 지역 명칭이다.

정답 및 풀이

1 ④
지구의 환경오염 정도는 극도의 위험 수준으로 이미 9시를 넘어 있다.

2 ④
1972년 유엔인간환경회의에서는 지구는 단 하나라는 사실을 부각시키기 위하여 '오직 하나뿐인 지구'를 주제로 삼았다.

3 ②
세계환경개발위원회의 연구결과물인 〈브룬트란트 보고서〉에서는 지속가능발전 개념을 명시하고 있다. 이를 보면 세대 내 형평성과 함께 세대 간 형평성을 중시하고 있다. 브룬트란트는 이 위원회의 위원장이었기 때문에 그 이름을 따 〈브룬트란트 보고서〉라고도 부른다.

제 2 장

지속가능발전교육의 출현 배경 및 역할

학습목표

1. 지속가능발전교육의 세계적 진행 과정 및 현재 위치를 이해한다.
2. 지속가능발전교육의 목적 및 역할을 이해한다.
3. 지속가능발전교육의 핵심 가치, 내용 및 방법을 이해한다.

1. 지속가능발전교육의 세계적 진행 과정 및 현재 위치

1) 지속가능발전교육의 세계적 진행 과정

미국의 부통령이었던 앨 고어(Al Gore)는 '서서히 데워지는 비커의 물속에서 그저 넋 놓고 있다 죽고 마는 개구리'를 현재의 인류 모습에 비유하였다. 지구 온난화가 서서히 진행되고 있는데도 인류가 얼마나 무신경한지, 그 결과가 인류에게 얼마나 치명적인지를 깨우치려는 의도에서였다. 연계하여 그는 『불편한 진실』(2006)에서 지구 온난화의 대표적 폐해 중 하나로 전 세계 연간 평균 사막화 넓이가 계속 늘어나고 있음을 지적하고 있다. 1970년대에 비해 1990년대에는 무려 두 배 이상으로 늘어났다는 것이다. 참고로 동아 사이언스 보도(2023. 7. 19.)에 따르면 기후변화로 인해 전 세계 75%에서 사막화가 진행되고 있는데, 특히 아시아의 사막

화 비율은 37%로, 32%인 아프리카보다도 높다.[1)]

이런 문제에 우리는 어떻게 대응해 왔을까? 제1장에 나왔던 1992년의 리우회의와 2002년의 리우+10 회의를 상기해 보자. 1992년 리우회의의 중요 성과는 '리우선언'과 '의제 21(Agenda 21)'의 채택이었다. 이어 2002년 리우+10 회의의 중요임무는 1992년에 채택한 '의제 21'의 이행 상황을 점검하고 전 세계적으로 향후 실천 방안을 마련하는 것이었다. 그 점검 결과가 어떠했을까? 인류의 지속가능발전을 위해서는 '교육'이 매우 중요한 요인인데, 결과적으로는 다른 분야보다 성과가 부진했다는 점이었다. 이에 리우+10 회의에서는 유엔에 지속가능발전교육 추진을 권고하였다. 초점은 '교육이 지속가능발전의 핵심 전략이 되어야 하고, 그러니만큼 전 세계가 지속가능발전교육에 더욱 노력을 기울여야 한다'는 것이었다.

이렇게 하여 나온 것이 유엔지속가능발전교육 10년(UNDESD, United Nations Decade of Education for Sustainable Development, 2005~2014)이다. 유엔은 2002년 12월 제57차 총회에서 'UNDESD'를 선포하고, 유네스코를 그 선도기관으로 지정하였다(유네스코 한국위원회, 2008). 2005년부터 진행된 UNDESD는 2014년에 10년의 막을 내렸고, 그 진행 상황과 결과를 담은 최종보고서(*Shaping the future we want*)도 내놓았다(UNESCO, 2014). 이후 진행된 지속가능발전교육의 근간이 된 이 보고서에서 강조한 점 중 하나는 '영유아 보호 및 교육(ECCE, Early Childhood Care and Education)에 있어 지속가능발전교육이 중요하다.'는 점이었다. 실제로 UNDESD 기간 동안 세계 각국에서의 영유아기 지속가능발전교육 노력이 진행되었는데, 그 결과 2005년 시작 당시에는 '영유아 보호 및 교육과 관련하여 ESD를 전혀 실시하지 않는 나라'의 비율이 전체의 46%였다면 끝 무렵인 2013년에는 그 비율이 4%로 확 줄어들

1) 유엔은 유엔사막화방지협약(UNCCD, United Nation Convention to Combat Desertification)이 채택된 날(1994년 6월 17일)인 매년 6월 17일을 '세계 사막화 및 가뭄 방지의 날(World day to combat Desertification and Drought)'로 지정했다. 이 협약은 기후변화협약, 생물다양성협약과 더불어 유엔 3대 환경협약으로 불린다(국립생태원, https://www.nie.re.kr/nie/main/contents.do?menuNo=200074). 참고로 2023년의 '세계 사막화 및 가뭄 방지의 날' 주제는 '여성의 땅, 여성의 권리(Her Land, Her Rights)'였다.

었다(UNESCO, 2014: 72). 10년도 안 되는 사이에 엄청난 진전이 있었던 것이다.

UNDESD에 대한 반성과 평가에 기초하여 후속적으로 시행된 것이 2015~2019년까지의 'ESD 국제 실천 프로그램(GAP, Global Action Program)'이다. 이는 2013년 37차 유네스코 총회에서 승인된 이후 2014년 11월 12일에 일본 나고야에서 열린 유네스코 '지속가능발전교육 세계회의'에서 출범되었다. 이 5년의 기간, 모든 영역의 교육과 학습에서 ESD를 강화하고자 하는 노력이 이루어졌다.

2) 지속가능발전교육의 현재 위치

GAP에 이어 현재는 2019년 제74차 유엔 총회에서 승인된 '2030년을 위한 지속가능발전교육(ESD for 2030)'이 진행 중이다. 'ESD for 2030'은 앞서 시행된 'UN-DESD(2005~2014)'와 'GAP on ESD(2015~2019)'의 비전과 교훈에 그 토대를 두고 있다. 'ESD for 2030'에 대한 전 세계적 기대는 지대한데, 이는 '교육'을 SDGs의 17개 목표 달성을 가능하게 하는 중심 요인으로 간주하기 때문이다. 관련하여 SDGs 4번째 목표(질 높은 교육)의 세부 목표인 4.7을 보면 "2030년까지 모든 학습자가 지속가능발전 및 지속가능한 생활방식, 인권, 양성평등, 평화와 비폭력 문화 증진, 세계시민의식, 문화다양성 및 지속가능발전을 위한 문화의 기여에 대한 교육을 통해 지속가능발전을 증진하는 데 필요한 지식 및 기술 습득을 보장한다."(유네스코 한국위원회, 2017: 13)라고 되어 있다. 이런 이유로 'ESD for 2030'은 SDGs 목표 성취에 박차를 가하는 '행동의 10년(Decade of Action)'으로도 명명되고 있다(https://www.un.org/sustainabledevelopment/decade-of-action/).

[그림 2-1] SDGs 성취 중심 요인으로서의 교육

자료: 지속가능발전교육(ESD) 로드맵(유네스코 한국위원회, 2021:16)

이처럼 SDGs 성취를 위한 'ESD for 2030'에 거는 기대는 특별하다. 그러니만큼 그 효과적 달성을 위한 관심 또한 높고 다양한 노력이 기울여지고 있다. 관련하여 유네스코에서 집중적으로 강조하는 실천 분야는 5가지로서, '정책 개선', '학습 환경 변화', '교육자의 역량 증진', '청소년과 다음 세대에게 힘을 부여하고 참여하도록 하기', '지역 수준에서의 행동 가속화'이다. 이를 보면 다음과 같다.

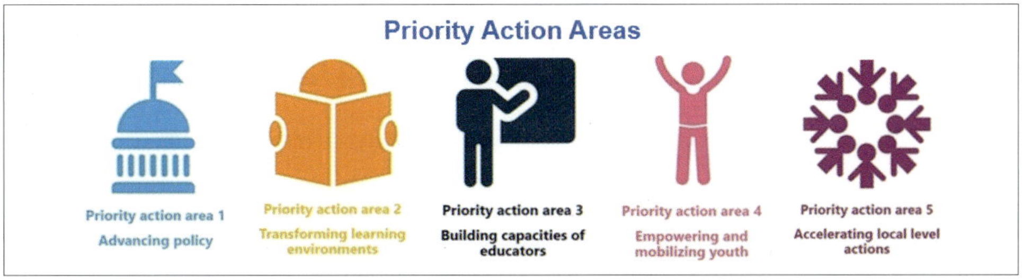

[그림 2-2] ESD for 2030에서 강조하는 5가지 집중 과제

자료: https://en.unesco.org/themes/education-sustainable-development/toolbox

2. 지속가능발전교육의 목적 및 역할

1) 목적

지속가능발전교육(ESD)의 목적을 한마디로 표현하면 '생태계 구성원 모두가 이 지구에서 계속 잘 살아가도록 하는 것'이다. 관련하여 'ESD for 2030'의 목적은 "ESD를 강화하고 17개 SDGs 목표 달성에 기여함으로써 보다 정의롭고 지속가능한 세계를 만드는 것"(유네스코 한국위원회, 2021: 14)이다. 이를 위해 지속가능발전교육에서는 학습자를 정의롭고 지속가능한 세계 형성에 기여하고 바람직한 변화 창조자(change makers)가 되도록 지식, 기술, 가치, 태도 등을 길러 주어야 한다(UNESCO, 2024. 1. 12.).

2) 역할

지속가능발전교육(ESD)의 목적을 살펴보았다. 이런 목적을 성취하려면 ESD는 구체적으로 어떤 역할을 해야 할까? 여러 연구(유네스코 한국위원회 2017; 2021; 지속가능발전위원회, 2005; 지옥정 외, 2023 등)를 종합하여 여기서는 그 역할을 '학습자의 주인의식 강화', '변화를 위한 역량 강화', '바람직하지 않은 문화와 생활양식의 변화 촉진', '지속가능한 미래를 고려한 의사결정 방법 학습', '지속가능한 미래를 위한 행동 및 실천 강화'와 같은 다섯 가지로 정리해 보았다.

(1) 학습자의 주인의식 강화

지구에 사는 사람이라면 누구나 지구에 대한 책임감과 주인의식을 가지고 노력해야 한다. 이렇게 되도록 이끌어 주는 것이 ESD의 중요 역할이다. 이때 교육 대상은 영유아부터 성인에 이르기까지 모두 포함된다. 물론 가장 중요한 교육 시기는 영유아기이다. 이때 교육의 통로는 학교에서의 형식적 교육뿐 아니라 모든 형태의 비형식적 교육도 포함되어야 한다.

[그림 2-3] 지구를 지켜야 할 사람은 바로 우리 자신!

이 책 12장에서 제시한 '공원의 날' 프로젝트의 경우, 유치원에서 가장 가까운 공원(예: '발산공원')을 프로젝트 주제로 잡아 ESD를 실행함으로써 유아의 '지역에 대한 주인의식'을 강화시킨 사례이다. 프로젝트 후 유아들의 공원에 대한 인식은 크게 변화하였는데, 즉 프로젝트 전에 '공원은 어떤 곳?' 하면 '노는 곳, 김밥 먹는 곳, 자전거 타는 곳'이었다면 프로젝트 후 공원에 대한 인식은 '우리가 사랑하고 돌보아 주어야 할 곳'으로 바뀌었다. 건강한 지역사회로 만들어 나가는 데 자기도 한몫해야 한다는 주인의식이 생긴 것이다(지옥정, 2013b).

그런가 하면 2007년 호주 시드니에서 시작되어 전 세계적인 환경운동으로 확장된 '지구촌 불(전등) 끄기(Earth Hour)'의 경우 형식적 · 비형식적 교육 모두를 통해 전 세계 사람들의 주인의식을 강화한 결과라고 할 수 있다. 이 운동은 시작된 지 불과 1년 만에 35개국에서 5천만 명 이상의 사람들이 자발적으로 참여하는 국제적인 운동이 되었으며, 해를 거듭할수록 참여자들이 늘어났다. 최근에는 SDGs와 연계하여 '기후 기준점인 1.5도 미만을 유지하고 생물다양성을 지키자'라는 기치 아래 수많은 사람이 동참하고 있다. 예를 들어 2023년에는 Earth Hour(https://www.earthhour.org)에서 전 세계 지지자들에게 '불을 끄고 한 시간 동안 지구를 위해 긍정적인 일을 하도록 요청'하는 운동을 벌였고 이에 190개 이상 나라의 사람들이 호응하였다.

(2) 변화를 위한 역량 강화

미래사회의 특징은 '변동성, 불확실성, 복잡성, 모호성, 불안정, 위험과 위기, 지구의 지속불가능성에 대한 우려, 갈등과 딜레마' 등이므로, '학습자의 역량 증진'은 전 세계적으로 최근 더욱 강조되고 있다(지옥정 외, 2023). 대표적인 예로 OECD(2018)에서는 DeSeCo(Defining and Selecting Key Competencies) 2.0을 통해 당시 초등학교에 입학하는 학생들이 고등학교를 졸업할 즈음인 2030년이 되면, 예전의 DeSeCo 프로젝트에서 상정했던 사회보다 훨씬 더 복잡하고 새로운 도전적 사회(환경적 · 경제적 · 사회적 위기)가 될 것이라면서 이에 대비해 '변혁적 역량(transformative competencies)'을 길러 주어야 한다고 하였다. 여기서 변혁적 역량의 세 요소는 '새로운 가치 창출하기(creating new value)', '긴장과 딜레마에 대처하기(reconciling tensions & dilemmas)', '책임감 갖기(taking responsibility)'이다. 앞으로의 교육은 그런 역량 증진을 위한 교육과정 및 교수학습 방법이 되어야 한다는 것이다. 이때 중요한 점은 친구, 부모, 교사, 지역사회와 협력하는 것이다. 그림으로 간단히 보면 다음과 같다.

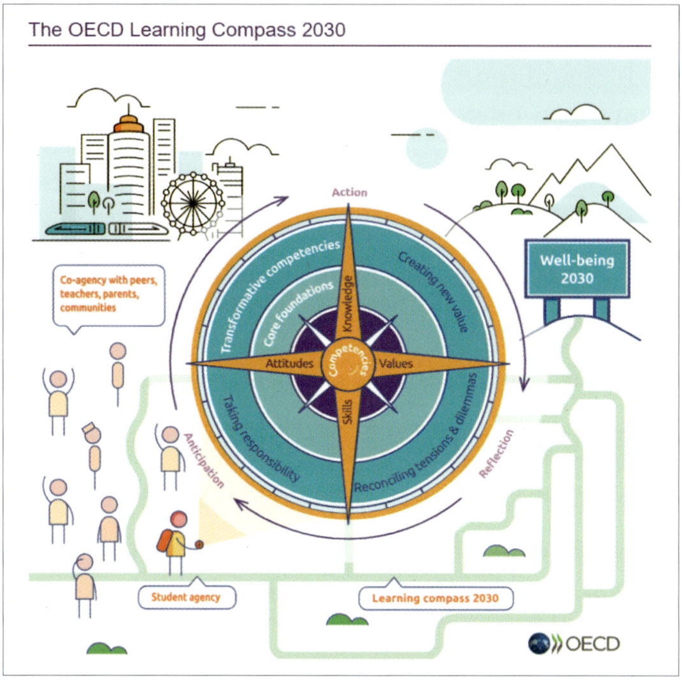

[그림 2-4] OECD(2018)의 DeSeCo 2.0

자료: https://www.oecd.org/education/2030-project/teaching-and-learning/learning/

세계적으로 역량을 강조하는 흐름에 우리나라 국가 수준 교육과정도 동참하고 있다. 예를 들어 2024년부터 적용되는 2022 개정 초등학교 교육과정에서는 추구하는 인간상(자기주도적인 사람, 창의적인 사람, 교양 있는 사람, 더불어 사는 사람)과 연계한 '역량'을 2015 개정 교육과정(역량을 명시적으로 제시한 첫 교육과정)에 이어 계속 강조하고 있다. 구체적으로 2022 개정 교육과정에 제시된 역량은 자기관리 역량, 지식정보처리 역량, 창의적 사고 역량, 심미적 감성 역량, 협력적 소통 역량, 공동체 역량이다(교육부, 2022: 6). 한편, 2019 개정 누리과정에서는 구체적 역량을 명시하지는 않았으나 초등학교 교육과정과 동일 맥락에서 추구하는 인간상(건강한 사람, 자기 주도적인 사람, 창의적인 사람, 감성이 풍부한 사람, 더불어 사는 사람)을 제시하고 있다(교육부, 보건복지부, 2019: 28).

(3) 바람직하지 않은 문화와 생활양식의 변화 촉진

이는 학습자가 바람직하지 않은 문화나 생활양식에 대해 비판적으로 성찰하고 개선하도록 돕는 것이다. 예를 들어 보자. 우리나라는 예로부터 넉넉한 상차림을 예의로 여기고 그런 생활양식을 고수해 왔다. 음식물 쓰레기가 많아질 수밖에 없는 문화인 것이다. 지금은 식당에서 먹고 남은 음식을 싸 가는 사람들도 있을 정도로 음식물 쓰레기에 대한 인식이 개선되었다고는 하나 여전히 음식물 쓰레기 문제는 문화 및 생활양식과 관련하여 개선되어야 할 부분 중 하나이다. 음식물쓰레기관리시스템(https://www.citywaste.or.kr)에 의하면 우리나라의 경우 아직도 생활폐기물 대비 음식물 쓰레기는 20%가 훨씬 넘는다. 여기 2023년 9월 12일 자로 게시된 '작년 추석에 비해 올 추석 음식물 쓰레기 22% 증가'는 그 증거 중 하나이다. 이런 음식물 쓰레기 중 약 70%는 가정과 소형음식점에서 나오는 형편이니 '풍성한 상차림'에 대한 비판적 성찰과 식생활 양식의 변화는 유아기 지속가능발전교육에서부터 중요하게 다루어져야 할 부분이다.

자료: 음식물쓰레기관리시스템(https://www.citywaste.or.kr)

(4) 지속가능한 미래를 고려한 의사결정 방법 학습

지속가능발전교육의 네 번째 역할은 학습자가 지속가능한 미래를 고려하여 의사결정하는 방법을 배우고 익히도록 돕는 것이다. 눈앞에 보이는 이익에만 급급하지 않고 멀리, 종합적으로 사고하면서 결정할 수 있는 능력을 길러 주자는 것이다. 현재와 같은 지구 환경오염, 생태계 파괴 문제도 인간 중심의 마구잡이식 개발, 단기적 이익 추구에 의한 결과임이 자명하므로, 학습자가 지속가능한 미래를 고려하며 의사 결정하도록 돕는 것은 지속가능발전교육의 중요한 역할이라 할 수 있겠다.

여기서 재미있는 예를 하나 들어 보겠다. 어떤 유치원 선생님이 반의 유아들에게 이런 질문을 하였다. "원장님께서 너희들 모두에게 매일 천 원씩 주신다고 해 보자. 그러면 좋겠다고 생각하는 사람 손들어 볼까?"라고 하자 생각하고 말고 없이 너도 나도 모두 손을 번쩍 들었다. 이어 선생님이 "진짜로 원장님이 모두에게 그렇게 돈을 주면 어떤 일이 벌어질까?"라고 질문한 후, 선생님과 유아들이 함께 따져 보니 좋은 점보다 나쁜 점이 훨씬 더 많았다. 예를 들면 '천 원으로 우리가 매일 사탕, 초콜릿을 사 먹을 거다. 그럼 이가 다 썩을 거다.', '그 돈을 잃어버리는 아이도 있을 거다. 그럼 너무 속상할 거다.', '힘센 아이가 옆의 친구 돈을 뺏을 수도 있다. 그럼 울 거다.', 심지어는 '원장님이 매일 돈을 주면 가난해질 거다. 그럼 유치원이 없어질지도 모른다.'는 문제점까지 나왔다. 그런 과정을 거친 후 선생님이 같은 질문을 다시 했더니 이번에는 아무도 손을 들지 않았다고 한다. 유아라 할지라도 눈앞의 이익 한 면만이 아닌 여러 가지를 비판적으로 고려해 보도록 이끌어 준다면 보다 적합한 결정을 내릴 수 있다. 이처럼 학습자에게 문제를 비판적 · 종합적으로 보도록 하는 것은 지속가능발전교육의 중요 역할 중 하나이다.

(5) 지속가능한 미래를 위한 행동 및 실천 강화

지속가능한 미래는 생각만으로는 이루어지지 않는다. 오랜 시간이 걸리더라도, 난관과 저항이 있더라도 꾸준히 밀고 나갈 때 가능한 것이다. 그런 점에서 '나무들의 어머니'라 불리는 왕가리 마타이가 지속가능한 세상, 특히 여성과 어린이들의 인권 보호를 위해 부패한 정부와 이익에 눈먼 개발업자들의 박해 속에서도 나무를 심고, 숲과 아름드리나무들을 지켜낸 것은 매우 모범적 사례이다.

그런가 하면 발리섬의 그린 스쿨(Green School)에 재학 중이던 위즌(Melati Wijsen)의 경우도 모범적 사례이다. 그녀는 불과 12살 때 세상을 바꾸는 사람이 되기로 결심하고 같은 학교에 다니던 10살 동생과 함께 플라스틱을 줄이기 위한 계획과 함께 실제로 운동을 시작하였다. 개인적으로 플라스틱을 덜 쓴다거나 쓰레기를 분리배출한다거나 하는 정도가 아니다. 그녀는 12살이던 2013년에 당시 인도네시아 발리에서 열린 관련 콘퍼런스에서 BBPB(Bye Bye Plastic Bags) 설립 아이디어를 냈을 뿐 아니라 오랜 시간 노력하여 실제로 그 단체를 만들었다. 2024년 현재 '플라스틱을 줄이자'는 BBPB 운동은 발리를 넘어서 전 세계로 확장되고 있다. 아래는 BBPB 단체의 로고와 2024년 1월 18일 기준으로 검색한 BBPB의 세계적 확산 지도이다.

자료: https://byebyeplasticbags.org/global/

지속가능발전교육의 목적 및 역할에 대해 알아보았다. 다음으로 이런 목적 및 역할을 감당하기 위한 지속가능발전교육의 핵심 가치는 무엇인지, 그 실현을 위한 교육내용은 무엇이며 방법은 무엇인지 살펴보기로 하자.

3. 지속가능발전교육의 핵심가치, 내용 및 방법

1) 지속가능발전교육의 핵심가치

지속가능발전교육(ESD)의 핵심 가치는 무엇일까? 이를 보면 [그림 2-5]와 같다. 크게 보면 '모든 이의 인권에 대한 존중', '미래 세대의 권리에 대한 존중', '공동체와 문화다양성 존중', '생태적 다양성 존중'이다(지속가능발전위원회, 2005; 지방의제 21 전국협의회, 2006). 여기서 볼 수 있듯이 4가지 핵심 가치를 관통하는 공통 단어는 '존중'이다. 그리고 이때 존중의 대상은 현재를 살아가는 사람들뿐 아니라 미래 세대까지를 포함하며, 사람뿐 아니라 생태계 구성원 모두를 포함하는 것임을 알 수 있다.

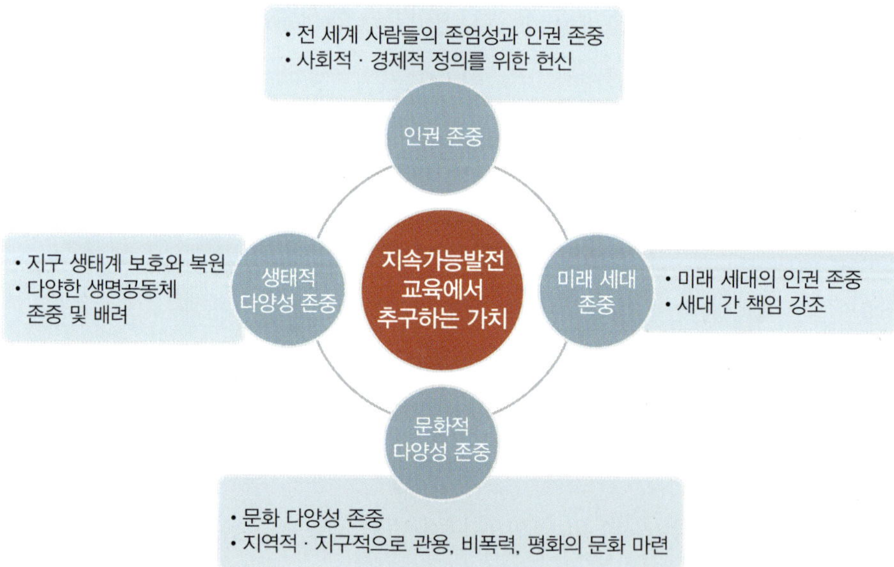

[그림 2-5] 지속가능발전교육에서 추구하는 가치

2) 지속가능발전교육의 내용 영역

지속가능발전교육(ESD)의 내용은 무엇일까? 다시 말해 무엇을 다루어야 하는 것일까? ESD의 목적은 '지속가능한 삶'에 있으므로, 거칠게 말하면 인간의 삶과 관련된 모든 것, 정치, 경제, 사회, 문화 등 모든 측면이 다 여기에 포함된다고 할 수 있다. 즉, 모든 관련 내용들이 지속가능한 삶을 지향하며 다루어져야 하는 것이다. 관련하여 일본의 교수 Inoue(2015)는 지속가능발전교육을 기존의 교육과정에 새롭게 조금 덧붙여서 가르치면 되는 그런 것이 아니라 모든 교육이 지속가능한 사회를 지향하며 이루어질 수 있도록 잡아 주는 큰 깔때기로 보아야 한다고 하였다. 그렇게 볼 때 '지속가능발전지향 유아 경제교육', '지속가능발전지향 유아 시민교육' 등과 같은 교육 명칭이 나올 수 있다. 『지속가능발전지향 유아환경교육』(지옥정, 조부경, 서윤희, 정애경, 2017)은 그 의견에 동의하면서 나온 결과물이다.

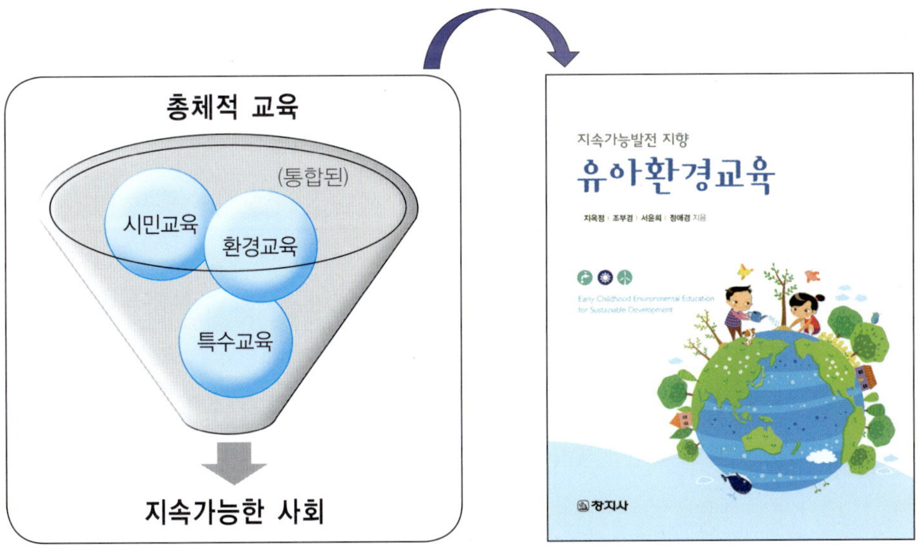

자료: Inoue(2015: 128)

이제 보다 구체적으로 지속가능발전교육의 내용으로 다루어야 할 것은 무엇인지 정리해 보자. 내용의 기본적 토대는 '지속가능발전' 또는 '지속가능한 삶' 자체에 대한 이해를 돕는 것이 되어야 한다. 즉, '지속가능발전' 또는 '지속가능한 삶'이 과연 무엇인지, 그것이 왜 지금 이 시대에 그렇게 강조되어야 하는 것인지, 연관하여 그것과 우리 인간의 삶, 그리고 생태계 전체와의 관계는 무엇인지 등에 대해 알고 이해하도록 하는 내용이다. 이를 지속가능발전에 '대한' 내용으로 표현할 수 있다.

이런 토대 위에서 본격적으로 지속가능발전을 '위한' 내용이 다루어져야 한다. 즉, 지속가능발전을 하려면 무엇을, 어떻게 해야 하는가에 관한 것이다. 이를 범주화해 보면 지속가능발전의 주요 세 축인 사회적 측면, 환경적 측면, 경제적 측면이 된다. 관련하여 <표 2-1>은 여러 관련 자료(UNESCO, 2005; 박태윤, 성정희, 2007; 지방의제21 전국협의회, 2006)에서 제시하고 있는 지속가능발전교육의 핵심 내용이다.

〈표 2-1〉 지속가능발전교육의 핵심 내용

구분	환경적 측면	사회적 측면	경제적 측면
핵심 내용	• 자연자원(물, 에너지, 농업 등) • 환경오염과 쓰레기 • 에너지 • 생물다양성 • 기후변화 • 재해 예방, 감소 • 교통 • 도시화	• 인권 • 평화, 인간의 안전 • 문화다양성(문화 상호 간 이해) • 건강, 식품 • 양성평등 • 거버넌스, 시민 참여 • 고용	• 지속가능한 생산과 소비 • 빈곤 퇴치 • 기업의 책무

동일 맥락에서 지속가능발전교육 내용을 2016~2030년까지 추구하는 SDGs 17개 목표 영역과 연계시켜 [그림 2-6]과 같이 '환경보호', '경제개발', '사회발전'으로 범주화하기도 한다. 16번째 목표인 '평화'와 17번째 목표인 '파트너십'을 전제조건으로 하면서 사회적 측면(목표 1, 2, 3, 4, 5, 6), 경제적 측면(목표 8, 9, 10, 11), 환경적 측면(목표 7, 12, 13, 14, 15)으로 나누어 보는 것이다.[2)]

2) SDGs를 유아교육 실제에 적용하고자 하는 시도들도 이루어지고 있다. 예를 들면 74차 OMEP 세계대회(2022. 6. 12.~2022. 6. 15.)에서 Diane Boyd 박사와 Naomi McLeod 박사는 SDGs를 유아교육 현장에 적용할 수 있는 방안을 발표한 바 있다. 2022년 OMEP의 'ESD 수상작' 중 하나로 오멥 한국위원회에 자료로 탑재되어 있다.

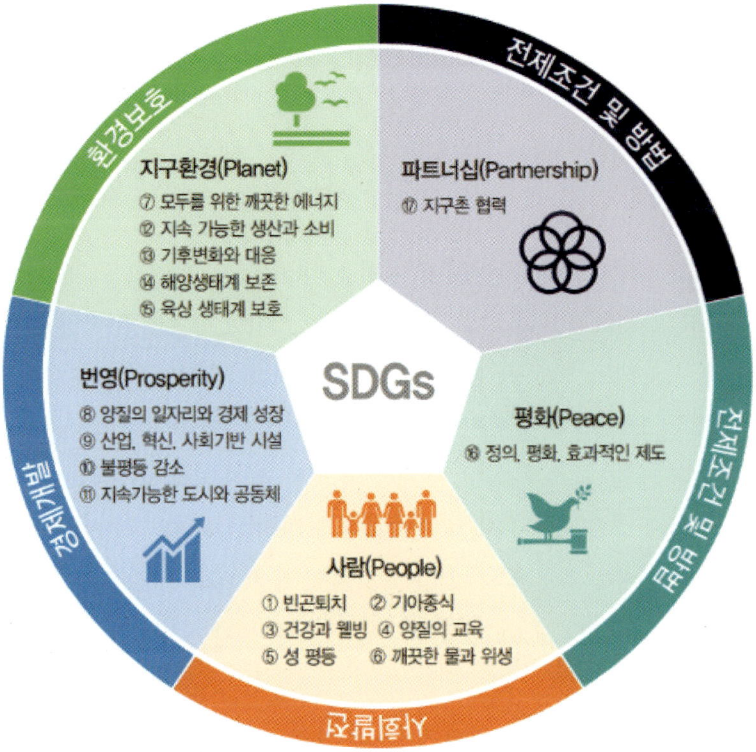

[그림 2-6] 지속가능발전목표(SDGs)의 17개 목표 범주화

자료: Greencw21.or.kr

지속가능발전교육의 핵심 내용을 위에서 제시하였지만, 꼭 이런 내용을 어떤 특정 순서대로 다루라는 것은 아니다. 지역이나 국가에 따라 다른 내용들이 추가되거나 삭제될 수 있으며 비중 또한 달라질 수 있다. 국가마다 처한 여러 상황과 여건이 다르기 때문이다. 한 국가 내에서도 지역 여건과 상황에 따라 다른 내용이 추가될 수도 있다. 예를 들면 전 세계에서 유일한 분단국가인 우리나라의 경우에는 '평화통일'이 사회적 측면 관련하여 중요 내용이 될 수 있으며, 우리나라 안에서도 제주도와 세종시의 경우 우선되는 내용이 다를 수 있다. 또 한 가지 중요한 점은 지속가능발전교육의 핵심 내용들은 각각 별개의 내용이 아니라 상호 밀접하게 연계되어 있다는 점

이다. 예를 들어 황폐한 환경, 빈곤, 인권 유린 등의 문제는 각각 분리된 것이 아닌 연계된 문제이므로 교육 역시 이런 문제들을 연계시켜 통합적으로 다룰 필요가 있다. 프로젝트가 중심 교육방법으로 주목받는 것은 이런 이유 때문이다.

3) 교육방법

지속가능발전교육(ESD)을 이행해 나가는 바람직한 방법으로 '문제를 중심으로 하는 학습(PBL, Problem Based Learning)'(Nilson, 2010), 또는 '흥미 있는 특정 주제를 중심으로 한 프로젝트 접근법(The Project Approach)'(지옥정, 2022a)을 들 수 있다. 이 두 방법 모두 교육의 과정에서 학습자의 주체적 참여와 몰입(engaging)을 강조한다. 몰입한 가운데 열정을 가지고 문제를 분석하고 해결해 나가는 과정, 또는 흥미 있는 특정 주제에 대해 질문거리를 찾고, 이에 관한 조사 탐구 활동을 해 나가는 과정을 통해 ESD에서 추구하는 목적 및 핵심가치에 가까이 다가갈 수 있다.

구체적 사례로서 UNESCO(2014: 74)에서 유아기 지속가능발전교육의 바람직한 사례로 제시한 '무심천 프로젝트'(제5장 참조)는 지역의 중심 하천인 '무심천'을 주제로 한 프로젝트이다. 프로젝트 과정 중 '무심천 수달이 위험하다'고 느낀 유아들은 그 문제 해결을 위해 여러 노력을 하였다. 그러면서 수달의 먹이를 비롯한 생태적 특성 탐구하기, 지역의 여러 관련 기관(무심천 수달을 연구하는 마을공동체 연구소·동사무소·시청 관계자 등)과 협력하기, 청주 시민들에게 자신들이 만든 수달 배지 나누어 주기 및 수달 보호 캠페인 등을 하였다. 흥미 있는 주제에 몰입하여 활동하는 가운데, 유아들이 보다 나은 지역사회로 나아가도록 한 역할을 담당한 것이다.

Republic of Korea – Musim Stream project

The Korean Musim Stream project exemplifies a holistic, community learning approach to ESD in ECCE that focuses not only on children's learning but on their role in influencing awareness and attitudes within their community. The target group of 5-year olds engaged in a wide range of activities including learning about the stream's ecosystem and food

> chains. They then became active participants in the local political life when they sent a letter to City Hall asking that a special map be made of the stream that explained key features and habitats for the city's younger inhabitants to complement the existing map for adults. The children also campaigned publicly for the protection of the stream, bringing citizens' attention to the plight of local endangered wildlife.

또 다른 예로 2023년 10월 청주 무궁화유치원에서 행해진 '도토리 프로젝트' 역시 이런 몰입과 탐구 과정을 보여 준다. 가까운 공원으로 나들이 나가 발견한 도토리, 특히 벌레인 줄 알았던 도토리에서 나온 뿌리, 여기서 발현된 도토리 성장 과정에 대한 탐구, 그 과정에서 나온 '도토리야 안녕' 게임판, 도토리를 먹이로 하는 동물들에 관한 관심, 그중에서도 청설모에 대한 높은 흥미와 먹이 부족에 대한 문제점 인식, 그 해결을 위해 관리 주체인 시청 직원들과의 여러 차례 접촉, 그리고 그 결과로써의 다람쥐 먹이통 설치가 그 증거이다. 자세한 과정은 이 책 제5장을 참조하기 바란다.

이런 프로젝트들에서 두드러지는 점은 Phillips(2015)이 강조한 것처럼 '지역사회와의 적절한 연계가 유아의 지역사회 주민의식 증진과 더불어 지역사회 관계자의 유아에 대한 인식 전환을 돕고 작업 방식에도 변화를 준다'는 점이다. 전술한 '무심천 프로젝트', '도토리 프로젝트' 모두 그 진행 과정에서 시청 직원이 일정 부분 함께 했는데, 이때 유아의 아이디어나 생각(예: 어린이용 무심천 생태지도 제작 건의, 청설모를 위한 안내문 설치)에 대해 놀라워하면서 향후 시정 운영에 그런 점들을 적극 반영하겠다고 약속하였다.

이상에서 지속가능발전교육의 세계적 진행 과정 및 현재 위치, 지속가능발전교육의 목적 및 역할, 지속가능발전교육의 핵심 가치, 내용 및 방법에 대해 살펴보았다. 이어 제3장에서는 좀 더 우리나라에 초점을 맞추어 '지속가능발전을 위한 우리나라 국가 정책과 관련 노력'에 대해 짚어 보고자 한다.

정·리·하·기

1 ESD for 2030의 기간은 언제부터 언제까지일까?

① 2005~2014년 ② 2015~2019년
③ 2020~2030년 ④ 2030~2040년

2 지속가능발전교육에서 추구하는 가치로 적합하지 않은 것은?

① 생태적 단일성 존중 ② 다음 세대의 권리에 대한 존중
③ 공동체와 문화다양성 존중 ④ 모든 이의 인권에 대한 존중

3 다음 중 지속가능발전교육의 역할로 적합하지 않은 것은?

① 변화를 위한 역량 강화
② 행동과 생활양식의 변화 촉진
③ 장기적 관점과 의사결정 능력 학습
④ 생태계 존중 측면에서 학습자의 손님의식 강화

정답 및 풀이

1 ③
ESD for 2030은 2020~2030년까지를 그 기간으로 잡고 있다.

2 ①
추구하는 가치는 모든 이의 인권에 대한 존중, 다음 세대의 권리에 대한 존중, 공동체와 문화다양성 존중, 생태적 다양성 존중이다.

3 ④
지속가능발전교육의 역할로는 '주인의식 강화', '변화를 위한 역량 강화', '행동과 생활양식의 변화 촉진', '장기적 관점과 의사결정 능력 학습', '미래지향성 제고' 등이다.

제3장

지속가능발전을 위한 우리나라 국가 정책과 관련 노력

학습목표

1. 지속가능발전 관련 우리나라 국가 정책을 안다.
2. 국가 수준 유초 교육과정에 반영된 관련 교육을 이해한다.
3. 최근 강조되는 탄소중립 중점학교에 대해 이해한다.

제3장에서는 우리나라 정부에서 지속가능발전 관련하여 지금까지 어떤 노력을 해 왔으며, 이것과 국가 수준 유초 교육과정과는 어떤 연관이 있는지, 더 나아가 최근 정부에서 강조하는 탄소중립 중점학교는 무엇인지 알아보고자 한다.

1. 지속가능발전을 위한 우리나라 국가 정책

이 책 제1장에서 밝힌 바와 같이 1992년에 열린 지구정상회의, 일명 리우회의에서 '환경적으로 건전하고 지속가능한 발달(ESSD, Environmentally Sound and Sustainable Development)' 원칙을 담은 리우선언과 그 행동계획으로서 의제 21(Agenda 21)이 채택되었다. 이에 따라 유엔은 '의제 21' 실천 계획 수립 및 이행평가를 위하여 유엔 산하 각국에 국가 지속가능발전위원회(NCSD, National Commission for Sustainable Development) 설치를 권고한 바 있다. 그 권고에 기반하여 우리나라도 김대중 정부 시절(1998~2003)인 2000년 9월에 대통령 직속 자문기구인 '지속가능발전위원회'를 만들었다. 이어 지속가능발전을 더욱 강력하고 조직적으로 추진하기 위하여 노무현 정부 시절(2003~2008)인 2007년 7월에는 「지속가능발전 기본법」(2008년 2월 시행)을 제정 공포하였다.

이후 이명박 정부(2008~2013)에서는 '녹색성장'을 정책 기조로 삼으면서 2010년에 '저탄소 녹색성장 기본법'을 제정하였다. 그 여파로 「지속가능발전 기본법」은 일반법인 '지속가능발전법'으로 법적 지위가 변하였다. 더불어 대통령 직속 자문기구였던 지속가능발전위원회는 대통령 직속에서 환경부 장관 소속으로 변경되었으며 지금도 그 상태에 머물러 있다. 다만, 지속가능발전법은 2022년에 다시 「지속가능발전 기본법」(https://www.law.go.kr/)으로서의 위치를 되찾았다. 여기서 「지속가능발전 기본법」의 '제1조 목적' 및 '제2조 용어 정의'를 제시함으로써 현재 우리나라 정책을 위시하여 관련 문서에서 통용되는 '지속가능발전' 관련 이해를 보다 분명히 하고자 한다.

지속가능발전 기본법[시행 2022. 7. 5.] [법률 제18708호, 2022. 1. 4., 제정]

제1조(목적) 이 법은 경제 · 사회 · 환경의 균형과 조화를 통하여 지속가능한 경제성장, 포용적 사회 및 기후 · 환경 위기 극복을 추구함으로써 현재 세대는 물론 미래 세대가 보다 나은 삶을 누릴 수 있도록 하고 국가와 지방 나아가 인류사회의 지속가능발전을 실현하는 것을 목적으로 한다.

제2조(정의) 이 법에서 사용하는 용어의 뜻은 다음과 같다.

1. "지속가능성"이란 현재 세대의 필요를 충족시키기 위하여 미래 세대가 사용할 경제 · 사회 · 환경 등의 자원을 낭비하거나 여건을 저하(低下)시키지 아니하고 이들이 서로 조화와 균형을 이루는 것을 말한다.
2. "지속가능발전"이란 지속가능한 경제성장과 포용적 사회, 깨끗하고 안정적인 환경이 지속가능성에 기초하여 조화와 균형을 이루는 발전을 말한다.
3. "지속가능한 경제성장"이란 지속가능한 생산 · 소비 구조 및 사회기반시설을 갖추고, 산업이 성장하며 양질의 일자리가 증진되는 등 경제성장의 산물이 모든 구성원에게 조화롭게 분배되는 것을 말한다.
4. "포용적 사회"란 모든 구성원이 존엄과 평등, 그리고 건강한 환경 속에서 자신의 잠재력을 실현할 수 있도록 경제 · 사회 · 문화적으로 공정하며 취약계층에 대한 사회안전망이 보장된 사회를 말한다.

5. "지속가능발전목표"란 2015년 국제연합(UN: United Nations) 총회에서 채택한 지속가능발전을 달성하기 위한 17개의 목표를 말한다.
6. "국가지속가능발전목표"란 제17조에 따른 지속가능발전 국가위원회에서 지속가능발전목표와 국내 경제적 · 사회적 · 환경적 여건 및 지역적 균형에 대한 고려 등을 반영하여 제7조에 따른 지속가능발전 국가기본전략으로 수립하는 국가목표를 말한다.

이 법에서도 제시되고 있듯이 SDGs 17개 목표는 우리나라 국가 정책에도 중요하게 영향을 미친다. 그런 맥락에서 2018년 12월 국무회의 심의를 통해 SDGs에 대응할 수 있는 K-SDGs를 [그림 3-1]과 같이 마련한 바 있다(https://ncsd.go.kr/ksdgs?-content=2). K-SDGs의 비전과 전략을 살펴보면 다음과 같다.

비전	**포용과 혁신을 통한 지속가능 국가 실현**			
전략	사람 사람이 사람답게 살 수 있는 포용사회	번영 혁신적 성장을 통한 국민의 삶의 질 향상	환경 미래 세대가 함께 누리는 깨끗한 환경	평화 · 협력 지구촌 평화와 협력 강화
K-SDGs 17개 목표	[목표 1] 빈곤층 감소와 사회안전망 강화 [목표 2] 식량안보 및 지속가능한 농업 강화 [목표 3] 건강하고 행복한 삶 보장 [목표 4] 모두를 위한 양질의 교육 [목표 5] 성평등 보장 [목표 11] 지속가능한 도시와 주거지	[목표 8] 좋은 일자리 확대와 경제성장 [목표 9] 산업의 성장과 혁신 활성화 및 사회기반 시설 구축 [목표 10] 모든 종류의 불평등 해소 [목표 12] 지속가능한 생산과 소비	[목표 6] 건강하고 안전한 물 관리 [목표 7] 에너지의 친환경적 생산과 소비 [목표 13] 기후변화와 대응 [목표 14] 해양생태계 보전 [목표 15] 육상생태계 보전	[목표 16] 평화 · 정의 · 포용 [목표 17] 지구촌 협력 강화

[그림 3-1] K-SDGs의 비전, 전략, 17개 목표

이런 노력과 함께 당시 정부는 「기후위기 대응을 위한 탄소중립 · 녹색성장 기본법」(약칭: 탄소중립기본법)'[시행 2022. 3. 25] [법률 제18469호, 2021. 9. 24, 제정][1)]을 제정, 시행한 것이다. 이에 따라 이전의 저탄소 녹색성장 기본법은 폐지되었다. 또한 탄소중립기본법을 설치 근거로 하여 대통령 직속 '2050 저탄소녹색성장위원회'(녹색성장위원회+국가기후환경회의. 처음 명칭은 2050 탄소중립위원회)가 2022년 10월 26일 출범 및 첫 회의를 하였고 현재 '2050년까지 탄소중립'을 목표로 하여 다양한 활동을 벌이고 있다(https://2050cnc.go.kr/base/main/view).

정리하면 우리나라 정부는 2000년을 기점으로 지속가능발전 관련 위원회 구성, 법 제정 등 지속가능발전 관련 노력을 해 왔고, 정권이 바뀌면서 비슷한 맥락에서 '녹색성장' 강조, 그리고 최근에는 K-SDGs 달성을 위한 노력 및 그 연장선에서 탄소중립 노력도 해 왔음을 알 수 있다. 이런 정부의 기조는 우리나라 국가 수준 유초 교육과정 개정 및 학교 운영에 직 · 간접적인 영향을 미쳐 왔다. 구체적으로 어떻게 영향을 미쳐 왔는지 살펴보자.

2. 국가 수준 유초 교육과정에 반영된 관련 교육

우리나라 형식적 교육기관에서 행해지는 교육은 정부 정책의 영향을 받는다. 이와 같은 정부의 정책 수립 시 중요 변수 중 하나는 국제적 동향이다. 즉, 국가 수준 교육과정에 반영된 환경교육, 녹색(성장)교육, 지속가능발전교육은 그 당시 세계적 동향 및 당시 정부가 추진했던 정책 및 제정된 법 등과 깊은 관련이 있다. 이런 점을 전제하면서 우리나라 유초 국가 수준 교육과정에 환경교육, 녹색(성장)교육, 지속가능발전교육이 어떻게 반영되어 왔나 살펴보고자 한다. 먼저 초등학교 교육과정부터 살펴보자. 유치원 교육과정과의 연계성 측면에서 그간 계속 영향을 미쳐 왔기 때문이다.

1) 현재는 일부 개정[시행 2023. 7. 10.] [법률 제19430호, 2023. 6. 9., 타법개정]되었다. 탄소중립 관련하여 우리나라는 전 세계에서 14번째로 법제화하였다.

1) 초등학교 교육과정에서의 환경교육, 녹색교육, 지속가능발전교육[2)]

초등학교 교육과정은 1954년 4월에 제정된 후, 2차 63년, 3차 73년, 4차 81년, 5차 87년, 6차 92년, 7차 97년, 2007 개정, 2009 개정(2011 부분 개정), 2015 개정, 2022 개정의 과정을 거쳤다. 이런 개정 과정에서 '환경교육'이 '주요 내용'으로 명시된 것은 4차 교육과정부터이며, 이후 교육과정에서도 계속 명시되어 왔다. 예를 들면 1981년 4차 교육과정에서는 도덕, 국민정신, 언어생활, 건강과 안전, 환경교육과 같이 5개 주제가 '주요 내용'으로 제시되었는가 하면, 1992년 6차에서는 도덕교육, 환경교육, 경제교육, 근로정신함양교육, 보건 · 안전교육, 성교육, 진로교육, 통일교육과 같이 8개의 주제가 제시된 바 있다. 그러다가 7차부터는 '주요 내용' 대신 '범교과 학습주제'라는 명칭을 사용하면서 그중 하나로 '환경교육'을 제시하였다. 7차 때의 범교과 학습주제 수는 16개로 늘어난 상태였는데, 이후에도 사회, 정치적으로 다양한 요구가 교육과정 개발 과정에 전달되면서 2007 개정에서는 35개 주제, 2009 개정에서는 38개로 늘어났다. '독도교육'은 2011 부분 개정 시 39번째 주제로 추가되었다(교육과학기술부, 2011: 22). 2007 개정부터 이때까지 '환경교육'과 '지속가능발전교육'은 다른 여타의 주제들과 나란히 범교과 학습주제로 제시되었다. 그런가 하면 2009 개정 때 추가된 '녹색교육'은 2015 개정 교육과정에서는 없어졌다. 이후 2015 개정 때는 범교과 학습주제 수가 획기적으로 확 줄어 10개로 되었다. 그러면서 '환경교육'과 '지속가능발전교육'은 하나로 묶여 '환경 · 지속가능발전교육'으로 맨 끝 10번째 주제로 제시되었다. 이는 2022 개정의 경우에서도 같다. 이런 흐름과 2022 개정 교육과정에 명시되어 있는 10개 범교과 학습주제(교육부, 2022: 15)를 살펴보면 다음과 같다.

2) 국가교육과정정보센터(NCIS, https://ncic.re.kr/mobile.kri.org4.inventoryList.do)에 게시된 시기별 교육과정 자료를 근거로 하되, 박순경(2014), 지옥정(2013c; 2015)의 연구를 근거로 하여 재정리하였다. 범교과 학습주제를 제시한 교육과정 총론은 초중등학교 공통이다.

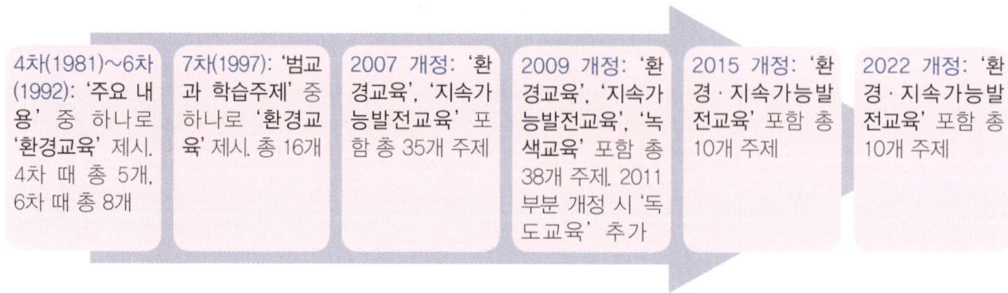

2022 개정 교육과정(2024년부터 적용)에서의 10개 범교과 학습주제

안전 · 건강 교육, 인성 교육, 진로 교육, 민주시민 교육, 인권 교육, 다문화 교육, 통일 교육, 독도 교육, 경제 · 금융 교육, 환경 · 지속가능발전교육

[그림 3-2] 초등학교 교육과정에 반영된 관련 교육

이런 사실들에 비추어 우리나라 국가 수준 초등학교 교육과정에서 지속가능발전교육을 다루어 온 입장을 정리해 보면 다음과 같다. 첫째, 지속가능발전교육을 2007 개정부터 범교과 학습주제 중 하나로 제시해 왔다는 것이다. 즉, 환경교육, 녹색교육, 경제 · 금융 교육 등 여타 다른 주제들과 함께 동급으로 제시해 왔다. 둘째, 환경교육과 지속가능발전교육의 관계를 명확하게 하지 않았다는 점이다. 이는 2015 개정, 2022 개정의 경우 환경교육과 지속가능발전교육을 묶어 '환경 · 지속가능발전교육'으로 제시했다는 점에서도 나타난다. 관련하여 박순경 외(2014)는 그간 국가 수준 교육과정에서 범교과 학습주제에 대한 충분한 고민이 부족하였음을 지적한 바 있는데, 아직도 더 많은 고민이 필요하다고 보는 지점이다. 셋째, 범교과 학습주제의 수는 정권의 변화, 시대적 상황, 관련 집단의 이해 등을 반영하면서 그간 늘었다 줄었다 해 왔는데, '지속가능발전교육'은 2007 개정 때부터 계속 유지시켜왔다는 점이다. 비록 2015 개정 시 환경교육과 묶여 '환경 · 지속가능발전교육'으로 되긴 했지만, 어쨌든 명시해 놓았다. 이 점이 중요한 것은 초등학교에서 '지속가능발전교육' 관련 사업을 계획 · 운영하도록 하는 근거가 되어 주기 때문이다.

2) 유치원 교육과정에서의 환경교육, 녹색성장교육, 지속가능발전교육

국가 수준 유치원 교육과정에서 '환경교육'을 범교육과정적 주제로 명시한 것은 2007 개정 유치원 교육과정 때 단 한 번뿐이다. 2007 개정 때 처음으로 '범교육과정적 주제'를 제시했는데, 이때 초등교육과정과 마찬가지로 '환경교육'을 세 번째 주제로 제시한 것이다. 당시 범교육과정적 주제를 제시한 이유는 2007 개정 초등교육과정과의 내용상 연계뿐 아니라 외형상 연계도 의도했기 때문이다. 이때 범교육과정적 주제로 제시된 것은 총 33개로, 2007 개정 초등교육과정과 주제 수가 다른 것은 '지속가능발전교육', '논술교육'을 빼냈기 때문이다. 그러면서 일부 주제는 용어를 살짝 바꾸었는데, 예를 들면 초등에서는 '청렴 반부패 교육'으로 되어 있는 것을 유치원에서는 '청렴 교육'으로 하고 있다.

2011년에 나온 5세 누리과정 때의 '범교육과정적 주제' 수는 30개로서, 2007 개정 유치원 교육과정 때와 비교하면 3개가 적다. 이때도 무려 30개의 범교육과정적 주제가 제시되었지만, 초등교육과정과는 달리 '지속가능발전교육'은 제시되지 않았다. 특별한 점은 '환경교육'을 빼내고 바로 그 자리에 '녹색성장교육'을 넣었다는 점이다. '환경교육' 외에 '에너지 교육', '소비자 교육'과 같은 주제들도 빼냈다. 초등의 경우에는 이런 주제들이 그대로 남아 있으므로 당시 유치원 교육과정의 경우 '녹색성장교육'이라는 주제 속에 이 3가지 주제를 모두 포함시킨 것으로 유추해 볼 수 있다.

'녹색성장교육'에 대한 당시 정부의 견해를 5세 누리과정 교사용 지도서 <환경과 생활>에서 찾아보면 "녹색성장교육은 경제와 환경이 조화를 이루는 성장이라는 목표를 위해 글로벌 시민 품행을 갖춘 창의적 · 전문적인 녹색 인재를 육성하고자 하는 현실적이고 시의적절한 국가 교육 전략"(교육과학기술부, 2011a: 3)으로 되어 있다. 이때 녹색성장위원회 · 교육과학기술부 · 환경부 · 행정안전부가 2009년 8월 24일 공동으로 발표한 '녹색성장교육 활성화 방안'을 보면 8대 정책과제 중 첫 번째가 '녹색성장 교육과정 개발 및 제도화'로서 이때 유치원 쪽으로 갈수록 녹색환경교육 중심, 학년이 높아질수록 녹색성장교육(진로상담 포함) 강화 방향(녹색성장위원회 외, 2009. 8. 24.)으로 접근하도록 하고 있다. 그런 배경에서 지옥정 등이 <유치원

교육과정 운영 지원을 위한 유아녹색성장교육 프로그램>을 개발한 바 있다. 여기서는 '녹색성장교육의 성격'을 지속가능발전을 지향하며 그런 맥락에서 환경뿐 아니라 경제 · 사회 문제를 함께 다루는 '포괄적 교육', '진취적이고 미래지향적인 교육', '실천 중심 교육', '모두 함께하는 교육'으로 규정하고 있다(교육과학기술부, 2012a: 12-13). 즉, 당시 정부 정책에 따라 '녹색성장교육'이라는 용어를 사용하였지만, 이 프로그램은 지속가능발전교육 차원에서 개발된 것이다.

2012년에 나온 3~5세 누리과정부터는 범교육과정적 주제 자체가 없어졌다. 다만 '사람과 자연 존중의 가치관', '지속가능한 생태 환경의 중요성'(교육과학기술부, 보건복지부, 2013: 10)을 이전의 5세 누리과정에 이어 계속 강조하고 있다.

현재 운영 중인 2019 개정 누리과정에서도 범교육과정적 주제는 제시되지 않았으며, '지속가능발전교육'이라는 단어는 교육과정에 명시되어 있지 않다. 다만 2015 개정 초등학교 교육과정이 "자연과 생명을 존중하며 다른 사람과 함께 살아가는 바른 인성을 갖추고, 창조적 사고로 지속가능한 사회를 만들어 갈 수 있는 역량을 갖춘 사람"을 지향하는 것처럼 그 취지를 반영하여 운영할 것을 밝히고 있다(교육부, 보건복지부, 2019: 12). 더불어 이 교육과정에 새롭게 제시된 '추구하는 5가지 인간상(건강한 사람, 자주적인 사람, 창의적인 사람, 감성이 풍부한 사람, 더불어 사는 사람)', 누리과정의 목적 및 목표를 통해 사람과 자연을 존중하고 배려하며 소통하는 태도를 강조하고 있다. 이런 변화 과정을 간단히 그림으로 보면 다음과 같다.

[그림 3-3] 유치원 교육과정에 반영된 관련 교육

참고로, 우리나라 유아교육 학계에서는 2009년에 유아기 지속가능발전교육에 관한 연구(권영임, 2009)가 처음 발표된 후 불과 15년 정도가 지나는 동안 연구의 폭과 깊이가 넓고 깊어졌다. 결과적으로 현재는 유아와 ESD, 유아교사와 ESD를 연결하는 정도를 넘어서 예비유아교사와 ESD, 지역 적합형 ESD 프로그램 개발, 학습공동체를 통한 ESD의 효과적 적용 연구 등과 같이 다양한 연구가 이루어지고 있다(지옥정 외, 2023).

그런가 하면 유네스코 한국위원회에서는 2011년부터 ESD 인증 프로그램을 시행해 왔는데, 이때 18건 인증 중 유아교육 분야에서의 인증 사례가 2건이나 있었다. 이후 2012년에 12건 중 1건, 2016년에 14건 중 1건, 2021년에 11건 중 1건, 2022년에 22건 중 3건을 인증받았다.[3)] 점점 현장 적용이 확대되어 온 것이다.

유네스코뿐 아니라 전국적으로 ESD의 유아교육 현장 적용을 독려하는 시도는 늘고 있다. 예를 들면 아이코리아는 전국 영유아교사 대상으로 2021년부터 현장 교사들의 '지속가능발전교육을 실천한 놀이 사례 공모' 사업(현장교사 사례연구공모전)을 하고 있고, 고용노동부에서는 2023년 "영유아 발달에 적합한 지속가능발전교육(ESD)"을 주제로 3개 분야(보육프로그램, 공간환경디자인, 우수운영사례) 공모 사업(고용노동부, 2023. 11. 14.)을 통해 어린이집에서의 ESD 적용 확산을 독려하고 있다. 지역적으로도 영유아기부터의 ESD 확산을 위한 다양한 시도들이 이루어지고 있다. 예를 들면 경남 창원대학교에서 주최한 '청운지 아기 두꺼비와 함께하는 유아 ESD 축제'(김태희, 2023. 5. 18.)도 그런 경우이다. 관련 자료로서 2023년 아이코리아의 유아교사 대상 공모전 포스터와 창원대학교의 ESD 축제 관련 사진을 보면 다음과 같다.

3) 2011년 인증 사례 2가지는 이화어린이연구원의 '푸른 별 지킴이'와 덕성여자대학 부속유치원의 '덕성 지구환경살림이 프로젝트'이고, 2012년의 1가지는 충북자연사랑유아교육연구회의 '지역사회와 연계한 공원 프로젝트'(2021년까지 계속 재인증 받음)이다. 이후 2016년에 베타니아 특수 어린이집의 '숲을 품은 아이들', 2021년에 동명유치원의 '목화 프로젝트', 2022년에 제주 금호유치원의 '놀멍, 쉬멍, 걸으멍' 프로젝트, 김해어린이집의 '탄소중립생활실천' 프로젝트, 춘천 은빛유치원의 '기쁜 날! 좋은 날! 프로젝트'가 인증을 받았다. 2023년에 유아교육 분야에서의 인증 사례는 없다. 한편, 원활하고 효과적인 공식프로젝트 활동 지원을 위해 '신규' 프로젝트 공모/인증을 2023년부터는 격년으로 진행한다고 한다(https://www.unesco.or.kr/news/notice/view/1651/page/0?).

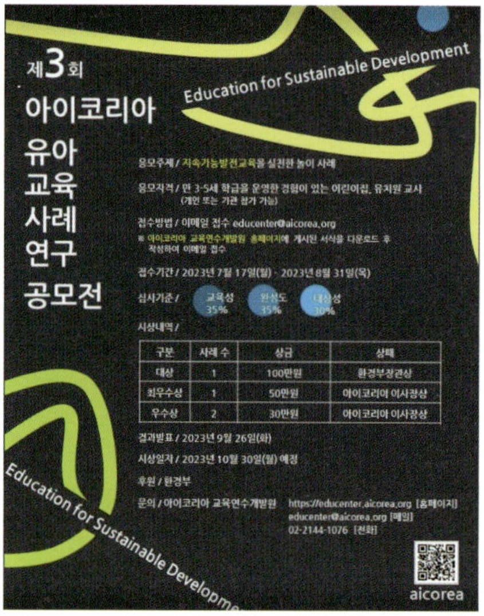

자료: (좌) 아이코리아 웹사이트 / (우) 경남신문(2023. 5. 18.)

3. 탄소중립 중점학교

정부의 최근 주요 정책 중 하나는 '탄소중립'이다. 전술한 「탄소중립기본법」, 2050 탄소중립 녹색성장위원회뿐 아니라 '2050 탄소중립 달성과 녹색성장 실현'을 위한 현 정부 탄소중립 · 녹색성장 청사진 공개(환경부, 2023. 3. 21.)도 이런 흐름에서 나온 것이다. 그런 노력을 배경으로 2021년부터 범정부적으로 시작된 것이 '탄소중립 중점학교'이다.

이는 「교육기본법」(제22조의 2항. 기후변화 환경교육), 「기후위기 대응을 위한 탄소중립 · 녹색성장 기본법」(제67조 5항. 녹색생활 운동 지원 및 교육, 홍보), 「환경교육 활성화 및 지원에 관한 법률」(제67조 5항. 녹색생활 운동 지원 및 교육, 홍보)에 기반을 두고 있으며, '학교 탄소중립 실현'을 위한 관계부처 업무협약에 따라 진행된 6개 관계 부처(교육부, 농식품부, 환경부, 해수부, 산림청, 기상청)의 공동 지원 사업이다(국가기후정보시스템, 2021. 4. 13.). 여기에 2021년에는 5곳(초등학교 1, 중학교 2, 고등학교 2)이 선정 · 운영되었다. 이때 유치원은 포함되지 않았고, 2022년 20곳

선정 시(유치원 2, 초등학교 9, 중학교 5, 고등학교 4) 유치원은 2곳(김해 율하유치원, 빛가온유치원)이 선정되었다. 이어 2023년에는 신규 4개 유치원(경희유치원, 농소유치원, 문경유치원, 평택 고덕유치원), 계속 1개 유치원(빛가온유치원)이 선정되어 총 40개교(유치원 5, 초등학교 14, 중학교 10, 고등학교 10, 특수교 1) 중 5곳이 유치원이다. 참고로 탄소중립 중점학교의 운영내용으로 내세우는 것은 다음과 같다.

[그림 3-4] 탄소중립 중점학교 운영내용

자료: 학교환경교육정보센터(https://www.seeic.kr/tanso/school_list.do)

전체적인 경향도 그렇지만, 유치원 하나만 놓고 보더라도 탄소중립 중점학교에 참가하는 수는 점차 늘고 있고, 더불어 유아교사들의 관심도 높아지고 있다. 유치원으로서는 처음으로 2022년에 탄소중립 중점학교로 선정된 김해 율하유치원과 빛가온유치원 관련 자료([그림 3-5] 참조)를 보면 세부 내용은 다르지만, 자연친화적 환경, 지속가능발전지향 환경교육, 그리고 가정 및 지역사회와 함께 협력할 것을 강조하고 있다.

[그림 3-5] 2022년 선정된 탄소중립 중점학교(유치원)

자료: 교육부 공식블로그(https://if-blog.tistory.com/13123과 13150).

탄소중립 중점학교 외에 탄소중립 시범학교도 2021년부터 시행 중이다. 즉, 2021년 96개(유치원 0, 초등학교 44, 중학교 31, 고등학교 21, 특수학교 0), 2022년 258개(유치원 6, 초등학교 140, 중학교 66, 고등학교 43, 특수학교 3), 2023년에 355개(유치원 24, 초등학교 216, 중학교 70, 고등학교 43, 특수학교 2)가 선정되었다. 탄소중립 시범학교는 탄소중립 중점학교와 프로그램 운영 내용 면에서는 비슷하나 예산 지원에서 차이가 난다. 예를 들면 2023년에 신규로 탄소중립 중점학교로 선정되면 3,500만 원, 탄소중립 시범학교는 1,000만 원이 지원되는 식이다.

제3장을 마무리하면서 지속가능발전교육의 성격에 대해 다시 한번 정리해 보고자 한다. 결론적으로 지속가능발전교육이란 환경교육, 인권교육, 평화교육, 다문화교육 등을 포함하는 포괄적인 개념(환경부, 2009)이자, 범교과학습을 아우르고 통합

하는 틀(frame) 또는 우산과 같다(이선경, 2013). 앞으로 모든 교육은 바로 이 지속가능발전교육이라는 틀 안에서 이루어져야 한다(신은수, 박은혜, 2012; 지옥정, 2022b; 지옥정 외, 2023; Inoue, 2015). 이런 사실을 분명히 하면서 PART Ⅱ에서는 본격적으로 '유아기 지속가능발전교육과 환경기념일'을 다루어보고자 한다. 이를 위해 먼저 제4장에서는 유아기 지속가능발전교육의 세계적 동향 및 특성, 제5장에서는 국내외 유아기 지속가능발전교육 사례, 그리고 제6장을 통해서는 환경기념일별 유아기 지속가능발전교육 내용 및 방법을 살펴볼 것이다.

정·리·하·기

1 다음은 현재 시행 중인 「지속가능발전 기본법」의 '목적' 관련 내용이다. ( )안에 알맞은 단어는?

> 제1조(목적) 이 법은 경제 · 사회 · ( )의 균형과 조화를 통하여 지속가능한 …〈중략〉…, 목적으로 한다.

① 지구　② 환경
③ 기후　④ 인권

2 국가 수준 유초 교육과정과 지속가능발전교육의 관계에 대한 설명으로 옳은 것은?

① 2019 개정 누리과정은 지속가능발전교육을 전체 틀로 제시하고 있다.
② 2019 개정 누리과정에 범교육과정적 주제로 '지속가능발전교육'이 명시되어 있다.
③ 2022 개정 초등학교 교육과정에 범교과 학습주제로 '지속가능발전교육'이 들어 있다.
④ 2022 개정 초등학교 교육과정에 범교과 학습주제로 '환경 · 지속가능발전교육'이 들어 있다.

3 다음은 우리나라 유아교육계에서 이루어진 ESD 관련 설명이다. 옳은 것은?

① 첫 관련 연구물은 2020년에 나왔다.
② 유네스코 한국위원회에서의 ESD 인증을 2022년에 처음 받았다.
③ 탄소중립 중점학교에 유치원이 포함된 것은 2022년이 처음이다.
④ ESD 유아교육 현장 적용은 아직까지 유치원에서만 이루어지고 있다.

정답 및 풀이

1 ②
지속가능발전은 경제 · 사회 · 환경의 균형과 조화로운 발전을 중시한다.

2 ④
유치원 교육과정에서는 3~5세 누리과정(2013)부터 범교육과정적 주제를 제시하지 않고 있다. 2022 개정 초등학교 교육과정에서는 범교과 학습주제로 '환경 · 지속가능발전교육'을 10번째 주제로 제시하고 있다.

3 ③
탄소중립 중점학교는 2021년 처음 시작되었으나 여기에 유치원이 포함된 것은 2022년이 처음이다.

PART Ⅱ

유아기 지속가능발전교육과 환경기념일

제 4 장

유아기 지속가능발전교육의 세계적 동향 및 특성

학습목표

1. 유아기 지속가능발전교육의 세계적 동향을 이해한다.
2. 유아기 지속가능발전교육의 특성을 안다.

1. 유아기 지속가능발전교육의 세계적 동향

1) 유아기 지속가능발전교육에 대한 필요성 인식

PART Ⅰ에서 지속가능발전의 필요성 및 개념, 지속가능발전교육의 출현 배경 및 역할, 그리고 우리나라 국가 수준에서의 지속가능발전 관련 노력에 대해 살펴보았다. 이제 PART Ⅱ의 첫 장인 이번 장에서는 유아기 지속가능발전교육의 세계적 동향과 특성부터 살펴볼 것이다. 그 전에 먼저 다음과 같은 교사들의 대화를 살펴보자.

초록유치원 교무실

윤 교사: 제가 요즘 대학원에서 '유아기 지속가능발전교육'이라는 과목을 수강하고 있거든요.

이 교사: 지속가능발전교육? 그게 뭐예요? 환경교육하고 다른 거예요?

윤 교사: 아직은 저도 잘 몰라요. 환경교육과 밀접한 연관이 있기는 하지만 지속가능발전교육이 곧 환경교육은 아니라고 하네요. 환경 보전뿐 아니라 사회 정의, 경제 문제를 다 포괄하는 교육이래요.

지 교사: 아유~! 그런 것을 어떻게 유아들에게 가르쳐요? 아이들이 알아들을까요?

임 교사: 알아듣는 것은 둘째로 놓고 그런 교육이 유아들에게 필요하긴 한 건가요? 전 안 하는 것이 맞는 것 같아요. 유치원 아이들을 왜 미리부터 그런 골치 아픈 문제에 끌어들여요. 중고등학생쯤 된다면 모를까….

윤 교사: 아니에요. 중 · 고등학교는 물론이고 초등학교 교육도 이미 2007 개정 교육과정부터 지속가능발전교육이 반영되었더라고요. 그때 범교과 학습주제로 '지속가능발전교육'이 들어가 있었거든요. 2009년에는 환경부에서 꽤 두꺼운 교사용 교재도 개발했던데요. 뭐.

지 교사: 하긴 2013년에 전국 유치원에 배부된 유아녹색성장교육 프로그램도 보니까 '지속가능발전교육의 실천적 방안'이라고 되어 있어요. 그러고 보니 유치원에서도 지속가능발전교육이 필요한 교육이긴 한가 보네요.

윤 교사: 그럼 다른 나라에서도 실제로 유아기 지속가능발전교육이 이루어지고 있는 거에요?

임 교사: 그러니까요. 저도 그 점이 알고 싶어요.

초록유치원 교사들의 이야기를 잠시 살펴보았다. 독자들의 생각은 어떠한가? 과연 유아기부터의 지속가능발전교육이 필요한 걸까? 여기서 잠시 1, 2장의 내용을 상기해 보자. 산업혁명 이후 불과 몇백 년도 채 지나지 않는 동안 지구 환경은 심각하게 오염되었고 지구 온난화, 생태계 파괴, 전쟁, 물 부족, 기아 문제 등이 복합적으로 얽히면서 인류를 위시한 생태계의 지속가능성을 염려할 지경에 이르렀다. 이에 전 세계 정상들은 지속가능발전 노력이 전 세계적으로 필요하며, 이를 위해 특히 교육에 노력을 기울여야 한다는 사실에 합의하였다. 유엔이 2002년 12월에 선포한 유엔 지속가능발전교육 10년(UNDESD 2005~2014)은 그런 합의에 따라 나오게 된 것이다. 그리고 그 최종 보고서(UNESCO, 2014)에서 영유아기부터의 지속가능발전교육이 필요하다고 밝혔다.

이런 흐름에 따라 지속가능발전교육의 출발점은 유아기여야 한다는 인식이 세계적으로 확산되었다. 유아기가 태도 형성을 위한 중요 시기이며, 같은 맥락에서 환경교육을 위해서도 중요한 시기라는 연구(Tilbury, 1994), 유아라 할지라도 주변의 환

경문제를 비롯하여 지속가능한 삶에 관련된 문제들을 이해하고 그런 문제해결에 참여할 수 있는 능력이 있다는 연구(지옥정, 2011b; 2013b; 2019; Elliott & Pugh, 2020; Ji, 2015; Ji & Stuhmcke, 2015; Phillips, 2015), 유아기부터 그런 교육을 받는다면 평생에 걸쳐 그 영향력은 더 커진다는 연구(지옥정, 2022b; 井上美智子, 登美丘西 こども園, 2020; Siraj-Blatchford, Smith & Samulelsson, 2010) 등은 영유아기 지속가능발전교육의 필연성에 무게를 더한다.

2) 유아기 지속가능발전교육에 대한 세계적 동향

'유아기 지속가능발전교육(Eucation for Sustainable Development in Early Childhood)' 또는 '지속가능성을 위한 유아교육(ECEfS, Early Childhood Education for Sustainability)'은 2000년대 중반부터 국제적인 관심사로 부상하였다. 관련하여 2005년에 스웨덴에서 '지속가능발전을 위한 유아교육의 역할'이라는 주제로 유아기 ESD 관련하여 첫 번째 국제 모임이 개최되었다. 이 모임의 결과는 '*The Contribution of early childhood education to a sustainable society*'이라는 제목으로 출판(Pramling & Kaga, 2008)되어 많은 유아교육 관계자들에게 전달되었다. 그런가 하면 2008년 12월에 채택된 국제적 공문서인 '지속가능발전교육을 위한 예테보리 권고안(The Guthenburg Recommendation on Education for Sustainable Development)'에는 '유아기가 지속가능발전 교육을 위한 출발점(Early childhood is a natural starting point for ESD)'임을 명시하였다(SWEDESD, 2008: 7).

이런 맥락에서 세계유아교육기구인 OMEP(Organisation Mondiale pour l'Éducation Préscolaire)은 이즈음부터 지속가능발전교육을 중요 주제로 다루어 왔다. 예를 들면 2009년에는 기관 연구지인 *International Journal of Early Childhood*(41권 2호)에서 중심 주제로 '유아기 지속가능발전(Sustainable Development in Early Childhood)'을 다루었고, 2010년에는 *Education for Sustainable*

*Development in the Early Years*도 내놓았다.[1] 또한 2010년에 '지속가능성'에 초점을 맞추어 "도전받는 세계 속의 시민, 어린이"라는 제목하에 세계학술대회도 개최하였다(Siraj-Blatchford, Smith & Samulelsson, 2010). 이후 매년 열리는 연차 대회에서도 ESD는 세계적으로나 대륙별 · 나라별로도 중요하게 다루어지고 있는 주제 중 하나이다. 예를 들면 2013년 7월 상하이에서 개최된 OMEP에서 '아시아-태평양 지역' 모임이 별도로 있었는데, 이때 한국을 포함한 여러 나라 학자들이 각자 자기 나라에서의 유아기 지속가능발전교육 진행 정도를 발표하고 상호 협력 차원에서의 추후 발전 방안을 논의하였다. 이때 필자에 의해 발표된 주제는 '공원 프로젝트를 통한 유아들의 지역사회 참여'로서, 유아들이 지역사회 주민으로서 인근 공원의 문제해결에 능동적으로 참여하는 과정을 보여 준 것이었다. 이런 흐름 안에서 OMEP 한국위원회에서는 홈페이지에 지속가능발전교육 자료를 ESD 수상 자료, 유아용 참고자료, 교사용 참고자료로 나누어 게시해 오고 있다(www.omepkorea.org/index.php?hCode=BOARD&bo_idx=14&sfl=all).

2013 OMEP Conference에서 필자에 의해 발표된 한국의 사례

1) 이 책의 내용은 2012년 우리나라에 『유아를 위한 지속가능발전교육』(박은혜, 신은수 엮음)으로 소개되었다.

현재도 ESD는 OMEP에서 중점 취급하는 주제 중 하나이다. 특히 SDGs 목표 4인 '양질의 교육(Quality Education)'과 연계하여 영유아기부터 지속가능발전교육이 수준 높게 이루어지도록 노력하고 있다. 이때 선진국뿐 아니라 전 세계적으로 이런 노력이 확산되도록 노력하고 있다. 예를 들면 2022~2023년 진행되는 'ESD IN ECCE: Shaping a sustainable learning for African young children. OMEP – UNESCO participation programme'는 아프리카 유아들에게 초점을 맞추고 있다.

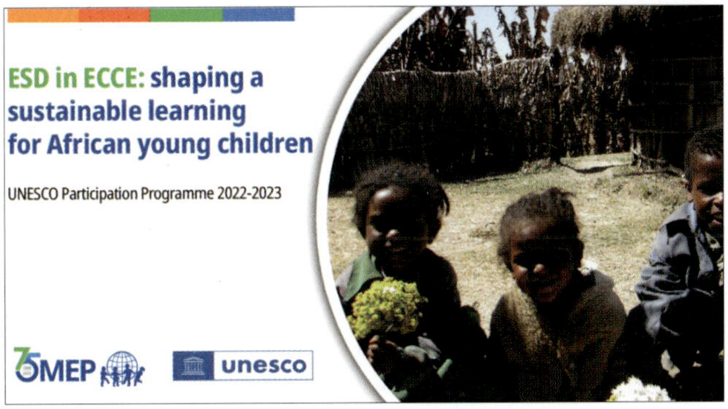

자료: https://omepworld.org/esd-in-ecce-shaping-a-sustainable-learning-for-african-young-children-omep-unesco-participation-programme-world-presidency-team/

OMEP은 ESD 관련 사업들이 효율적으로 이루어지도록 온라인으로도 다양한 노력을 하고 있다. 대표적으로 홈페이지 안에 'ESD 자원 은행(Resource bank)'(https://omepworld.org/esd-resource-bank/)을 두고 관련 사례나 정보, 아이디어를 공유하도록 하고 있다. 여기 올라와 있는 자료의 예를 몇 가지 들어보면 다음과 같다. 누구나 그 자료들을 내려받을 수 있다.

- Alan Peacock: 유아와 환경: 지속가능성을 위한 유아교육
- Ingrid Pramling Samuelsson: 왜 우리는 유아기에 ESD를 시작해야 하는가: 유아교육의 역할
- Okjong Ji: ECEfS 사례로서의 '무심천 프로젝트'에 나타난 유아의 지역사회 참여 분석

- Ärlemalm-Hagsér: 지구를 위한 1시간에 관한 생각: 스웨덴 유아교육에서의 지속가능성을 위한 주제

그런가 하면 2010년부터 유아교사 대상으로 매년 ESD 우수 사례 공모전을 시행하고 있다. 2023년에는 '놀이와 학습에 초점을 맞춘 프로젝트'에 중점을 두어 선정하였다고 밝혀 놓았는데, 다음은 그 수상작들이다. 여기에 한국 사례도 두 개나 들어 있어 우리나라가 최근 ESD 분야에서도 선도적인 역할을 하고 있음을 알 수 있다. 2023년 수상작들의 제목을 보면 다음과 같다.[2)]

- 칠레 사례: 창의적 재활용 센터
- 캐나다 사례: 지속가능한 유치원
- 터키 사례: 지구를 위한 놀이: 유아교육의 창의성과 지속가능성 지원
- 한국 사례: 어린이와 교사가 함께–어린이 놀이에서의 ESG에 관한 연구–교사 관점에서
- 한국 사례: 생각이 자라면 지구가 바뀐다.

이외 OMEP(2019)에서는 유아교육기관에서 ESD 원리에 맞는 교육을 해 나가도록 돕기 위해 평가도구로서의 'ESD 평정 척도(rating scale)(2nd)'도 제시해 놓고 있다. 척도의 세 가지 범주는 사회문화적 지속가능성, 경제적 지속가능성, 환경적 지속가능성이다. 세 범주에는 각각 세부 항목이 들어 있고, 각 항목의 정도는 1점부터 7점까지 나누어져 있다. 예를 들어 범주 1 '사회문화적 다양성'의 하위 항목인 '1. 책, 장난감, 그림 등에 나타난 표상'의 경우, 1점을 받는 경우는 '고정관념에 도전하거나 문화적 다양성을 나타내는 자원(놀이 영역에 있는 책, 포스터, 퍼즐, 의상, 장비 등)이 극히 제한적임'이라면, 최고점인 7점을 받는 경우는 '편견과 차별적인 권력 패턴에 대응하기 위해 유아교육기관에서 이루어지는 모든 교육에서 비판적 접근방식을 적용함'이다. 세 범주와 그에 속한 항목의 제목만 제시하면 다음과 같다.

2) https://omepworld.org/2023-awards-in-education-for-sustainable-development-esd/에서 볼 수 있다. 2019년부터는 학부생 및 대학원생도 출품할 수 있도록 하고 있다. 예를 들어 2023년에는 칠레 대학생의 'Center of Creative Reuse(창의적 재사용 센터)'가 수상작이다.

〈표 4-1〉 ESD 평가 척도의 세 가지 범주

세 가지 범주	초점	중심 항목 명칭
사회문화적 지속가능성 - 글로벌 사회 정의 (Global social justice)	유아교육기관에서의 지속가능한 문화를 향한 노력-유아와 교사(진)가 매일 지속가능한 삶의 방식으로 살아갈 수 있도록 사회, 문화적 전통과 편견에 관해 탐구하고 도전하는 프로젝트 및 집단활동을 시작하고 참여한다.	1. 책, 장난감, 그림 등에 나타난 표상 2. 사회문화적 다양성 3. 공평과 공정 4. 유아교육기관 밖 사람들과의 협력(예: 지역사회) 5. 추가적인 것(additional topic):
경제적 지속가능성 -공평 (equity)	유아교육기관에서 유아와 교사(진)가 매일의 삶에서 경제적으로 지속가능한 방식으로 접근하도록 인간의 자원 사용 방식과 소비 방식을 탐구하고 문제를 제기하는 프로젝트 및 집단활동을 시작하고 참여한다.	1. 소비 2. 예산과 돈 3. 쓰레기 분리와 재활용 4. 자원 공유(재분배): Sharing resources (redistribution) 5. 추가적인 것:
환경적 지속가능성	유아교육기관에서 유아와 교사(진)가 매일의 삶에서 생태적이고 지속가능한 접근을 하도록 인류 생존에 관한 기본권 및 '인간이 어떻게 자연, 모든 생명체, 비인간 세계(non-human world)에 의존하고 있는지 탐구하는 프로젝트'와 집단활동을 하는 등 지속가능한 문화 형성을 위해 노력한다.	1. 자연세계(에의 접근) 2. 가디언십(guardianship) 3. 놀이에 기초한 교육(play-based education) 4. 건강한 환경(예: 안전한 청소용품 사용, 플라스틱 남용 중단 등) 5. 추가적인 것:

자료: OMEP(2019), The OMEP ESD rating scale(2nd)

이런 배경하에서 현재 전 세계 많은 나라가 유아기 지속가능발전교육 노력을 국가 수준, 지방자치단체 수준, 각 교육기관 수준 등 다양한 층위에서 하고 있다. 예를 들어 영국의 국가 교육과정 및 스코틀랜드와 웨일즈, 호주, 스웨덴, 러시아 등의 나라에서는 이미 2010년 전후해서 유아교육과정에 지속가능발전교육 개념을 반영하였다(신은수, 박은혜, 2012; 지옥정, 2011a). 여기서는 '지속가능성을 위한 유아교육(ECEfS)[3)]'분야에서 선두 역할을 하는 호주의 경우를 조금 더 구체적으로 들어보고

3) 뉴질랜드, 스웨덴 등에서는 '지속가능'과 '발전'이라는 단어가 상치될 수 있다는 우려 때문에 '지속가능발전'이라는 용어 대신 '지속가능성(sustainability)' 또는 '지속가능한 삶(sustainable life)'이라는 단어를 사용하고 있다(Davis, 2010: 2). 즉, '유아기 지속가능발전교육'보다는 '지속가능성을 위한 유아교육(ECEfS, Early Childhood Education for Sustainability)'이라는 용어를 보편적으로 사용한다.

자 한다.

6개의 주(State)와 2개의 준주(Territory)로 이루어진 호주는 특히 아름다운 자연환경 보존으로 손꼽히는 나라로서, 각급 학교 교육과정에서 '지속가능성'을 범교과적 주제(cross curricular theme)로 제시해 왔다. 유아교육과정의 경우 중앙정부 교육국에서 2009년에 내놓은 '출생~5세아 교육을 위한 Belonging, Being & Becoming: The Early Years Learning Framework for Australia'(통칭 BBB 또는 EYLF로 명명)에서 그렇게 하였다. 이 교육과정은 2022년에 개정되었는데, '어린이들의 학습, 발달, 복지(children's learning, development and wellbeing)'를 중심에 두고 중심원리, 실제, 학습결과를 제시하고 있다. 바로 이 개정 교육과정에서 '지속가능성'은 중심원리 중 하나로 제시되고 있다.

〈표 4-2〉 2022년 개정 호주 유아교육과정(EYLF)

비전		
소속하기(Belonging), 존재하기(Being), 되어가기(Becoming)		
원리	실천	학습 결과
• 안전하고 존중하며 상호 관계 • 파트너십 • 다양성 존중 • 원주민과 토레스 해협 섬 주민의 관점 • 형평성, 포용성, 높은 기대치 • **지속가능성** • 비판적 성찰 및 지속적인 전문 학습(Critical reflection and ongoing professional learning) • 협업적 지도력과 팀워크	• 총체적이고 통합적이며 상호 연결된 접근방식 • 어린이에 대한 반응 • 놀이 기반 학습 및 계획성(Play-based learning and intentionality) • 학습 환경 • 문화적 대응(Cultural responsiveness • 학습 및 전환의 연속성(Continuity of learning and transitions) • 학습, 발달 및 안녕에 대한 사정 및 평가(Assessment and evaluation for learning, development and wellbeing)	• 어린이는 강한 정체성을 가지고 있다. • 어린이는 그들의 세계와 연결되어 있고 기여한다. • 어린이는 강한 행복감을 느끼고 있다. • 어린이는 자신감 있고 참여도 높은 학습자이다. • 어린이는 효과적인 의사소통을 한다.

자료: Australian Government Department of Education [AGDE] (2022: 11.)

호주 중앙정부의 '지속가능성' 중점 방침에 발맞추어 주 정부들도 지속가능성을 실천하기 위한 정책이나 방침을 세우고 학교를 지원하고 있다. 일례로, Sunshine주로 유명한 퀸즐랜드주는 이미 2010년에 YES(Year of Environmental Sustainability in Queensland Schools), 즉 '퀸즐랜드주 학교의 환경적 지속가능성의 해' 선언 후 다양한 노력을 기울여 오고 있다. 이때 교육 프로그램뿐 아니라 시설 설비, 자원의 사용, 지역사회와의 협력 등 전방위적인 노력을 한다. 유치원에 대해서도 주 정부 지원으로 2011년에 이미 3년에 걸쳐 순차적으로 유치원 건물에 태양에너지 사용 시설 설치를 보완하겠다고 발표한 바 있다(지옥정, 2011a). 10년 정도가 지난 현재도 이 기조는 계속 유지되고 있는데, 예를 들면 2022년 7월에 퀸즐랜드주 정부 교육국에서는 ACES(Advancing Clean Energy Schools) 프로그램에 따라 학교에 에어컨과 태양광 패널 설치를 확대한다고 한 바 있다[4]. 유치원을 포함한 학교에 태양광 패널을 설치하고 이를 통한 신재생에너지 사용을 적극적으로 장려하는 것이다.

유아기 지속가능발전교육에 대한 관심은 최근 국제적 연계를 통해 각 나라의 국가 정책 및 바람직한 실천 방안 공유, 국가 간 협력 연구 등으로 이어지고 있다. 즉, 2010년 8월에 노르웨이 스타방에르(stavanger)에서 처음 시작된 '지속가능성을 위한 유아교육연구: 국가 간 담화(Transnational Dialogue in Research in Early Childhood Education for Sustainability)는 지금까지 계속 이어지고 있다. 그 흐름에서 2023년 8월 24~25일에도 스웨덴 Mälardalen 대학교에서 5년 만에 대면으로 8차 TND가 진행되었다. 여기서 참여자들은 자기 나라에서 국가적으로 '지속가능성을 위한 유아교육'을 위해 어떤 정책을 펼쳐 왔고, 어떤 노력이 어떤 층위에서 이루어지고 있는지, 바른 적용 방안을 효과적 방안은 무엇이라고 보는지 발표하고 정보를 나누며 국제적 협력 방안 등을 논의한 바 있다. 이런 모임의 결과로 나온 연구 중 하나가 '일본, 호주, 한국 유아교사의 지속가능성에 대한 이해와 실천에 관한 국제 비교연구'(Inoue, O'Gorman, Davis, Ji, 2017)이다.

4) https://alt-qed.qed.qld.gov.au/programs-initiatives/department/building-education/major-projects/cooler-cleaner-schools

2. 유아기 지속가능발전교육의 특성

특성을 이야기하기 전에 분명히 밝혀야 할 사실은 전 세계에 공통으로 적용될 수 있는 특정한 지속가능발전교육(ESD) 모델은 존재하지 않는다는 점이다. ESD는 선진국이나 개발도상국 모두에게 중요하고 또 필수적으로 해야 할 과제이지만, 각 나라가 처한 경제적 · 사회적 · 환경적 여건과 상황이 다르고, 한 나라 안에서도 지역적인 특성이 또 다르므로 지속가능발전교육이 실행되는 모습도 각 지역의 여건, 우선순위, 접근방식에 따라 다르게 나타날 수 있기 때문이다.

이런 점을 전제하고 관련 문헌(신은수, 박은혜, 2012; 유네스코 한국위원회, 2008; 지속가능발전위원회, 2005; 지옥정 외, 2023; Davis, 2010; Elliott & Pugh, 2020; UNESCO, 2014 등) 및 유네스코 한국위원회에서 2011~2023년 유아교육 분야에서 ESD 인증받은 프로젝트들을 종합 · 분석하여 유아기 지속가능발전교육의 특성을 9가지로 정리해 보면 다음과 같다. 이런 특성은 이 책 PART Ⅰ의 제2장에서 제시한 ESD에서 추구하는 가치, ESD의 역할과 맥을 같이하는 것이다.

1) ESD에서 추구하는 핵심 가치에 기반을 둠

ESD에서 추구하는 핵심 가치란 앞의 제2장에서 언급한 바와 같이 '모든 이의 인권에 대한 존중', '다음 세대의 권리에 대한 존중', '생태적 다양성 존중', '공동체와 문화다양성 존중'이다. 우리나라의 경우 2007 개정 유치원 교육과정에서 '인간과 자연 존중' 관점이 처음으로 명시되어 지금까지 이르고 있는데, 지속가능발전은 거기서 더 나아가 '다음 세대까지 존중'하는 것이 중요한 특성이다.

2) 환경교육 한 면이 아닌 인간의 삶 전체를 연계시켜 봄

환경교육 한 면이 아닌 인간의 삶 전체 영역과의 연계성을 고려한다는 것이다. 인간의 삶, 즉 정치, 경제, 사회, 환경은 [그림4-1]과 같이 모두 유기적으로 연계되어 있기 때문이다. 이런 유기적 연계성으로 인해 '지속가능성(sustainability)'은 본질적으로 사회적 정의와 공정성의 문제(Davis, 2010: 3)로 귀결된다. 즉, ESD는 자연 세계의 보전에 대한 것뿐 아니라 빈곤 및 소비 문제, 미래 교육, 시민의식, 평화교육, 다문화 및 성교육, 지역사회 생활, 건강교육, 환경교육 등을 모두 통합하는 가능성을 가지고 있다(Siraj-Blatchford 외, 2010; OMEP, 2019).

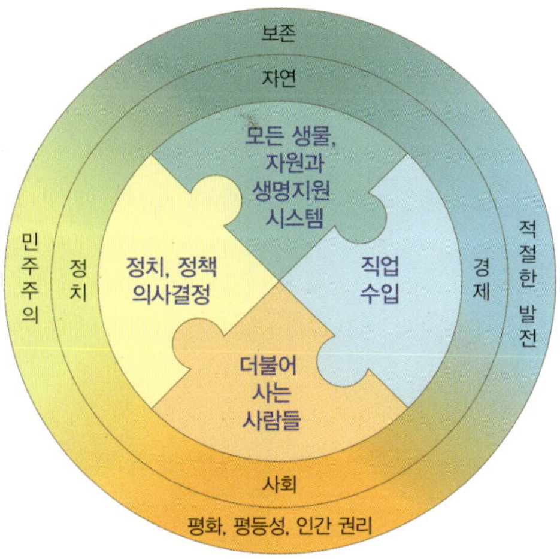

[그림 4-1] 지속가능발전의 4가지 요소(dimensions): 정치, 경제, 사회, 자연

자료: http://www.unesco.org/education/tlsf/mods/theme_a/popups/mod04t01s03.html

3) 총체적 기관접근 지향

총체적 기관접근 지향이란 교육 한 면에 그치지 않고 기관에서의 자원 및 에너지 사용 방식, 음식 재료부터 처리까지의 과정, 기관 구성원 모두의 생활방식 및 전체적인 문화 등이 모두 지속가능성을 지향해야 한다는 것이다(Davis 외, 2005). 이런 맥락에서 '분절적, 단기적, 지금-여기'가 아닌 '전체적, 장기적, 미래 지향적 · 생태적 사고'로 전환하는 것, 사고와 행동을 지속가능성에 맞추어 변화시키는 것을 중요시한다

(Elliott, 2010). 전술한 호주 퀸즐랜드주 정부의 유치원 태양광 설치 지원이나 여기서 제시하는 일본 사례 모두 총체적 기관 접근과 관련이 있다. 다음은 일본 토미오카니시 어린이집 모습으로, 유아가 일상생활에서 생태계 구성원들 간의 상호 연결을 경험하도록 바깥 놀이터를 완전히 생태학습장으로 바꾼 모습, 설치된 태양광 패널로 신재생에너지를 사용하여 작업 활동하는 모습[5], 뜻있는 개인이나 기업(예: 소니)의 재정 후원으로 태양광 패널 설치를 한 일본 전역의 유아교육기관 위치이다.

[그림 4-2] 토미오카니시 어린이집과 일본 내 태양광 패널을 설치한 유아교육기관들 위치

자료: https://www.solarbear.jp/news/smileproject/1822/
スマイルプロジェクト | そらべあ基金(solarbear.jp)

---

5) 오사카 오타니 대학(Osaka Othani University)의 Michiko Inoue 교수와 10년 이상 공동 연구를 해 오고 있는 기관으로, 일본의 솔라베아 스마일 프로젝트에 의해 태양광 패널을 설치한 곳이다. 이렇게 함으로써 환경교육 관점에서 재생가능 에너지를 도입하고, 환경의 중요성을 교육하며 지구 온난화를 막고자 하는 것이다. 참고로 일본에서 솔라베아 스마일 프로젝트는 2008년에 시작되어 지금까지도 이어지고 있는데, 그 결과 현재 홋카이도에서 규슈까지 일본 전역에 걸쳐 태양광 패널을 설치한 유아교육기관이 늘고 있다.

4) 간학문적 접근

간학문적 접근을 하는 이유는 지속가능발전 자체가 인간 삶의 모든 영역과 관련되어 있기 때문이다. 이런 점에서 유아기 지속가능발전교육은 대체로 특정 주제나 문제를 중심으로 한 프로젝트를 실시하면서 총체적(holistic), 간학문적(interdisciplinary) 접근방식을 취하는 경우가 일반적이다(Davis & Elliott, 2003; Robinson & Vaealiki, 2010). 이렇다 보니 유네스코나 OMEP에서 ESD 우수 사례로 제시하고 있는 것들은 모두 '○○ 프로젝트'이다. 예를 들면 '매봉공원 프로젝트'에서 공원의 환경문제, 지역사회 주민들의 공원을 이용하는 생활 태도, 공원 관리 문제가 유기적으로 연계되며 다루어지는 식이다.

5) 구성주의 이론에 기초한 상호 협력 중시

ESD에서는 교사가 일방적으로 확정된 교육내용을 전수하는 전달 모델(transmission model)이 아닌, 학습자 스스로 의미 구성, 개념적 이해 및 문제해결 능력 증진을 중시하는 변형적 모델(transformational model)을 지향한다(Sterling, 2001; Jenkins, 2009; Ji & Stuhmcke, 2015). 학습자인 유아를 능동적이고 자신들의 학습에 책임 있는 주체로 보면서 교사와 유아의 상호 협력 및 책임 공유를 강조하는 것이다. 이때 교사는 유아로 하여금 지속가능성 관련 문제들에 관해 스스로 생각해 보도록 이끌어 주는 한편, 의미 있는 학습이 일어날 수 있도록 도전을 주며 생각의 확장을 돕는다. 단, 유아들을 교육하기 전에 교사가 먼저 지속가능성에 대한 지식과 이해, 적합한 가치와 태도를 지니고 있어야 한다(Littledyke & McCrea, 2009).

6) 지역과 관련이 깊고 문화적으로 적절할 것

ESD에서는 지역과 관련이 깊고 문화적으로 적절할 것을 강조한다. 학습자들이 삶의 터전에서부터 지속가능하지 않은 문제에 대해 비판적으로 사고하고 지속가능성을 향한 변화를 위해 노력하는 것이 중요하기 때문이다. 물질적으로 부족한 아프리카 우간다 지역의 ESD와 과소비 행태가 나타나는 한국의 ESD는 그 초점이 다를 수밖에 없다. 또한 한 나라 안에서도 제주도 유아교육기관에서 행해지는 ESD와 충청북도 유아교육기관에서 행해지는 ESD는 중점을 두는 내용의 우선순위가 달라질 수 있다.

7) 가정이나 지역사회의 문제에 대한 유아의 주체적 참여 장려

ESD에서는 주변 문제해결에 있어 유아의 주체적 참여를 장려한다. 시민의식이 18세 되는 어느 날 갑자기 펑~! 하고 생기는 것은 아니기 때문이다. 유아기부터 지속가능한 미래를 위해 책임감을 느끼고 바른 결정을 하도록 교육하는 것, 더 나아가 이런 참여 경험을 통해 유아가 가정이나 지역사회에 자신도 무언가 공헌할 수 있다는 의식을 갖도록 하는 것은 그들의 주민의식 발아 및 증진에 큰 영향을 미친다(지옥정 외, 2023). 관련하여 Robinson과 Vaealiki(2010: 159)는 '지속가능성을 위한 유아교육'의 4가지 윤리로 돌보기(지구를 돌보는 책임), 듣기('지속가능성을 위한 교육'의 핵심은 민주주의), 참여(자신의 미래에 영향 미치는 문제에 참여), 희망(비전)을 제시하면서 유아와 가족들의 사회적 · 환경적 관심은 반드시 지역사회를 위한 행동으로 연결되어야 한다고 한 바 있다. 단, 행동의 의미를 알고 참여할 때 진정한 참여라고 할 수 있다. 다음 장면을 살펴보자.

> 오늘은 C시의 시청 강당에서 녹색도시 만들기 관련 행사가 있는 날입니다. 이 행사에 초청된 천둥유치원 4세반 유아들은 모두 초록색 티셔츠를 입고 나와 선생님한테서 배운 대로 '녹색도시, 우리가 만들어요' 노래를 예쁘게 불러 큰 박수를 받았습니다. 그런데 사실 유아들 중에 녹색도시가 무엇인지, 오늘 행사를 왜 하는 것인지 아는 유아는 한 명도 없었답니다.

이 사례에서 천둥유치원 유아들은 지역사회를 위한 행동을 하기는 하였다. 그러나 이것을 과연 지역사회에 대한 진정한 참여라고 할 수 있을까? 여기서 '어린이들의 지역사회 참여'에 대한 Hart(1997)의 '참여 사다리'를 참고해 볼 필요가 있다. 우선

Hart의 '참여 사다리'를 그림으로 나타내 보면 [그림 4-3]과 같다.

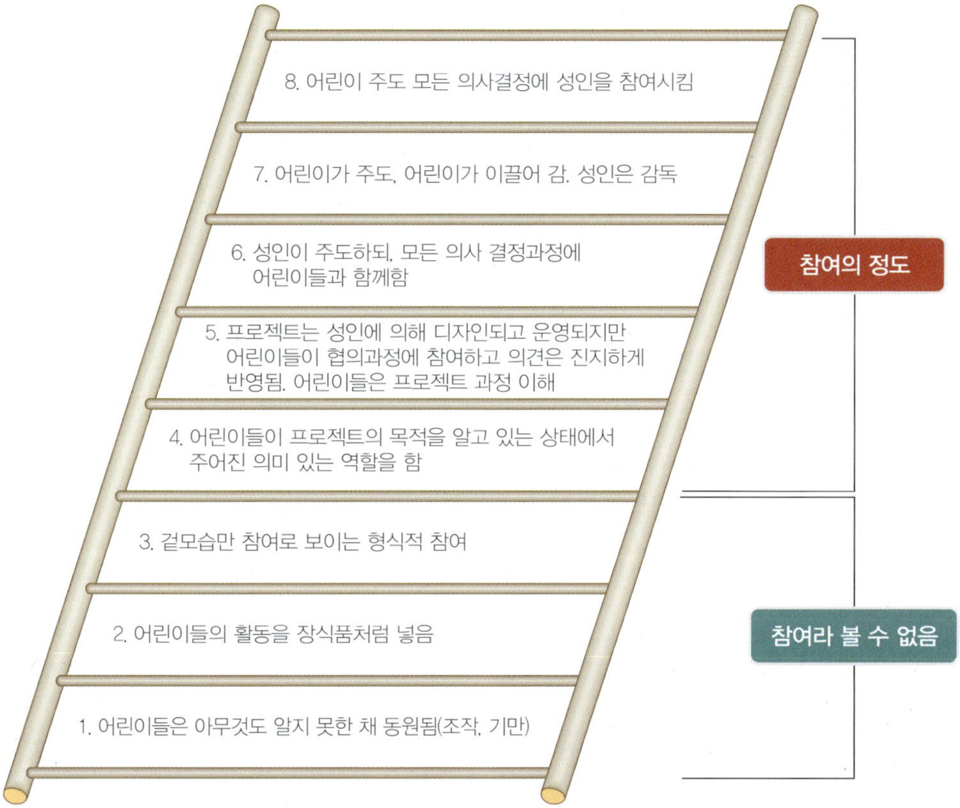

[그림 4-3] 어린이들의 참여 사다리

자료: Hart(1997: 41)

Hart에 의하면 1~3단계까지는 어린이들이 주체적으로 생각하고 행동하는 것이 아니므로 외형상은 참여로 보인다 해도 진정한 참여로 볼 수 없다. 4단계부터가 진정한 참여로서, 이때 과연 진정한 참여가 이루어졌는가 아닌가의 기준은 어린이들이 왜 참여해야 하는지 알고 함께하고 있는가 하는 점이다.

8) 유아교육기관과 지역사회의 다양한 기관 협조

이는 정규 교육기관인 유치원이나 어린이집뿐 아니라 지역사회 내 환경교육센터, 체험교육원, 유아교육진흥원, 공원, 동물원, 슈퍼마켓 등 다양한 지역사회기관이 ESD에 함께 협조하고 노력해야 한다는 것이다. 교육이 지역사회 생활로 연결되지 않는다면 별 의미가 없기 때문이다. 제시된 사진은 청주의 유아교육기관에서 지역 내 재활용 선별센터를 견학하고 있는 모습이다. 이 견학 프로그램은 학습공동체의 한 기관이었던 아이림유치원에서 ESD 일안으로 실시한 '종이 프로젝트' 중 시청 환경정책과의 주무관이 전문가로 유치원을 방문한 후, 유아교육에 대한 인식을 새롭게 하고 난 후에 만든 것이다. 이처럼 지역사회와의 연계는 유아교육 입장에서 일방적으로 도움을 받는 것이 아닌, 지역사회 관계자의 유아에 대한 인식(유아는 '그저 무력한 존재'에서 '지역사회 개선을 위해 함께할 수 있는 유능한 존재')을 바꾸게 하고, 그런 인식의 전환은 엄청난 파급 효과를 가져올 수 있다(지옥정, 2014; Phillips, 2015).

[그림 4-4] 재활용품 집하장 관찰 / 열을 가한 후 스티로폼의 재탄생

9) 다양한 교수기법 활용

ESD의 효과적 적용을 위해 다양한 교수기법을 활용한다. 즉, 교사의 직접 설명에서부터 유아의 자발적 탐구 안내에 이르기까지 모두 활용될 수 있다. 또 실물 체험에서부터 가상 체험에 이르기까지 경험의 방법도 폭넓게 열려 있다. 사실 이것은 유아

교육의 일반적인 특성이기도 하다. 그런데 특히 ESD는 학습자가 주인의식을 가지고 비판적으로 사고하고 스스로 느끼며, 문제해결 과정에 적극적으로 참여하는 것이 중요하므로 토의, 문제 상황 해결을 위한 방법 찾기, 현장 견학, 전문가 만나기, 지역사회 관계자들과 협력하기 등에 있어 다양한 방법을 활용할 수 있다. 일례로 청주근로복지공단 수안들어린이집에서는 세계적인 환경기념일인 '불 끄는 날' 프로젝트를 하면서 이 기념일에 대한 교사의 설명 듣기부터 관련 동영상 보기, 지역 내 유아환경교육관 견학 가서 전기 관련 체험하기, 교사와 유아가 함께 고안한 게임하기, 동사무소 관계자와 협력하여 지역주민 대상으로 1시간 전깃불 끄기 운동 캠페인하기, 아프리카 아이들을 위한 태양광 랜턴 기부하기 등을 한 바 있다.

지금까지 유아기 지속가능발전교육의 특성을 9가지로 나누어 살펴보았다. 이제 다음 장에서는 지속가능발전교육의 실제 사례들을 통해 이런 특성들이 과연 유아교육 현장에서 어떻게 구현되고 있는지 살펴보도록 하겠다.

정·리·하·기

1 유아기 지속가능발전교육에 관한 설명 중 적합한 것은?

① 유아기 지속가능발전교육에 대한 공감은 중세 시대부터 퍼져 있었다.
② 유아기 지속가능발전교육은 비형식적 교육의 형태로만 이루어지고 있다.
③ 유아기가 지속가능발전교육의 출발점이라는 사실은 국제적 공문서에도 명시되었다.
④ 유아기 지속가능발전교육과 관련하여 OMEP은 아직 공식적인 언급을 자제하고 있다.

2 다음 중 유아기 지속가능발전교육의 특성으로 보기 어려운 것은?

① 지역사회 내 다양한 주체들과 협력한다.
② 환경 한 면이 아닌 삶 전체를 연계시켜 본다.
③ 지역사회 문제에 대한 어린이의 주체적 참여를 중시한다.
④ 전 세계적으로 우수하다고 인정받은 특정 모델을 그대로 따라 하는 것이 바람직하다.

3 다음 Hart의 '참여 사다리'에 대한 설명 중 옳은 것은?

① 8단계로 나누어 참여 수준을 나타내었다.
② 3~4세 유아만을 대상으로 참여 수준을 설정하였다.
③ 5세 유아들의 경우 2단계 정도의 참여 수준만 보인다.
④ '성인의 주도하에 행동하되, 어린이들이 왜 그렇게 하는지 알고 참여하는 단계'가 1단계이다.

정답 및 풀이

1 ③

2000년대 들어 유아기 지속가능발전교육의 필요성에 대한 세계적 공감이 확산되고 있다. 유아기 지속가능발전교육은 국가 수준 교육과정에 명시되는 등 형식교육의 형태로도 이루어지고 있다. 유아기가 지속가능발전교육의 출발점이어야 한다는 점은 2008년 국제적 공문서인 '예테보리 권고안'에 명시되었다. 유아기 지속가능발전교육과 관련하여 OMEP은 2010년에 '도전받는 세계 속의 시민, 어린이'라는 주제로 세계대회를 개최하였다.

2 ④

유아기 지속가능발전교육을 위해 지역사회 다양한 주체들과 협력할 것을 중시한다. 환경교육 한 면이 아닌 삶 전체를 연계시켜 본다. 그리고 지역사회 문제에 대한 어린이의 주체적 참여를 중시한다. 전 세계적으로 통용되는 바람직한 특정 모델은 없다. 각 지역마다 상황과 여건이 다르기 때문이다.

3 ①

Hart는 8단계로 나누어 어린이 참여 수준을 나타내었다. 여기서 '어린이'란 유아뿐 아니라 초등학생도 포함된다. 3단계까지는 진정한 참여라 볼 수 없으며 유아라 할지라도 4단계 이상의 진정한 참여를 할 수 있다. '어린이가 성인의 주도하에 행동하되, 왜 그렇게 하는지 알고 참여하는 단계'는 참여 수준의 4단계에 해당한다.

제 5 장

국내외 유아기 지속가능발전교육 사례

학습목표

1. 유아기 지속가능발전교육이 유아교육 현장에서 어떻게 구현될 수 있는지 이해한다.
2. 프로젝트를 통한 유아기 지속가능발전교육의 맥락을 파악한다.

앞 장에서 유아기 지속가능발전교육에 대한 세계적 동향과 그 특성에 대해 살펴보았다. 이제 실제 사례를 통해 유아기 지속가능발전교육의 특성들이 과연 유아교육 현장에서 어떻게 구현되고 있는지 살펴보고자 한다. 제시되는 외국의 사례는 유아기 지속가능발전교육에서 가장 앞선 나라 중 하나인 호주에 있는 캠퍼스 유치원의 '지속가능한 지구 프로젝트'와 번야빌 환경교육센터의 '이스터 빌비 모험 프로그램'의 2가지이다. 우리나라의 사례는 미평어린이집의 '무심천 프로젝트'와 무궁화유치원의 '도토리 프로젝트'이다. 이 가운데 홈페이지나 문서로만 자료를 얻은 캠퍼스 유치원 사례는 간단하게 중심 줄거리만 살펴보고, 필자가 직접 현장에 가서 보면서 자료를 구하고 관계자와도 면담을 한 바 있는 이스터 빌비 모험 프로그램과 필자의 지도를 받은 학습공동체 기관들에서 나온 무심천 프로젝트, 도토리 프로젝트에 대해서는 좀 더 구체적으로 소개하고자 한다.

1. 캠퍼스 유치원의 지속가능한 지구 프로젝트

캠퍼스 유치원(Campus Kindergarten)은 퀸즈랜드대학교의 성 루시아 캠퍼스(The St. Lucia Campus) 내에 위치하고 있다. 이 유치원에서는 교직원과 유아 가족과의 강한 유대를 형성하고 있다. 즉, 가족들은 유치원 일과 관련하여 적극적인 역할을 하고 있고 결과적으로 질적으로 더 우수한 유치원으로 발전하고 있다. 현재 이 유치원은 2022년에 개정된 '0~5세아를 위한 국가 수준 교육과정(학습 준거의 역할)인 The Early Years Learning Framework와 퀸즈랜드주의 유치원 학습 지침(Queensland Kindergarten Learning Guideline)에 근거를 두고 교육과정을 운영하고 있으며, 레지오 에밀리아 접근법을 적용하고 있기도 하다.

캠퍼스 유치원에서는 1997년부터 무려 8년간 '지속가능한 지구 프로젝트(Sustainable Planet Project)'를 진행한 바 있다. 이 프로젝트의 발단은 4세 유아들이 모래밭에서 물놀이를 하다가 '이 물은 어디서 오지?'라고 질문한 데서 비롯되었다. 유아들의 바깥놀이가 프로젝트의 시발점이었던 것이다. 이 프로젝트는 '물'에서 점차 유치원의 다른 자원 사용, 쓰레기, 지역사회 문제까지 다루는 프로젝트로 확산되었다. 결과적으로 기관의 에너지 사용 방식 변화, 쓰레기 안 나오는 점심 등 일상생활 방식의 변화, 유아들의 지역사회에 대한 관심 증대로 연결되었다(Pratt, 2010). 그러면서 유치원의 문화 자체가 지속가능한 삶 지향으로 바뀌었다. 여기서 중요한 점은 유아들의 생각과 아이디어가 지속 가능한 실제를 향한 변화의 주요 동기와 영감으로 작용하였고, 성공적 결과를 이끌어 냈다는 점이다(Davis 외, 2005).

8년 동안 이루어진 '지속가능한 지구 프로젝트' 중 2002년에 시행된 '쇼핑 손수레' 프로젝트는 지역사회 문제에 대한 어린이들의 참여를 보여 주는 대표적 사례로 꼽히고 있다. 이 프로젝트의 처음 시작은 유치원 아이들이 유치원 옆 공터에 방치되어 있던 쇼핑 손수레에 대해 관심을 갖기 시작한 것이다. 처음에는 누가 잠시 갖다 놓은 것인 줄 알았다가 며칠 동안이나 그 쇼핑 손수레가 계속 방치되어 있는 것을 본 유아들은 의문을 갖기 시작했다. '왜 쇼핑 손수레가 저기 버려져 있을까?, 저런 식으로 쇼핑 손수레를 끌어다가 아무렇게나 버려두면 쇼핑센터나 쇼핑하러 온 지역 주민들에게 어떤 일이 일어날까?, 이 문제를 어떻게 해결해야 할까?, 쇼핑 손수레는 어떤 상태로 있는 것이 가장 좋은가?' 등을 토의하고 해결방안을 모색하였다. 이후 유아들이 고안한 방법에 따라 지역사회 신문에 쇼핑 손수레의 바른 관리를 부탁하는 글 싣기, 쇼핑센터에 지역사회 주민들이 볼 수 있도록 전단지 붙이기 등을 하였다. 이 프로젝트에 나타난 유아들의 지역사회 참여 양상에 대해 Davis 외(2005)는 Hart(1997: 41)의 말을 빌려 '참여 사다리' 중 가장 높은 단계인 '어린이가 주도하고 의사결정에 성인이 함께하는 단계'를 보여 주는 사례라고 한 바 있다.

다음 사진은 필자가 2011년 6월 18일 캠퍼스 유치원 방문 시 찍은 실내 · 외 모습으로 재활용품을 최대한 활용하고 있음을 볼 수 있다.

[그림 5-1] 캠퍼스 유치원의 실내 · 외 모습

2. 번야빌 환경교육센터의 이스터 빌비 모험 프로그램

1977년 7월 20일에 공식적으로 문을 연 번야빌 환경교육센터(Bunyaville Environmental Education Centre)는 퀸즈랜드주 정부 부처인 '교육 · 훈련부(Department of Education and Training)'에 의해 운영되는 환경교육센터 중 하나로 공립학교(Government School)의 일종이다. 퀸즈랜드 주도인 브리즈번 북서쪽 15km 지점의 숲속에 위치하고 있는데, 이런 자연적 · 물리적 특성을 최대한 반영한 프로그램을 구성 · 운영하고 있다(http://deta.qld.gov.au).

'이스터 빌비 모험(Easter Bilby Adventure)'은 호주 토종 동물로서 멸종 위기에 처한 빌비에 대한 프로그램으로, 유아들(Prep or Year 1)[1]에게 생태적 지속가능성과 생물다양성의 가치에 대해 알려 주는 것이 목표이다(Bunyaville Environmental Education Centre, 2002). 이것은 유치원과 초등학교 준비학년 교육과정에 목표로 제시되어 있는 것 중 하나이기도 하다.

[그림 5-2] 번야빌 환경교육센터 전경 / 설치류에 속하는 빌비

자료: 번야빌 환경교육센터(https://bunyavilleeec.eq.edu.au/)

프로그램 시행 과정에서 유치원 교사는 환경교육센터 교사와 유기적인 협력을 한다. 즉, 환경교육센터 방문 전 유아들과 빌비를 아는지, 본 적이 있는지 등 경험을 나누고 궁금한 것을 스스로 찾아보게 하는가 하면, 빌비 노래를 부르기도 하면서 유아들이 빌비에 관심을 갖도록 돕는다.

그런 준비를 하고 난 후 환경교육센터에 유치원 교사와 유아들이 방문하면 환경교육센터 교사가 빌비 박사로 분장하고 있다가 빌비에 대한 이야기를 하면서 유아들의 호기심을 더욱 유발시킨다. 그리고는 빌비 굴처럼 꾸며 놓은 환경교육센터 내부로 환경교육센터 교사가 유치원 교사, 유아, 동행한 부모을을 안내하면서 모두 빌

1) 2024년 1월 9일 기준으로 번야빌 환경교육센터에서 게시해 놓은 바에 따르면, 연령이 더 어린 유아를 위한 프로그램으로는 0~6세 유아와 그 가족 대상의 '자연에서의 놀이에 중심을 둔 숲체험(Bush Explorers)'과 3.5~6세 유아를 위한 '숲의 아이들(Bush Kinfy- It's Deadly!: 자기 자신과 친구들, 그리고 지역을 돌보는 것이 중점)'이 있다.

비처럼 기어들어 가도록 한다. 이때 내부는 천장부터 바닥까지 최대한 빌비 굴 같은 느낌이 들도록 갈색 천과 자연물을 이용하여 꾸며 놓고 벽에는 빌비의 천적인 여우, 야생 고양이 등의 사진을 붙여 놓는다.

빌비 동굴로 꾸민 곳에서는 빌비 박사로 분장한 환경교육센터 교사가『이스터 빌비(Easter Bilby)』그림책을 재미있게 읽어 준다. 그 내용은 '부활절에 달걀을 나눠 주는 일을 해 왔던 이스터 버니(Easter Bunny)가 늙고 힘이 없어지자 자기 일을 물려줄 후계자로 토끼와 빌비 중 누구로 할지를 결정하기까지 벌어지는 사건들로서 나중에 빌비가 후계자로 정해진다'는 것이다.

[그림 5-3] 빌비 굴처럼 꾸민 곳으로 기어들어 가기 / 환경교육센터 교사와 활동

동화 듣기를 마치고 나면 모두 숲으로 이동하여 동화에 나오는 내용 순서에 따라 빌비처럼 숲속의 쓰레기 줍기, 토끼 플레시가 친구들과 어질러 놓은 것처럼 꾸며 놓은 초콜릿 껍질 줍기, 여기저기 흐트러진 달걀 찾기, 자연물을 이용한 빌비 집 짓기 등의 활동을 하며 빌비에 대한 친밀감을 높인다. 참고로, 이와 같이 동화 내용을 따라 활동을 진행해 가는 것을 '이야기 연결 접근법(Story Thread Approach)'(Bunyaville Environmental Education Centre, 2002)이라고 한다.

환경교육센터의 프로그램을 마치고 원으로 돌아가면 추후 활동으로 유아들은 교사와 함께 빌비 굴처럼 만들어 보기, 역할놀이하기, 그리고 무엇보다도 부모들과 함께 빌비 보호기금 모으기를 한다. 유아들은 이 기금 모으기의 의미를 충분히 알고 있기 때문에 적극적으로 참여하고, 실제로 그렇게 해서 모여진 기금은 빌비 보전을 위해 활용된다(2011년 3월 22일 이스터 빌비 모험 프로그램에 대한 필자 참여 관찰).

『이스터 빌비』 그림책

빌비가 유아들에게 보낸 것처럼 꾸민 나뭇잎 편지와 빌비 집을 짓는 유아

유아들과 부모들의 기금 마련으로 빌비 보전 돕기

[그림 5-4] 빌비 관련 활동 / 빌비 보전 기금 안내

3. 미평어린이집의 무심천 프로젝트

'무심천 프로젝트'는 청주 미평어린이집 5세반에서 2009년 3월 말~5월 초까지 약 6주간 행해진 프로젝트[2)]이다. 무심천은 청주의 중요한 하천으로, 미평어린이집에서 가까워 교사와 유아들이 쉽게 갈 수 있는 곳이다. 어느 날 5세반에서 교사와 유아들이 무심천 관련 경험을 이것저것 이야기하던 중 한 유아가 "우리 엄마가 그러는데 옛날에는 무심천에 수달이 많이 살았대. 지금은 모르지만…."이라는 이야기를 하였다. 이것이 발단이 되어 그 반 유아들은 수달이 어떻게 생겼는지, 아직도 무심천에 수달이 살고 있는지 궁금해하였다.

4월 초 무심천에 대한 본격적인 프로젝트가 시작되면서 유아들은 점점 수달에 대해 궁금한 것이 많아지고, 그 해결을 위해 지역사회의 시니어 무심천 생태전문가들과 만났다. 그들로부터 유아들은 무심천에 아직 수달이 살고 있으나 지금은 사냥꾼, 오염된 먹이 등으로 그 개체 수가 현저하게 줄었으며, 최근에는 거의 볼 수 없는 상태라는 설명을 들었다. 이 만남을 통해 유아들은 수달을 보호하려면 오염되지 않은 먹이가 필요하고, 그렇게 하려면 무심천 물을 깨끗하게 보존해야 한다는 것을 알게 되었다.

[그림 5-5] 무심천 생태전문가들로부터 설명 듣는 중 / 오염된 먹이로 죽은 수달 사진

2) 임진숙 원장, 최미경 교사와 20명의 5세반 유아들에 의해 수행된 프로젝트로, 충북자연사랑유아교육연구회 학습공동체에 참여하며 진행된 것이다. 이는 2014년에 유네스코에서 나온 UNDESD 최종 보고서에서 '지역사회와 함께 하는 총체적인 접근법'의 모범 사례로 제시된 바 있다.

이런 정보들은 곧바로 유아에 의해 그 부모에게 전달되곤 하였기 때문에 부모들까지도 무심천 수달에 관심을 가지게 되었다. 그러던 중 한 학부모의 도움으로 '무심천 살리기 운동'을 활발하게 하고 있는 '지역사회연구소' 연구원과 무심천 주변 탐색 활동을 하였다. 그 연구원의 도움으로 유아들은 무심천가에서 드디어 수달의 배설물을 찾았다. [그림 5-6]의 아이 표정을 보면 수달 똥을 찾고 놀라면서 정말 즐거워하는 것을 느낄 수 있다. 그러고 나서 바로 유아들은 연구원과 함께 수달 서식지 근처까지 가 보았다. 수달은 워낙 민감한 동물이라 그 장소에서 실제 수달을 볼 수는 없었지만, 이제 유아들은 무심천에 아직도 수달이 살고 있다는 사실을 분명히 알게 되었다. 실제 수달의 모습은 이후 동물원 견학을 통해 볼 수 있었다.

[그림 5-6] 수달 배설물 발견 / 수달 발자국(발가락 5개) 발견 / 수달 배설물 조사

연구원과의 활동이 끝난 후, 수달 배설물이 묻은 돌을 조심스레 들고 원에 돌아온 유아들은 돋보기로 수달 배설물 더 자세히 관찰하기, 『누가 내 머리에 똥 쌌어?』 그

림책, 인터넷 자료 등 여러 자원을 통해 동물의 먹이와 배설물의 관계에 대해서 알아보기를 하였다. 또 수달을 염려하는 마음을 동시로 표현하기도 하였다. "수달아, 물 밖으로 절대 나오지 마라. 사냥꾼에게 잡히면 안 되니까. 더러운 먹이 먹고 죽지 마라. 우리가 깨끗한 물 만들어 줄게."와 같은 내용이 그것이다. 이 동시는 프로젝트 마무리 단계 때 행해진 지역주민들을 위한 행사에서도 낭송되었다. 유아들의 수달을 향한 이런 염려와 돌봄의 마음은 '지구헌장(Earth Charter)'의 원리를 반영하고 있다. 지구헌장 제1원리인 '생명 공동체를 위한 사랑과 돌봄(Respect and care for the community of life)'에서 '돌봄은 먼저 대상에 대한 이해의 기초 위에서 행해져야 한다'(http://www.earthcharterinaction.org)고 되어 있는데, 이 동시에서 수달에 대한 이해로부터 비롯된 '돌봄의 마음'을 확인해 볼 수 있기 때문이다.

한편, 유아들은 청주시에서 제작한 무심천 생태지도를 보다가 생태지도 안에 수달이 빠져 있다는 사실을 발견하였다. 자신들이 분명 수달 배설물까지 보았으므로 당연히 유아들은 선생님께 "무심천 생태 지도에 수달이 들어 있지 않다."는 문제를 제기하였다. 이후 교사와 유아들은 청주시 시청에 '수달을 넣어서 생태지도를 다시 만들어 주세요.'라고 건의하는 편지와 공문을 보냈다. 이에 대해 시청 담당자는 '수달이 아직도 살고 있는지 차후 확인된다면 넣도록 하겠음'이라는 공문을 답으로 보내 주었다. 답을 받은 후 교사와 유아들은 수달이 분명히 무심천에 살아있음을 증명하는 자료들, 예를 들면 수달의 배설물 사진, 서식지 근처에서 찾은 수달 발자국 사진까지 첨부하여 다시 담당자에게 편지를 보냈다.

유아들의 이런 활동은 Hart(1997)의 참여 사다리에 비추어 볼 때 6단계인 '성인에 의해 주도되지만 어린이들과 함께 의사결정하는 단계'를 보여 주는 경우라고 할 수 있다. 유아들의 생각과 아이디어가 활동 진행 과정에서 중요하게 반영되고 있기 때문이다. 다음은 유아들의 무심천 생태지도 수정 요청 글, 시청의 답변 내용, 재요청 시 첨가한 유아들의 그림 등이다.

생태지도 수정 요구 편지

수달 배설물에 대한 유아 그림

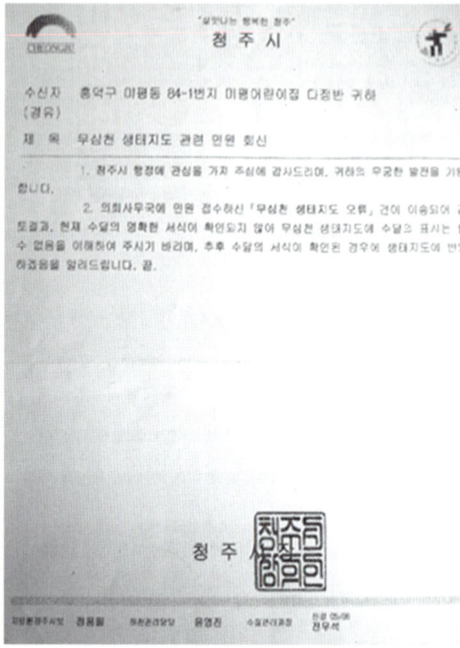

"살맛나는 행복한 청주"
청 주 시

수신자 흥덕구 미평동 84-1번지 미평어린이집 다정반 귀하
(경유)
제 목 무심천 생태지도 관련 민원 회신

1. 청주시 행정에 관심을 가져 주심에 감사드리며, 귀하의 무궁한 발전을 기원합니다.

2. 의회사무국에 민원 접수하신 「무심천 생태지도 오류」 건이 이송되어 검토결과, 현재 수달의 명확한 서식이 확인되지 않아 무심천 생태지도에 수달을 표시는 할 수 없음을 이해하여 주시기 바라며, 추후 수달의 서식이 확인된 경우에 생태지도에 반영하겠음을 알려드립니다. 끝.

청 주 시

시청의 답신

[그림 5-7] 무심천 생태지도 관련 시청과의 교류

여기서 유아들이 수달에 대해 여러 사실을 알고 이해하게 되면서 지역사회 참여를 더욱 적극적으로 하게 된 것을 알 수 있다. "다른 사람들이 무심천에 수달이 사는 것을 모르면 안 되니까 꼭 지도를 고쳐야 해요."라는 주장을 하게 된 점은 그런 사실을 잘 보여 준다. 분명한 점은 유아들이 '시청 담당자에게 무심천 지도 오류 수정 건의'를 하면서 자신들도 지역사회에 공헌할 수 있다는 생각을 하게 된 점이다. "우리가 수달이 빠진 것을 찾아냈잖아요! 다른 사람들은 몰랐지요?"와 같은 유아들의 말은 그러한 사실을 나타내 준다. 이렇게 유아들이 가정이나 지역사회를 위해 공헌할 수 있다는 인식을 하는 것은 '건강한 시민의식 발아'에 효과적이라는 주장(지옥정, 2013b; 2014; 2022b; Davis, 2010; Phillips, 2015)과 상통한다. 시청에 무심천 생태지도의 문제점을 수정해 달라고 건의한 것 자체가 유아들의 의미 있는 지역사회 참여이기 때문이다.

[그림 5-8] 수달이 들어 있지 않은 무심천 생태지도

한편, 프로젝트 중 무심천 생태지도를 자주 꺼내 보며 활동하던 유아들은 '무심천 생태지도'가 보기 불편하다는 이야기를 여러 차례 하였다. 무심천에 사는 모든 생물들이 지도 한 장에 다 들어 있을 뿐 아니라 글씨가 너무 작아서 유아들이 보기에 쉽지 않았기 때문이다. 그래서 자연스럽게 나온 요구가 좀 더 보기 편한, 동물과 식물이 따로 그려져 있고 글씨가 너무 많지 않은 '어린이용 생태지도'가 있으면 좋겠다는 것이었다. 시청에 이미 '무심천 생태지도'의 수정 요구 편지를 보낸 경험이 있던 유아들은 교사에게 다시 그렇게 시청에 편지를 보내자고 요청하였고 그래서 교사의 안내로 '어린이용 생태지도 제작'을 시청 담당자에게 제안하였다. 이때 무엇이 지금 생태지도의 문제점인지, 어린이용 지도는 어떤 식으로 만들면 좋을지에 대한 아이디어도 같이 보냈다. 예를 들면 "지도가 복잡해요. 동물지도와 식물지도를 따로따로 만들면 좋겠어요.", "글씨가 너무 많고 작아요. 우리가 잘 볼 수 있게 글씨를 크게 해주세요." 하는 식이었다. 그러나 이 제안은 담당자로부터 '예산이 없어 당장은 어렵다.'는 답변을 받았다.

청주시로부터 '어린이용 생태지도 제작'에 대한 부정적 답변을 받았지만 유아들은 실망하지 않고 자기들이 직접 지도를 만들어 보기로 하였다. 특히 동생반인 4세반 유아들까지도 잘 볼 수 있도록 지도를 단순화시키고 자신들이 무심천가에서 직접 경험한 동물, 식물, 다리 등을 그려 넣었다. '지도 만들기 활동'의 경우 직접적인 사회 참여라고는 할 수 없으나 지역사회의 구성원이기도 한 동생반 유아들을 배려하면서 이런 활동을 하였다는 점에서 넓게 보면 사회 참여에 포함된다고 할 수 있다. 다음은 유아들에 의해 제작된 무심천 동물지도와 식물지도의 앞면 모습이다.

[그림 5-9] 유아들이 직접 만든 무심천 동물 · 식물지도

이런 과정을 거치고 난 후 2009년 5월 8일, 교사와 유아들은 청주 시민들이 많이 모이는 상당공원에서 드디어 프로젝트 마무리 행사를 하게 되었다. "수달이 아직 무심천에 살고 있다는 사실을 청주시에 사는 모든 사람들에게 알렸으면 좋겠다"는 유아들의 요구를 최대한 반영한 결과이다. 마무리 행사 때 유아들은 거기 모인 시민들을 대상으로 '수달 퀴즈 대회하기', '수달 배지 달아 주기', '수달 보호 노래 부르기', '수달의 안녕을 기원하며 지은 동시 읽기', '수달의 생태적 특성을 적은 리플릿 나누어 주기' 등을 하였다.

이 행사를 위해 교사와 유아들은 사전에 관계자들, 즉 부모, 시청 관계자, 도움을 준 비영리단체들, 지역 방송사와 신문사에까지 초대장을 미리 보냈다. 그 결과, 캠페인 하는 날은 초대받은 많은 사람이 와서 유아들의 캠페인 모습을 지켜보았고, 그 후 이 행사에 대한 기사가 사진과 함께 신문에 소개되었다. 다음은 유아들이 제작한 수달 배지, 공원 벽면에 붙인 포스터 내용이다.

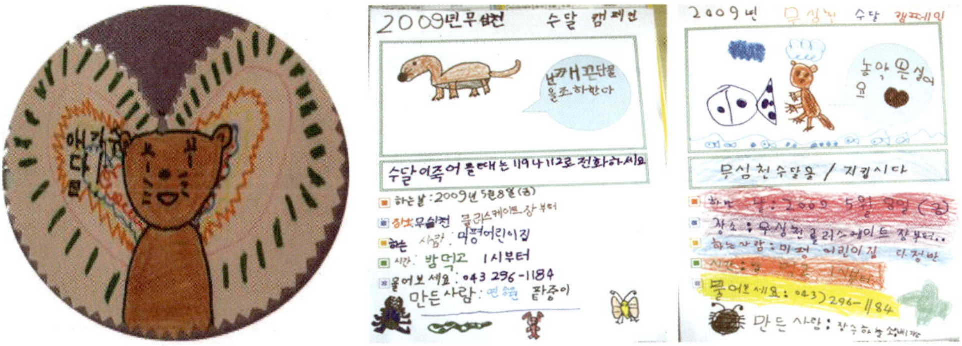

[그림 5-10] 유아들이 만든 수달 배지 / 수달 보호를 알리는 포스터

4. 무궁화 유치원의 도토리 프로젝트

'도토리 프로젝트'는 청주 무궁화유치원 5세 반에서 2023년 10월, 약 4주에 걸쳐 진행된 사례이다[3]. 프로젝트 주제를 '도토리'로 한 것은 유치원에서 월 2회 주기적으로 진행해 온 '숲 체험활동'에서 9월 들어 도토리를 많이 볼 수 있었고, 그러면서 이에 대한 유아들의 관심이 높아졌기 때문이다. 교사회에서는 '도토리 프로젝트'의 목적을 유아의 생태 감수성 증진, 생태계 구성원 간의 상호연결성 이해, 그리고 지역사회 주민 의식 고취에 두기로 하였다.

프로젝트 접근법에서 제시하는 프로젝트 준비단계(지옥정, 2022a)를 거친 후, 교사는 프로젝트 시작단계에서 유아들과 도토리에 대한 사전 경험을 나누어 보았다. 그 결과, 유아들의 도토리 관련 경험은 대체로 도토리를 보고 만져 본 정도에 불과하다는 사실이 드러났다. 심지어 자신들이 본 도토리들이 어디서 온 건지 모르는 유아도 있었다. 이에 교사는 다음 숲 체험 시 의도적으로 유아들에게 도토리 주변 나무에 좀 더 관심을 가질 수 있게 이끌어 주었다. 이때 담임 교사로부터 도토리 프로젝트를

3) 이옥주 원장, 최윤정 교사와 25명의 유아들에 의해 수행된 프로젝트로, 2023년 구성된 'EfS 유아와 환경연구소' 학습공동체에 참여하면서 진행된 사례이다.

한다는 이야기를 들은 숲 교사도 유아들의 도토리에 관한 관심과 질문에 더 열심히 반응해 주었다. 그러던 중 유아들은 다른 도토리들과는 좀 다른 모양의 도토리를 발견하였다. 벌레가 붙은 것 같기도 하고, 지렁이가 달린 것처럼 보이기도 하는 도토리였다. 모두 함께 확인해 본 결과 '도토리에서 나온 뿌리'임을 알 수 있었다. 담임 교사조차도 처음 본 것이었고, 그 자리에서 이런저런 질문이 많이 나왔다. 그중 가장 많이 나온 질문은 '이걸 땅에 심으면 도토리나무로 자라는지?'였다.

이어 숲 교사의 이야기(도토리를 흙에 심고 두 달 정도 지나면 싹이 나고 옮겨 심어 주면 나무로 자랄 수 있다.)를 참고하여 교사와 유아들은 원으로 그 도토리들을 가져다가 직접 화분에 심어 보기로 하였다. 도토리에서 싹이 나고 좀 자라면 다시 산에 가져다 심기로 약속하면서 말이다. 이런 과정을 통해 교사와 유아들이 새롭게 알게 된 사실은 '(어린) 참나무가 다른 나무들보다 탄소를 더 많이 흡수한다.'라는 사실이었다. 그래서 더욱 열의를 가지고 물도 주고, "잘 자라라."라고 말도 해 주며, 관련 정보 찾기[4]도 하였다. 참고로 싹이 난 도토리라 하더라도 물에 1~3일 담가두었다가 심어야 한다.

[그림 5-11] 뿌리가 난 도토리 / 도토리 화분에 심기

4) 도토리를 심어 싹이 나고 좀 자라면 숲이나 공원에 옮겨 심어 주는 사업이 여러 곳에서 이루어지고 있다. 예를 들면 WWF도 뜻있는 시민들이 길러 준 도토리나무를 난지도(쓰레기 산)에 옮겨 심는 '생명의 연결고리: 도토리 숲 만들기' 캠페인을 진행하고 있다. 이를 위해 도토리 집씨통(집에서 씨앗부터 키우는 통나무) 사업도 하고 있다.

프로젝트 전개단계에는 시작단계에서 나온 질문을 중심으로 한 다양한 조사 탐구 활동(예: 도토리 엄마 나무는 얼마나 큰가?)과 표현활동(예: 종류별 도토리 특징을 담아 '도토리 6형제' 노래 만들기), 도토리를 이용한 놀이와 게임 등이 유기적 연계하에 이루어졌다. 예를 들면 '숲에서 주워 온 도토리의 엄마 나무는 누구인가?' 하는 질문을 중심으로 '도토리의 엄마를 찾아라.' 활동이 진행되었다. 도토리를 맺는 참나무가 무려 6종류나 된다는 것을 알게 되었기 때문이다. 연계하여 '도토리나무 잎사귀를 찾아라.' 활동도 이루어졌다. 이런 과정을 거쳐 유아(도토리 탐정)들은 서로 다른 도토리나무 잎사귀(그림)를 보고 그것이 어떤 도토리나무의 것인지 구분할 수 있게까지 되었다. 재미있는 사실은 깍지까지도 도토리나무 종류에 따라 조금씩 다르다는 점이었다. 이런 사실을 알고 확인해 보니 유아들이 숲에서 주워 온 것은 주로 상수리나무 도토리였고 그 깍지 모양은 다음 [그림 5-12]와 같았다. 이 깍지들은『도토리 모자가게』그림책을 본 후 도토리 모자 만들기 놀이 및 모자가게 놀이에 활용되었다.

[그림 5-12] 도토리 종류 확인하기 / 도토리 모자 만들기 및 가게 놀이

병행하여 도토리를 이용한 놀이(도토리 팽이 돌리기, 도토리 던져 넣기, 도토리 성장 과정을 담은 '도토리야 안녕?' 등)가 개별로, 소집단으로, 또는 반 전체 활동으로 유아들의 흥미와 요구, 관심에 따라 유동적으로 이루어졌다. 이 중 "도토리가 언제 싹 나서 언제 나무 돼요?"라는 질문에서 파생된 일련의 활동 과정을 소개하면 다음과 같다.

〈표 5-1〉 유아의 질문에서 파생된 일련의 활동과정

활동 과정	내용	연계 및 확산
한 유아의 질문	"도토리가 언제 싹 나서 언제 나무 돼요?"	도토리 성장 과정에 대한 관심이 반 전체 유아들에게로 확대
질문 해결하기, 연계된 또 다른 관심 및 질문거리 중심으로 활동하기	책, 동영상, 숲 교사 만나기, 실제로 청설모가 빠르게 나무 타는 모습 보기 등을 통해 도토리 성장 과정과 도토리를 좋아하는 청설모, 다람쥐에 관심 기울이기	청설모, 다람쥐가 나중에 먹으려고 도토리를 땅에 숨겨 놓는다는 사실을 알게 됨. 청설모, 다람쥐의 생태적 특성에 관한 관심 증가. 도토리나 밤을 어떻게 까는지: 이빨은 몇 개?, 어떻게 흙을 파는지: 손 모양은 어떻게 생겼지?, 입 안에 도토리를 몇 개나 넣을 수 있는지: 볼이 얼마나 늘어나나? 등
새롭게 알게 된 사실을 반영한 다람쥐 관련 게임 만들기- 실제 게임 후 평가를 통해 게임 방법 보완하기, 새로운 아이디어 덧붙이기	'다람쥐 도토리 먹기' 게임 고안하기 및 게임 후 평가 통해 게임 방법 보완하기	상자를 이용한 다람쥐 만들기(다람쥐 입을 도토리가 들어가도록 크게 뚫기, 다람쥐 이빨 22개, 손가락 10개, 볼록한 볼 그리기 등)→도토리 던져 넣기→도토리 숨기기를 게임에 추가하기 등
	'도토리야 안녕?' 게임판 만들기 및 게임하기	숲 교사와 활동해 본 '도토리 굴리기' 활용하기→아이디어 덧붙여 '도토리에서 큰 나무 되기까지' 게임판 만들기→도토리가 보자기 밖으로 튀어 나가는 문제점 해결하기, 게임 방법 변형해 보기: 바닥에서 하기, 게임판을 들고 하기 등
	'도토리 팽이' 돌리기	도토리를 바닥에서 돌려 보기→이쑤시개로 중심축 만들어 돌려 보기→도토리가 튀어 나가는 문제를 해결하기 위해 장난감 정리 쟁반 안에서 돌려 보기→도토리 대신 다른 것 돌려 보기(예: 우유갑으로 팽이 만들어 돌리기)→게임 규칙 만들기 및 규칙 수정하기 등

이런 활동 중 '도토리에서 큰 나무로까지'의 성장 과정을 담은 게임판인 '도토리야, 안녕?' 게임판 최종 모습과 게임 모습을 살펴보면 다음과 같다. '도토리야, 안녕?' 게임판을 바닥에 놓고 할 때는 손가락으로 튕겨 몇 번 만에 목표 지점에 가는지를 보는 것으로 하였다.

[그림 5-13] 도토리야 안녕? 게임판 / 게임판을 들고 경기하는 모습

전술한 바와 같이 유아들은 프로젝트가 진행되어 가면서 다람쥐와 청설모에 대해 많은 흥미를 갖게 되었다. 특히 도토리나 밤을 까먹을 수 있도록 튼튼한 이빨이 22개나 있다는 점에 놀라워했다. 4개인 줄 알았는데 자기들보다도 많다는 것이다. “나보다 더 많아! 우와~!” 유아들의 반응이었다. 더불어 다람쥐가 뱀을 잡아먹기도 한다는 사실도 새롭게 알게 되었다. 교사에게 인상적이었던 점은 유아들에게 다람쥐가 뱀을 잡는 영상을 보여 줄 때는 “귀엽다!”라고 표현하더니 뱀이 다람쥐를 공격하는 것에 대해서는 “나쁜 놈!”이라고 한다는 점이었다. 유아들의 편견을 볼 수 있는 대목이었다. 이와 관련하여 교사 학습공동체에서 논의되었고, 뱀이나 거미 등 유아들이 부정적으로 표현하는 생태계 구성원들에 대한 ‘반편견교육’이 필요하다는 사실을 알 수 있었다.

다람쥐와 청설모에 관한 관심이 커지면서 ‘도토리 저금통’에 대해서도 알게 되었다. 교사가 보여 준 관련 영상에서 유아들이 그 부분을 주의 깊게 본 것이다. 왜 사람들이 그런 도토리 저금통을 설치하는지 알게 된 유아들은 "선생님, 우리도 지난번 숲에 갔을 때 도토리 주워 왔잖아요?! 그래서 다람쥐들이 우리 때문에 도토리밥 못 먹었어요?" 하며 걱정하였다. 그렇게 하여 시작된 것이 '도토리 저금통 설치하기'이다. 이 과정을 간략히 기술하면 다음과 같다.

〈표 5-2〉 도토리 저금통 설치 과정

과정 진행	내용
1단계: '도토리 저금통' 설치가 가능한지 교사회에서 점검	원 자체 점검 후 관계자들(사천공원, 청주시청)의 허락받기: 공문과 전화 통해 목적을 설명하고 허락받기. 유의점도 전달받음
2단계: 도토리 저금통 계획	교사와 유아들이 함께 도토리 저금통 계획하기: 일단 튼튼해야 하고 비에도 견딜 수 있어야 해서 나무 재질 저금통을 2개 사기로 함. 도토리 저금통은 유아들의 생각을 담아 직접 꾸미기로 함
3단계: 도토리 저금통 꾸미기, 안내 문구 만들기	모든 유아가 저금통 꾸미기에 동참하기. 저금통만 달아놓으면 사람들이 모를 수 있으므로 안내 문구도 만들어 붙임
4단계: 관계자들과 함께 저금통 달기	하나는 상당산성에 숲 교사까지 함께 가서 달아주기. 다른 하나는 유치원 옆 사천공원에 공원 공사 후 달아주기로 함
5단계; 지역사회에 '도토리 저금통' 알리기	도토리 저금통을 만든 이유, 설치 장소, 유아들의 부탁을 QR 코드로 알림(부모, 지역사회 주민, 시청 관계자 등)

유아들이 꾸민 도토리 저금통과 그 설치 모습을 몇 장면 보면 [그림 5-14]와 같다. 하나 더 만든 도토리 저금통은 유아들이 거의 매일 방문하는 유치원 인근의 사천공원에 한 달 후인 11월 말 새롭게 단장한 공원에 달아 주었다. 이때 부모님, 지역사회 관계자들도 초대해 유아들의 취지를 설명하고 함께 기념하였다.

도토리 프로젝트는 10월 말로 일단락되었지만, 그 영향은 2024년 1월 현재도 계속되고 있다. 일단 도토리 심은 화분에 대한 유아들의 돌봄이 꾸준히 이어지고 있고, 유아들의 놀이 속에 다람쥐, 청설모, 뱀, 참나무, 밤나무 등 유아들이 경험한 생태계 구성원들이 종종 등장한다. 생태계 구성원 간의 연계에 대한 이해와 자연에 대한 감수성 증진이 이루어졌음을 알 수 있다. 지역사회 주민 의식도 향상되었다. 지금도 숲 체험을 나가면 꼭 도토리 저금통 상태를 확인하고 공원을 돌보려 하는 자세가 그것을 잘 보여 준다.

[그림 5-14] 도토리 저금통 꾸며 주기 / 안내문 / 도토리 저금통 달기

이와 같은 4가지 사례 속에서 공통적으로 나타나는 특징은 지속가능발전교육의 핵심 가치인 인권 및 생태적 다양성 존중에 기반하고 있다는 점, 환경문제를 사회경제적인 문제와도 연계시키고 있다는 점, 총체적 기관 접근을 지향한다는 점, 프로젝트를 통한 간학문적 접근과 상호 협력을 중시한다는 점, 지역과 관련이 깊다는 점, 지역사회의 문제 해결을 위한 어린이의 주체적 참여를 볼 수 있다는 점, 지역사회 내 다양한 기관들과 협력하고 있다는 점, 다양한 교수기법을 활용하고 있다는 점 등이다. 특히 두드러지는 점은 유아들이 지역사회 문제 해결에 능동적으로 참여함으로써 더 나은 지역사회로의 발전에 기여하고 있다는 사실이다.

정·리·하·기

1 캠퍼스 유치원의 쇼핑 손수레 프로젝트에 대한 설명으로 적합한 것은?

① 프로젝트는 교육과정과 별도로 실시되었다.
② 쇼핑 손수레의 용도, 기능에 대한 프로젝트이다.
③ 유아들이 '쇼핑 손수레 방치'라는 지역사회 문제 해결에 참여하였다.
④ 유아들이 쇼핑할 때 쇼핑 손수레의 중요성에 대해 알도록 하는 것에 초점 맞춘 프로젝트이다.

2 번야빌 환경교육센터의 '이스터 빌비 모험 프로그램'에 대한 설명으로 적합한 것은?

① 호주 토종 동물인 빌비에 대한 프로그램이다.
② 유아들에게 세계시민의식을 길러 주고자 한다.
③ 외래종 동물의 적절한 수입에 관한 프로그램이다.
④ 환경교육센터 교사들은 유치원 교사의 협조자로서의 역할만 수행한다.

3 다음 중 5장에 제시된 사례에서 공통적으로 나타나는 특징은?

① 세계적인 문제를 주제로 다루고 있다.
② 교사가 사전에 계획 및 주도하고 있다.
③ 환경문제만을 집중적으로 다루고 있다.
④ 지역사회의 문제해결을 위한 어린이의 주체적 참여를 볼 수 있다.

정답 및 풀이

1 ③
유치원 옆 공터에 버려져 있던 쇼핑 손수레에 대한 프로젝트를 통해 지역사회의 문제 해결에 참여하였다.

2 ①
'이스터 빌비 모험'은 멸종 위기에 처해 있는 호주의 토종 동물 빌비에 관한 프로그램이다.

3 ④
제5장에서 제시한 4개 사례에 나타난 공통적 특징은 '유아들이 지역사회 문제 해결에 주체적으로 참여하고 있다'는 것이다.

제 6 장

환경기념일별 유아기 지속가능발전교육 내용 및 방법

학습목표

1. 환경기념일과 유아기 지속가능발전교육의 관계를 파악한다.
2. 환경기념일별로 유아기 지속가능발전교육의 중심 내용을 이해한다.
3. 환경기념일을 소재로 한 유아기 지속가능발전교육의 방법을 이해한다.

"꿀벌이 사라지고 있다."는 TV 뉴스나 신문 기사를 본 일이 있는가? 벌써 10년도 더 전에 EBS에서도 지구의 심각한 환경문제로 꿀벌들이 사라지고 있다는 내용을 보도한 바 있다(EBS, 2011. 5. 11.). 현재 동식물의 멸종 속도는 자연적인 멸종 속도보다 무려 1,000배 가까이 빠르다. 그런가 하면 5월임에도 불구하고 마치 7월 말에나 있을 법한 폭염으로 우리나라에서 봄은 짧아지다 못해 거의 없어진 것처럼 느껴진다. 또 다른 한쪽에선 "식품에 너무 많은 화학약품 처리를 한다는 보도를 보면 무엇을 먹고 살아야 할지 한심스럽다."라고 이야기하기도 한다. 2023년 8월 24일 일본이 후쿠시마 오염수 방류를 시작함에 따라 먹거리에 대한 걱정은 더욱 높아졌다.

이렇게 환경오염이 심각해지고 생태계 파괴, 지구 온난화, 먹거리에 대한 유전자 조작 및 화학 약품 처리의 부작용, 더 나아가 원전 오염수로 인한 폐해까지를 직 · 간접적으로 경험하면서 사람들은 환경에 대한 염려를 점점 더 많이 하게 되었다. 그러면서 지구 환경을 보호하자는 취지로 많은 기념일을 만들게 되었다. 기념일 하루만이라도 그 주제에 관심을 갖고 우리의 생활 태도를 반성하며 삶의 모습을 변화시키자는 취지에서이다. 그렇다면 현재 얼마나 많은 환경기념일이 있는 것일까? 다음과 같은 3월 초의 교무실 상황을 잠시 살펴보면서 독자는 환경기념일을 얼마나 알고 있는지 점검해 보자.

3월 중순의 초록유치원 교무실 안

정 교사: (달력을 보면서 어떤 날에 동그라미를 치고 있다.)

김 교사, 변 교사: (교무실로 들어오다가 달력에 동그라미를 치고 있는 정 교사와 달력을 함께 쳐다보며) 선생님, 뭐 하세요? 무슨 의미 있는 날이 얼마 안 남았나 보네요.

정 교사: 아니에요. 우리 올해부터 시행해 보기로 한 '불 끄는 날'이 얼마나 남았는지 살펴본 거예요.

변 교사: 아~! 3월 마지막 주 토요일에 1시간 전등 끄기 운동 말씀하시는 거지요?

정 교사: 네. 올해는 아이들하고 제대로 한번 해 보려고요.

김 교사: 저도 그렇게 마음먹고 있었어요. 아이들 가정과 연계해서 '3월 마지막 주 토요일 밤 1시간 불 끄기' 하면 재미있는 이야깃거리가 많이 나올 것 같아요.

변 교사: 그런데 '불 끄는 날' 말고 아이들과 재미있게 활동할 수 있는 소재가 될 만한 환경기념일이 또 있나요? 모두들 아세요?

정 교사: 글쎄요. 전 '환경의 날' 정도는 아는데, 다른 것은 잘….

변 교사: 저는 '물의 날' 알아요.

정 교사: 그러지 말고 우리 이 기회에 같이 한번 싹 찾아볼까요?

변, 김 교사: 네. 그렇게 해 봐요.

초록유치원 선생님들 생각처럼 환경기념일은 유아기 지속가능발전교육의 소재가 될 수 있을까? 물론이다. 환경기념일은 유아기 지속가능발전교육을 위한 재미있는 소재가 될 수 있다. 이런 점을 전제하면서 이제 어떤 환경기념일이 있는지, 그런 환경기념일과 관련하여 유아들과 어떤 내용을 다룰 수 있을지 살펴보기로 하자.

1. 환경기념일과 유아기 지속가능발전교육의 관계

1) 어떤 환경기념일이 있을까?

현재 우리나라에서 기념하는 환경기념일에는 세계적인 환경기념일과 우리나라의 정부나 기관 또는 단체에서 따로 정한 환경기념일이 있다. 예를 들어 2월 2일 습지의 날은 세계적인 환경기념일이고, 4월 4일 '종이 안 쓰는 날'은 우리나라 단체에서 정한 환경기념일이다. <표 6-1>은 대표적인 환경기념일을 정리해 놓은 것이다. 여기서는 대중에게 많이 알려져 있는 몇몇 환경기념일만 열거하였지만, 이외에도 3월 14일 '강을 위한 국제 행동의 날', 4월 29일 '골프 없는 날', 10월 1일 '세계 채식인의 날' 등 환경기념일은 여럿 더 있다.

〈표 6-1〉 환경기념일의 종류

날짜		환경기념일	제정년도(주체)	구분
2월	2일	세계 습지의 날	1971년(람사르협약)	세계
3월	22일	세계 물의 날	1992년(UN총회)	세계
	마지막 주 토요일	불 끄는 날: 지구를 위한 시간	2007년(세계자연보호기금 – WWF: World Wide Fund for Nature)	세계
4월	4일	종이 안 쓰는 날	2002년(녹색연합)	한국
	22일	지구의 날	1970년(상원의원 게이로드 넬슨: G. Nelson), 하버드 대학생 데니스 헤이즈: D. Hayes)	세계
5월	20일	세계 벌의 날	2018년(UN)	세계
	22일	생물다양성의 날	1994년(제1차 생물다양성보존협약국회의)	세계
	31일	바다의 날	1996년(국토해양부)	한국
6월	5일	세계 환경의 날	1972년(UN총회)	세계
	17일	세계 사막화 방지의 날	1994년(UN총회)	세계
7월	3일	세계 비닐봉지 쓰지 않는 날	2008년(스페인 환경단체 가이아 제안)	세계
	11일	세계 인구의 날	1989년(UNEP)	세계
8월	22일	에너지의 날	2004년(에너지시민연대)	한국

날짜		환경기념일	제정년도(주체)	구분
9월	16일	오존층 보호의 날	1995년(UN총회)	세계
	22일	세계 차 없는 날	1997년(프랑스 라로세에서 시민운동으로 시작)	세계
10월	16일	화학조미료 안 먹는 날	1985년(국제소비자기구)	세계
	18일	산의 날	2002년(산림청)	한국
11월	26일	아무것도 사지 않는 날	1992년(광고업계 종사자 테드 데이브: T. Dave)	세계
12월	11일	세계 산의 날	2002년(UN총회)	세계

2) 환경기념일과 유아기 지속가능발전교육과의 관계는?

환경기념일과 지속가능발전교육을 어떻게 연관 지을 수 있을까? 환경기념일은 '환경'에 대한 관심에서 출발하였기 때문에 일차적으로는 환경문제와 관련지어 교육 현장에 적용할 수 있다. 예를 들어 '세계 물의 날'이라고 하면 가정과 연계하여 물의 오염 원인인 세제 적게 쓰기, 물 아껴 쓰기 등 물과 관련하여 환경을 지키는 내용을 다룰 수 있을 것이다. 단, 여기서 끝나 버린다면 그것은 기존의 환경교육과 다르지 않다. 한걸음 더 나아가 먹을 물이 없어 더러운 물을 마실 수밖에 없고 그로 인해 수인성 질병에 무방비로 노출되어 있는 다른 나라 어린이들을 생각하며 유치원과 가정에서 물을 절약하고 그 절약된 돈을 모아 그런 나라 어린이들을 위한 우물 파 주기까지 하였다면 이것은 지속가능발전교육이라고 할 수 있다. 환경문제를 중심으로 하되, 사회, 경제 문제와 연계하여 다루었으며, 지속가능발전교육에서 추구하는 인권 존중, 세대 내 형평성을 위해 노력하였기 때문이다. 물론 '물'과 관련된 지속가능발전교육의 모습이 '물 형편이 매우 좋지 않은 나라 사람들에게 우물 파 주기' 한 가지로만 나타날 수 있는 것은 아니다. 물 프로젝트를 진행하면서 물이 우리 생활에 얼마나 소중한 자원인지, 물이 환경에 얼마나 큰 영향을 미치는지, 깨끗한 물을 얻기까지 얼마나 많은 자원이 들어가며 또 여러 사람이 수고하는지 알게 된 후 유치원에서 '빗물 사용하기'까지 이루어졌다면 이 또한 훌륭한 지속가능발전교육이라 할 수 있을 것이다.

여기서 구체적으로 '물'과 관련한 지속가능발전교육 사례를 하나 들어 보겠다. 청주 가경유치원의 교사와 유아들은 유치원 옆을 흐르는 '가경천 프로젝트'를 진행하면서 사람이나 물고기 모두에게 깨끗한 물이 꼭 필요하다는 것을 느끼게 되었다. 하천의 급수는 물의 깨끗한 정도에 따라 결정되는데, 3급수 이하로 떨어지면 물고기가 살기 어렵다는 것을 알았기 때문이다. 그런 한편, 가경천 주변에 버려진 쓰레기로 가경천 물이 더 오염될 수도 있다는 사실과 그런 쓰레기들이 주변 상가들과 직접적인 연관이 있다는 것도 알아냈다. 문제해결을 위해 유아들은 쓰레기의 바른 처리를 부탁하는 전단지를 만들어 주변 상가 상인들을 방문하였을 뿐 아니라 지역 환경운동가들과 함께 한 달에 한 번씩 가경천 주변 청소하기, 가정과 연계해서 생활하수 줄이기 등을 지속적으로 실천해 나갔다. 그러면서 유아들은 물론이고 교사, 부모, 시청 · 주민센터 등 가경천을 관리하는 공공기관 사람들, 환경 관련 단체 사람들 모두 가경천 관리에 더 노력하였고, 유아들의 지역사회 참여에도 더 큰 관심을 기울이게 되었다. 사진과 같은 펼침막의 문구와 그림도 프로젝트 과정 중 유아들이 고안한 것이다. 이와 같이 유아들도 지역사회의 지속가능발전에 능동적으로 참여하는 것이 가능하다.

[그림 6-1] 가경천가 쓰레기 치우기 / 유아들이 고안한 펼침막 문구

자료: 가경유치원

2. 환경기념일별 유아기 지속가능발전교육 내용

1) 어떤 환경기념일을 다룰까?

우리나라에서 기념하고 있는 환경기념일 중에는 세계적인 환경기념일과 우리나라에서 특별히 정하여 기념하는 환경기념일 두 종류가 있다는 사실을 <표 6-1>에서 살펴보았다. 이 모두가 유아기 지속가능발전교육을 위한 내용 소재가 될 수 있지만, 이 책에서는 그 환경기념일의 계절적 요인, 그 환경기념일의 주제와 관련된 자원 마련의 용이성, 그 환경기념일 주제에 유아들이 쉽게 접근할 수 있는가 하는 접근 편의성 등을 고려하여 몇 가지만 제시하고자 한다. 환경기념일 선정 시 고려한 준거를 모두 나열하면 다음과 같다. 이는 프로젝트 주제 선정 시의 준거(지옥정, 2022a)와 거의 동일한 것이다.

① 그 환경기념일의 주제가 유아들의 일상생활, 직접 경험과 관련된 친숙한 주제인가?
② 그 환경기념일의 주제와 관련된 실물, 현장 견학 장소, 함께 활동할 수 있는 전문가 등을 주변에서 쉽게 찾을 수 있는가?
③ 그 환경기념일의 주제로 환경적 측면, 경제적 측면, 사회적 측면 문제를 연계시켜 다룰 수 있겠는가? 즉, 간학문적 접근(interdisciplinary approach)이 가능하겠는가?
④ 그 환경기념일의 주제로 유아들 간에 서로 더 잘 이해하고 도울 수 있는 상호 협동의 기회를 제공할 수 있겠는가?
⑤ 그 환경기념일의 주제로 탐구와 조사 활동, 문제 해결을 위한 충분한 기회를 제공할 수 있겠는가?
⑥ 그 환경기념일의 주제로 그리기, 쓰기, 만들기, 구성하기, 극화 활동하기, 음률 활동하기 등 다양한 표현 활동을 위한 아이디어를 제공할 수 있겠는가?
⑦ 그 환경기념일의 주제로 유아들이 문자나 수의 가치를 인식하도록 촉진할 수 있겠는가?
⑧ 그 환경기념일의 주제가 유아교육기관, 지역 교육청, 국가 수준 교육과정에서 추구하는 교육목적 달성에 도움을 줄 수 있겠는가?
⑨ 그 환경기념일의 주제가 부모와의 의사소통을 촉진하겠는가?
⑩ 그 환경기념일의 주제에 교사도 관심과 흥미를 느끼는가?

이런 준거에 의해 이 책 PART Ⅲ에서 다루고자 선정한 환경기념일은 다음과 같이 총 8개이다.

(1) 세계적 환경기념일
- 세계 물의 날
- 불 끄는 날
- 생물다양성의 날
- 세계 환경의 날
- 화학조미료 안 먹는 날
- 아무것도 사지 않는 날

(2) 우리나라만의 환경기념일
- 종이 안 쓰는 날

(3) 우리 유아교육기관의 환경기념일
- 공원의 날

여기서 세계적 환경기념일은 전 세계 사람들이 기념하는 날이고 우리나라만의 환경기념일이란 우리나라에서만 특정하게 기념하는 날이며, 우리 유아교육기관 환경기념일이란 각 유아교육기관에서 특별하게 정해 기념하는 환경기념일을 말한다.

'우리 유아교육기관의 환경기념일'의 경우 이 책에서는 '공원의 날'을 제시하였지만, 그것은 각 원의 상황에 따라 얼마든지 다른 주제로 바꿔 기념하는 것이 가능하다. 즉, 각 유아교육기관이 처한 지리적 · 물리적 환경, 또는 지역사회 특산물이나 행사 등과 관련하여 특정한 환경기념일을 1개 이상 정해 유아들과 기념할 수 있다. 또 다루는 내용의 깊이도 유아의 수준이나 흥미 정도 등에 따라 조정할 수 있다. '빈 그릇의 날', '일회용품 안 쓰는 날', '고기 안 먹는 날', '대추의 날' 등 각 유아교육기관마다 의미 있는 환경기념일을 만들어 활동해 보면 의미 있고 재미도 있는 프로젝트가 될 수 있을 것이다. 참고로, 여기서 예로 든 '공원의 날'은 실제로 청주에 있는 8개 유아교육기관들이 '공원 프로젝트'를 할 때 정한 기념일이었다.

자, 이제 각 환경기념일별로 어떤 내용을 다룰 수 있을지 살펴보기로 하자. 여기서 제시한 각 환경기념일별 중심 내용은 각 환경기념일의 제정 취지에 맞게 필자가 구성한 후 유아교육 전문가 4인의 검토를 거쳐 확정한 것이다.

2) 각 환경기념일에 어떤 내용을 다룰 수 있을까?

(1) 지속가능한 물의 이용을 위한 '세계 물의 날'(3월 22일)

'세계 물의 날'은 어떤 날인지, 물이 얼마나 소중한 자원이며 물을 오염시키면 어떤 일이 일어나는지, 우리 모두가 물을 깨끗하게 보전하기 위해 할 수 있는 일은 무엇인지, 더 나아가 물 때문에 고통받는 지역의 친구들을 어떻게 도울 수 있는지 등을 다룰 수 있다.

(2) 모두를 위한 1시간, '불 끄는 날'(3월 마지막 주 토요일)

'불 끄는 날'은 한 지구에 같이 살고 있으면서 전기를 사용할 수 없는 빈곤국과 오지에 살고 있는 사람들 및 환경과 생태계를 생각하며 전기를 1년에 단 한 시간만이라도 꺼 보자는 운동이다. 이 기념일과 관련하여 전기는 어디서 어떻게 얻는 것인지, 전기를 절약하는 방법은 무엇인지, 전기가 전혀 들어가지 않는 지역에 사는 친구들을 위해 유아들이 할 수 있는 일은 무엇인지 등을 다룰 수 있다.

(3) 나무를 살리는 '종이 안 쓰는 날'(4월 4일)

'종이 안 쓰는 날'은 종이가 어떻게 만들어지는지, 종이의 무분별한 사용이 생태계에 미치는 영향은 무엇인지, 종이를 만들기 위해 얼마나 많은 물과 에너지가 사용되는지에 대해 알고 단 하루만이라도 종이를 쓰지 말자는 취지의 기념일이다. 유아교육기관에 따라 종이 절약하는 방법, 버려지는 광고 전단지, 기타 폐지 등을 활용하는 방법 등을 내용으로 다룰 수 있다.

(4) 조화로운 생태계를 위한 '생물다양성의 날'(5월 22일)

지구상에 살고 있는 다양한 동식물들이 천재지변 외에 인간의 무분별한 환경훼손 및 환경오염으로 멸종되어가고 있고 그 속도는 점점 빨라지고 있다. 생물다양성이 허물어진다는 것은 인간도 곧 멸망할 것이라는 말이나 다름이 없다. 그러므로 '생물다양성의 날'과 관련하여 유아들로 하여금 생태적 다양성의 의미를 인식하고 생명 있는 것들을 존중하고 지키는 내용을 다룰 수 있다.

(5) 하나뿐인 지구, '세계 환경의 날'(6월 5일)

4월 22일 '지구의 날'이나 6월 5일 '세계 환경의 날'은 모두 '하나뿐인 지구'가 얼마나 소중한지 되새기는 날이다. 지구 환경이 오염되고 기후 위기로 여러 가지 환경재앙이 속출하고 있는 이때, 우리가 지구를 위해 무엇을 할 수 있을지 생각해 보고 실천해 보도록 유아들을 이끌어야 할 것이다. 지구헌장, 특히 어린이 지구헌장이 무엇인지 살펴보는 것도 이때 다룰 수 있다.

(6) 우리가 만든 환경기념일 '공원의 날'(유아교육기관에서 정한 날)

유아교육기관에서 정한 주제에 대한 환경기념일인 '공원의 날'에 유아들도 지역사회 주민으로서 공원에 가서 즐기면서 그 공원을 돌보는 활동을 할 수 있다. '공원의 날'뿐만 아니라 유아들을 포함한 유아교육기관 내 전 구성원이 함께 정하여 지역 특산물인 '대추의 날', '음식물 쓰레기 제로의 날' 등 의미 있고 재미있는 환경기념일을 정할 수 있다. 이렇게 정한 후 유아교육기관에 따라 매년 같은 주제를 같은 날에 기념할 수도 있고, 또는 몇 년마다 다른 주제로 환경기념일을 정해 기념할 수도 있을 것이다.

(6) 건강한 삶을 위한 '화학조미료 안 먹는 날'(10월 16일)

지속가능한 삶을 위해서 건강한 먹거리는 매우 중요하다. 성장 속도가 빠른 유아기의 경우에는 더욱 그러하다. '화학조미료 안 먹는 날'은 인스턴트식품, 과자, 탄산

음료 등이 건강을 위협한다는 점을 알고 건강한 식생활을 위해 노력하도록 내용을 구성할 필요가 있다. 이때 음식물을 남기지 않는 생활태도, 빈 그릇 운동 등도 함께 다룰 수 있다.

(7) No shopping, yes reuse '아무것도 사지 않는 날'(11월 26일)

지속가능발전에서 바른 소비(윤리적 소비)는 매우 중요한 요인이다. 특히 우리나라와 같이 급격한 경제성장을 이루어 물질적인 풍요를 누리고 있는 나라의 경우 더욱 그러하다. 이 날과 관련하여 과소비와 낭비가 왜 나쁜지 생각해 보도록 하고, 아껴 쓰기, 재사용과 재활용 실천하기 중심으로 활동 내용을 구성할 수 있다.

이상으로 이 책에서 다루고자 하는 환경기념일 관련 교육내용에 대해 살펴보았다. 다시 한번 각 환경기념일별로 기념일 수준, 기념일의 이름, 관련되는 중심 주제, 지속가능발전교육 관련 내용으로 나누어 정리해 보면 <표 6-2>와 같다.

〈표 6-2〉 환경기념일별 지속가능발전교육 내용

기념일 수준	기념일의 이름	관련되는 중심 주제	환경기념일별 지속가능발전교육 내용
세계	세계 물의 날 (3월 22일)	물	이 날이 어떤 날인지, 물이 얼마나 소중한 자원이며 물을 오염시키면 어떤 일이 일어나는지, 물을 보전하기 위해 할 수 있는 일은 무엇인지, 물 부족 지역의 친구들을 어떻게 도울 수 있는지 등
	불 끄는 날 (3월 마지막 주 토요일)	전등 끄기	이 날이 어떤 날인지, 전기는 어디서 어떻게 얻는 것인지, 전기를 절약하는 방법은 무엇인지, 전기가 전혀 들어가지 않는 지역에 사는 친구들을 위해 할 수 있는 일은 무엇인지 등
	생물다양성의 날 (5월 22일)	동식물	이 날이 어떤 날인지, 생태적 다양성이란 무엇인지, 주변의 생명체들을 존중하는 방법은 무엇인지 등
	세계 환경의 날 (6월 5일)	하나뿐인 지구	이 날이 어떤 날인지, 지구를 위해 무엇을 할 수 있을지, 지구헌장, 특히 어린이 지구헌장이 무엇인지 등
	화학조미료 안 먹는 날 (10월 16일)	바른 먹거리	이 날이 어떤 날인지, 건강한 먹거리는 어떤 것인지, 음식물을 남기지 않는 생활태도, 빈 그릇 운동 등

기념일 수준	기념일의 이름	관련되는 중심 주제	환경기념일별 지속가능발전교육 관련 내용
세계	아무것도 사지 않는 날 (11월 22일)	바른 소비	이 날이 어떤 날인지, 과소비와 낭비가 왜 나쁜지, 재사용과 재활용을 생활 속에서 어떻게 할 수 있을지 등
한국	종이 안 쓰는 날 (4월 4일)	종이	이 날이 어떤 날인지, 종이가 어떻게 만들어지는지, 종이의 무분별한 사용이 생태계에 미치는 영향은 무엇인지, 종이를 만들기 위해 얼마나 많은 물과 에너지가 사용되는지, 새 종이를 안 쓸 때 대안은 무엇인지 등
유치원	공원의 날 (유치원에서 정함)	지역사회 공원	이 날이 어떤 날인지, 공원은 우리 생활에 어떤 의미가 있는지, 공원을 누가 어떻게 관리하여야 하는지 등

다음으로 이런 교육내용을 어떻게 교육활동으로 진행해 갈 수 있는가를 알아보기로 하자.

3. 환경기념일에 따른 지속가능발전교육 방법

환경기념일별 중심 내용을 구체적인 활동으로 풀어내는 데 있어 고려해야 할 요인은 <표 6-3>과 같은 유아기 지속가능발전교육 특성 9가지이다. 이것은 PART Ⅱ 제4장에서 제시한 특성들로서, 환경기념일별 지속가능발전교육 내용을 구체적인 활동으로 전환하는 데 준거가 되는 요인들이라고 할 수 있다.

예를 들어 보자. '세계 물의 날' 관련하여 '물이 오염되면 어떤 일이 일어날까?' 하는 내용을 다룬다고 해 보자. 이때 우리가 세제를 많이 쓰면 어떤 일이 일어날지 본다면서 '세제 풀은 물에 금붕어를 넣고 관찰하는 실험' 활동을 했다고 치자. 결과적으로 금붕어가 죽고 이로 인해 유아들이 생명을 경시하는 태도를 갖게 되었다면 이 활동은 일단 유아기 지속가능발전교육의 첫 번째 특성인 생태계 존중에 위배되므로 적합하지 않다. 물론 주변 동식물을 유아교육에 이용할 수 있으나 이때도 꼭 필요한 때, 꼭 필요한 만큼 그리고 존중하는 마음으로 임하도록 해야 할 것이다. 첫 번째 고려 요인과 마찬가지로 <표 6-3>에 제시된 유아기 지속가능발전교육의 나머지 특성들도 교육내용을 활동으로 전환하고, 이 활동을 진행하는 데 있어 준거로 삼아야 할 것들이다.

〈표 6-3〉 선정된 교육내용을 활동으로 전환할 때의 준거

유아기 지속가능발전교육의 특성	중심 내용을 활동으로 전환 시 준거
1. 추구하는 핵심 가치에 기반: 인권 존중, 미래 세대 존중, 생태적 다양성 존중, 문화적 다양성 존중	지속가능발전교육의 핵심 가치에 부합되는가?
2. 인간의 삶 전체를 연계시킬 것	지속가능발전 관점에서 환경뿐 아니라 사회(및 정치), 경제 문제와의 연관성을 살펴보도록 하는가?
3. 총체적 기관 접근	총체적 기관 접근을 하는가?
4. 간학문적	여러 교과 영역을 통합적으로 다루는가?
5. 구성주의 이론에 기초한 상호 협력 중시	구성주의 이론에 입각한 상호협력 기회를 제공하는가?
6. 지역과 관련이 깊고 문화적으로 적절	지역과 관련이 깊고 문화적으로 적절한가?
7. 어린이의 주체적 참여 장려	가정, 유치원, 지역사회 문제에 대한 어린이의 주체적 참여를 장려하는가?
8. 지역사회 내 다양한 기관들과 협력	지역사회 내 다양한 기관과의 협력을 촉진하는가?
9. 다양한 교수기법 활용	다양한 교수기법을 활용하는가?

이제 환경기념일 관련 교육내용을 유아기 지속가능발전교육으로 풀어 가는 방법에 대해 구체적으로 살펴보기로 하자. 환경기념일은 유아교육기관의 상황에 따라 단 하루만 다룰 수도 있고 또는 그 환경기념일 전후하여 1주, 혹은 3~4주 이상의 장기 프로젝트로 다룰 수도 있다. 이 책에서는 최소 한 가지 환경기념일을 일주일 이상 다룬다는 가정하에 그 진행 과정으로 프로젝트 접근법의 프로젝트 진행 과정(Katz & Chard, 2000; 지옥정, 2022a)을 일부 변형하여 제시하였다. 그것은 교사의 준비단계를 거치고 난 후 교사와 유아가 함께하는 1단계: 관심 갖고 생각 열기, 2단계: 열려진 생각을 기초로 다양한 관련 활동하기, 3단계: 알고 느낀 바를 주변과 공유하고 지속가능한 삶을 실천하기이다.

1) 교사의 준비 단계

유아들과 특정 환경기념일을 다루는 활동을 하기 전에 먼저 교사는 여러 가지 준비를 해야 한다. 알차고 유익한 활동을 하기 위해 교사가 사전 준비를 하는 것은 필수이기 때문이다. 이때 무슨 준비를 해야 할까? 그 첫 번째는 다루고자 하는 환경기념일의 의미와 내용을 제대로 알아야 한다. 즉, 이 환경기념일이 언제, 왜 생겼는지 알기, 이 날과 유아기 지속가능발전교육이 어떻게 연계되는지 이해하기가 여기에 해당된다.

두 번째로는 그 의미와 내용에 비추어 유아들과 할 만한 활동들을 선정해 보고 활동순서를 배열해 보는 작업을 하여야 한다. 특히 그 환경기념일 주제를 프로젝트로 진행할 때 여러 가지 조건에 의해 활동이 엉뚱한 방향으로도 심화 · 확장될 수 있는데, 그런 경우라 할지라도 교사가 미리 가능한 활동을 예상해 본 후라면 교사의 교육적 의도를 반영한 확장 활동으로 발전시키는 것이 용이하기 때문이다. 관련하여 이 책 PART Ⅲ에서는 각 환경기념일별로 5개씩의 활동을 제시하고 있는데, 이 활동들을 참고하여 유아들의 반응, 자원 마련 정도, 지역사회 상황, 교사의 교육적 의도 등을 종합하여 1~2개 활동만 골라 할 수도 있고, 더 적합한 활동으로 변형시킬 수도 있으며, 또는 새로운 활동으로 심화 · 확장시킬 수도 있을 것이다. 단, 어떻게 하든 지속가능발전교육의 세 가지 중심축인 환경 · 경제 · 사회적 측면의 연계를 고려해야 한다.

준비단계에서 해야 할 일 세 번째는 선정된 활동들과 관련해서 다루어지리라고 예상되는 누리과정 내용 영역을 점검해 보는 일이다. 특히 3~4주 이상의 장기 프로젝트를 예상하고 있다면 이 작업은 균형 있는 교육과정 운영 측면에서도 꼭 필요한 작업이다.

준비단계 네 번째는 선정된 활동들과 관련하여 필요한 자원 목록을 작성해 본 후 미리 마련해 놓을 것과 활동단계에 들어가서 마련할 것을 구분하면서 준비하는 것이다. 예를 들어 '화학조미료 안 먹는 날' 환경기념일의 경우 『무시무시한 버거대왕』과 같은 그림책은 미리 찾아 준비해 놓을 수 있지만 햄버거는 관련 활동을 하기 전

날 구해야 할 것이다.

준비단계에서 해야 할 다섯 번째 작업은 환경기념일에 맞추어 관련 도서들을 영역에 맞게 배치하거나 관련 사진을 벽면에 게시하는 등 원의 환경 구성이다. '환경이 제3의 교사'라는 레지오 에밀리아 유치원의 철학이 아니더라도 환경이 유아들의 학습동기와 흥미 유발에 큰 영향을 미친다는 것은 분명한 사실이기 때문이다.

준비단계 마지막 작업은 어떤 환경기념일을 다룰 것인가를 부모에게도 미리 알리고 자원 협조를 부탁하면서 가정과의 공조가 필요한 활동 등을 미리 알리는 일이다. 특히 지속가능발전교육의 경우 가정 및 지역사회와 연계하는 것이 중요하며, 부모들의 협조가 있을 때 더욱 효과적인 교육이 이루어질 수 있기 때문이다.

이런 모든 준비가 끝나면 유아들과의 활동 진행에 들어가게 된다. 교사의 준비단계부터 활동의 진행 과정 단계를 그림으로 간단히 나타내 보면 다음과 같다.

교사의 준비단계		교사와 유아가 함께하는 단계	
• 다루고자 하는 환경기념일의 의미와 내용 알기 • 활동예상안 구성해 보기 • 누리과정 관련 내용 점검하기 • 자원목록 작성하고 준비하기 • 환경 구성하기 • 부모들에게 안내 및 협조 구하기	➡	1단계	관심 갖고 생각 열기 활동 (⇨ 주제에 대해 관심 갖기, 궁금한 것 찾아내기)
		2단계	열려진 생각을 기초로 다양한 관련 활동 (⇨ 질문거리에 대한 조사 · 탐구활동, 문제해결하기)
		3단계	알고 느낀 바를 주변과 공유하고 지속가능한 삶 실천 활동 (⇨ 주변 사람들에게 알리기, 함께 실천해 나가기)

[그림 6-2] 환경기념일로 풀어 본 유아기 지속가능발전교육 진행 과정

이제 교사와 유아가 함께하는 단계에 대해 1단계부터 하나씩 살펴보기로 하자.

2) 1단계: 환경기념일에 관심 갖고 생각 열기 활동

1단계에서는 다루고자 하는 환경기념일에 대해 유아들이 관심을 갖고 생각을 열도록 하는 것에 초점을 두어야 한다. 물론 어떤 환경기념일인지에 따라 유아들의 관심을 유발하는 활동은 달라질 수 있을 것이다. 예를 들어 '세계 물의 날'이라면 '세계

물의 날' 행사를 하는 재미있는 동영상이나 포스터를 보여 주며 이야기 나누기를 할 수도 있고, 새노래 배우기를 할 수 있다. 그런가 하면 '생물다양성의 날'이라면 『야~! 우리 기차에서 내려』 동화책을 읽어 주거나, 또는 인간의 잘못으로 그 개체 수가 급격히 줄어들고 있는 멸종 위기종 관련 동영상을 보여 줄 수도 있을 것이다. '관심 유발하기' 단계에서 교사가 사용할 수 있는 활동 유형은 관련 실물이나 동영상 등 매체를 이용한 이야기 나누기, 노래 부르기, 동화책 들려주기 등 유아들의 흥미와 관심을 끌 수 있는 방법이라면 어떤 것이든지 가능하다.

유아들이 관심을 갖게 되었다면 다음은 환경기념일 자체 또는 환경기념일 주제와 관련하여 궁금한 것을 찾아보도록 한다. 이는 다루고자 하는 환경기념일 주제를 유아들이 '나와 직접 관련 있는 것'으로 느끼도록 하기 위함이다. '세계 물의 날' 관련해서는 이날을 누가 왜 만들었는지, 사람들은 이날 무엇을 하는지, 우리 유치원도 이날 어떤 특별한 행사를 하는지, 우리 유치원에서 마시는 물은 어디서 오는 것인지, 우리가 버리는 물은 어디로 가는지 등이 질문으로 나올 수 있을 것이다. 이런 과정을 통해 교사는 유아들의 '세계 물의 날' 또는 '물'에 대한 현재 생각, 이해 정도, 잘못된 개념, 관심의 방향 등을 파악할 수 있고 이에 기초하여 2단계에서 다루려고 예상한 활동들을 적절하게 조정할 수 있다.

3) 2단계: 열린 생각을 기초로 다양한 관련 활동

2단계에서는 1단계에서 나온 질문거리에 기초해서 발현된 활동 및 교사가 준비해 놓은 활동을 유기적으로 연계시키면서 다양하게 전개하는 활동들이 이루어진다. 그럼으로써 유아들이 환경기념일 주제와 지속가능한 삶의 관계를 이해하고 느끼도록 하는 것이다. 관련하여 질문거리에 대한 자료 보기, 전문가 만나기, 현장 견학 가기, 구체적 목표를 갖는 심화 확장 활동하기 등이 모두 이 단계에서 이루어질 수 있다. 앞에서 예로 든 '세계 물의 날' 관련해서는 물의 순환과정을 알고 물의 입장에서 이야기 짓기 및 창의적 신체 표현하기, 정수처리장 견학 및 전문가 만나기, 환경운동가들과 지역 하천가의 쓰레기 문제 해결하기 등이 이루어질 수 있다.

그런가 하면 '생물다양성의 날' 관련해서는 『야~! 우리 기차에서 내려』를 통해 왜 동물들이 사라져 가는지 살펴보고, 그 동화에 기초하여 사라졌던 동물들이 돌아오게 하려면 어떻게 하면 좋을지 유아 수준에서 토의해 볼 수 있다. 예를 들면 동화에서 사람들이 숲을 자꾸 없애서 살 곳, 먹을 것이 없어진 호랑이가 사라지고 있는데, 어떻게 하면 호랑이가 다시 돌아올 수 있을까 생각을 모아 보는 것이다. 관련하여 제5장에서 소개한 '무심천 프로젝트'에서는 수달이 지금도 무심천에 살고 있는지에 대한 궁금증을 해결하는 활동들을 확산적으로 하였다.

4) 3단계: 알고 느낀 바를 주변과 공유하고 지속가능한 삶 실천 활동

2단계 활동까지 하고 나면 유아들은 이제 그 환경기념일이 어떤 날인지, 관련하여 우리 인간들의 어떤 행동이 문제였는지, 그렇다면 이제 어떻게 생각과 행동을 변화시켜야 하는지 알고 느끼게 되었을 것이다. 이제 마지막 단계에서는 유아들이 그렇게 알고 느낀 바를 주변과 공유하고 지속가능한 삶을 실천하도록 하는 데 초점을 두어야 한다. 유아들은 발표회 또는 캠페인을 통해 부모 및 지역사회 주민들과 자신들이 알고 느낀 바를 공유하는 과정에서 그 환경기념일 주제 관련하여 지속가능한 삶을 위한 지식, 기능 및 태도를 더 공고히 할 수 있다. 이어 주변 사람들과 함께 지속가능한 삶을 계속 실천해 나가도록 하는 것이다.

예를 들어, '세계 물의 날'의 경우라면 유치원과 가정에서 물 절약 약속표를 만들고 실천하기, 빗물 모아 활용하기 등을 할 수 있을 것이다. 더 나아가 그렇게 해서 절약된 돈을 물 관련 단체에 기부할 수 있다. 또 '생물다양성의 날' 관련해서는 우리 지역의 토종 동식물을 보호하는 방법을 계획하고 가정과 연계하여 실천할 수 있을 것이다.

이런 지속가능발전교육 진행 과정에서 중요한 점은 Hart(1997)의 참여 사다리(이 책 81쪽)에 나타난 것처럼 유아들이 행동의 필요성을 느끼고 주체적으로 계획과 실천에 참여하는가 하는 점이다. 만일 유아들이 단순히 교사의 지시를 수동적으로 따라 하거나 왜 하는지도 모르면서 그런 활동에 참여하는 것이라면 지속가능발전교육에서 추구하는 학습자의 모습과는 동떨어진 것이기 때문이다. 즉, 교사는 유아들이 가정이나 유아교육기관, 지역사회 내의 환경문제 등 주변의 지속불가능한 삶의 모습들을 비판적으로 성찰하며 그런 문제 해결에 주체적으로 참여할 수 있도록 이끌어 주어야 한다.

지금까지 나온 환경기념일별 유아기 지속가능발전교육 진행 과정을 다시 한번 정리해 보면 <표 6-4>와 같다.

〈표 6-4〉 유아기 지속가능발전교육 진행 과정

단계	중심 활동	교사가 할 일	유의점
1단계	관심 갖고 생각 열기 활동	다루고자 하는 환경기념일의 주제에 대해 유아들이 관심 갖도록 이끌기, 현재 유아들이 그 주제에 대해 이해하고 있는 것, 관심 가지고 있는 것, 잘못된 개념은 무엇인지 등 파악	• 유아들이 환경기념일 및 그 주제에 흥미를 느끼고 자신과 직접 관련된 주제로 받아들이도록 이끌어 줌
2단계	열려진 생각을 기초로 다양한 관련 활동	1단계 활동에 기초한 다양한 활동을 전개함으로써 유아들이 그 주제와 지속가능한 삶의 관계를 이해하고 느끼도록 함	• 활동들 간에 유기적인 연결이 이루어지도록 함 • 가정 및 지역사회와 효과적 연계 및 공조가 이루어지도록 함 • 지속적인 실천이 이루어지도록 함
3단계	알고 느낀 바를 주변과 공유하고 삶의 변화를 위한 실천 활동	유아들로 하여금 이해하고 느낀 바를 주변에 알리고 함께 지속가능한 삶을 실천해 나가도록 도움	

이상 PART Ⅱ에서는 유아기 지속가능발전교육의 세계적 동향 및 특성, 모범적 사례, 환경기념일별 유아기 지속가능발전교육의 내용 및 방법에 대해 알아 보았다. 이에 기반하여 PART Ⅲ에서는 '세계 물의 날'부터 '아무것도 사지 않는 날'에 이르기까지 총 8개의 환경기념일을 소재로 어떻게 유아교육 현장에 적용할 수 있을지 다루어 보고자 한다.

정·리·하·기

1 다음은 환경기념일을 설명하고 있는 것이다. 적합하지 않은 것은?

① 3월 22일 '세계 물의 날'은 물의 중요성, 깨끗한 물 보전을 상기시키기 위한 날이다.
② 3월 마지막 주 토요일 '불 끄는 날'은 산불 예방을 상기시키기 위한 날이다.
③ 6월 5일 '세계 환경의 날'은 지구 환경의 중요성을 상기시키기 위한 날이다.
④ 11월 26일 '아무것도 사지 않는 날'은 바른 소비를 상기시키기 위한 날이다.

2 유아들과 다룰 환경기념일을 선정할 때에 선정 준거로서 적합하지 않은 것은?

① 그 환경기념일의 주제가 부모와의 의사소통을 촉진할 수 있겠는가?
② 그 환경기념일의 주제가 유아들이 처음 접하는 독특한 것, 새로운 것인가?
③ 그 환경기념일의 주제로 간학문적 접근(interdisciplinary approach)이 가능할 수 있겠는가?
④ 그 환경기념일의 주제로 탐구와 조사 활동, 문제 해결을 위한 충분한 기회를 제공할 수 있겠는가?

3 교사의 준비단계를 거친 후 유아들과의 활동 1단계는 '관심 갖고 (　　)'이다. (　　)안에 적합한 단어는?

① 생각 열기　② 준비하기
③ 심화 확장하기　④ 다양한 관련 활동하기

정답 및 풀이

1 ②
'불 끄는 날'은 전등 끄는 날이다.

2 ②
'그 환경기념일의 주제가 유아들의 일상생활, 직접 경험과 관련된 친숙한 주제인가?'이다.

3 ①
진행 1단계는 관심 갖고 생각 열기 단계이다.

PART III

환경기념일로 풀어 본 유아기 지속가능발전교육 현장 적용

제 7 장

맑은 물을 지키는 '세계 물의 날'

학습목표

1. '세계 물의 날'(3월 22일)의 의미 및 유래를 안다.
2. '세계 물의 날'과 유아기 지속가능발전교육의 관계를 이해한다.
3. '세계 물의 날' 관련 유아기 지속가능발전교육 활동을 이해하고 적용할 수 있다.

1. '세계 물의 날'의 의미 및 유래

다음 문제에 답을 해 보자. '겸손, 지혜, 포용력, 융통성, 인내와 끈기, 용기, 대의와 같은 7가지 덕(德)을 두루 갖춘 존재가 무엇일까?' 과연 그런 존재가 있긴 한 걸까? 그런 존재가 하나 있다. 바로 '물'이다. 물은 이런 7가지 덕을 두루 겸비하고 있다. 정말 그런지 한번 살펴보자.

노자의 '물이 갖는 7덕'

첫째: 항상 낮은 곳으로 흐르는 '겸손'
둘째: 막히면 돌아가는 '지혜'
셋째: 구정물까지 받아 주는 '포용력'
넷째: 어떤 곳에도 담기는 '융통성'
다섯째: 바위도 뚫는 '인내와 끈기'
여섯째: 장엄한 폭포처럼 투신하는 '용기'
일곱째: 유유히 흘러 바다를 이루는 '대의'

1) '세계 물의 날(World Water Day)'이 뭘까?

물 문제는 지구촌 모두의 관심 대상이자 최근 더욱 불거진 화두이다. 물은 인류를 위시한 생태계 모두의 생존과 직결된 중요 자원인데 지구의 물은 계속 오염되고 있고, 사람들이 사용할 수 있는 물의 양도 덩달아 줄어들고 있기 때문이다. 참고로 지구에 있는 물을 모두 모으면 100병이 된다고 가정할 때, 우리가 마실 수 있는 물(강과 호수, 지하수 등)은 오직 1병 정도이다(김순한, 지구아이, 2011: 5). 우리나라도 유엔에 의해 물 부족국가 중 하나로 분류되고 있다.[1] 그래서 나온 날이 매년 3월 22일 '세계 물의 날'로서, 이날은 점차 심각해지는 물 부족과 수질 오염을 방지하고 물의 소중함을 되새기시는 데 목적이 있다. 참고로, 다음은 2020년부터 2024년까지 '세계 물의 날' 주제와 2023년 세계 물의 날 포스터이다. 몇 년간의 주제명만 보아도 '물'이 기후변화, 생태계의 안녕, 평화 등과도 직결되는 중요 문제임을 알 수 있다.

〈표 7-1〉 2020년~2024년까지의 '세계 물의 날' 주제

연도	주제
2024년	평화를 위해 물 활용하기(Leveraging Water for Peace)
2023년	변화 가속화하기(Accelerating Change)
2022년	지하수(Groundwater)
2021년	물의 소중함(Valuing Water)
2020년	물과 기후변화(Water and Climate Change)

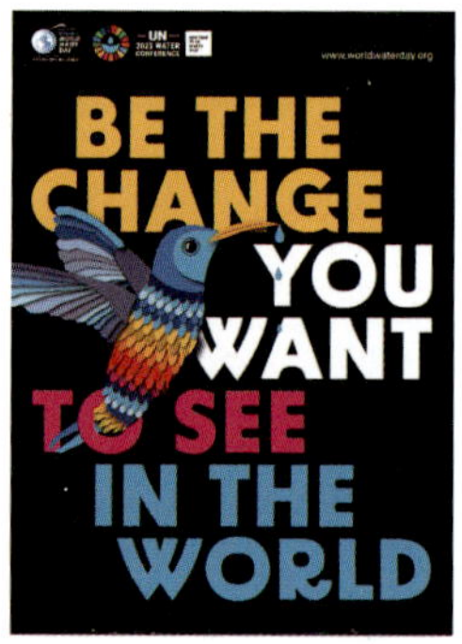

자료: https://www.unwater.org/our-work/world-water-day

1) 한국수자원학회(https://www.kwra.or.kr/staticdata/static/ref-room/ref-kwr/)에 따르면, 한국의 주 수자원인 연간 강수량은 1,283mm로 세계 평균(973mm)의 1.3배이다. 그러나 좁은 국토면적에 높은 인구밀도로 인해 1인당 수자원 강수량은 2,705m^3/년으로 세계평균(22,096m^3/년)의 12%에 지나지 않아 국제적으로 물 부족국가로 분류되고 있다(2024년 1월 8일 인출).

2) 언제, 왜 이런 날이 생겼을까?

앞서 설명한 바와 같이 '세계 물의 날'은 물의 소중함을 일깨우고 물 부족에 대한 국제적 협력을 이끌어 내기 위해 유엔이 제정한 기념일이다. 1992년 11월, 제47차 총회에서 매년 3월 22일을 '세계 물의 날'로 제정하였고, 1993년 3월 22일부터 기념하고 있다. 우리나라는 이보다 앞선 1990년부터 7월 1일을 '물의 날'로 정해 지키고 있었는데 유엔의 요청에 따라 1995년부터는 3월 22일로 변경하였다.

유엔은 1992년에 '세계 물의 날'을 제정하고 난 후 이와 관련된 다양한 노력을 해왔다. 예를 들면 2003년 12월 유엔 총회에서 2005~2015년을 '생명을 위한 국제적 물 행동 10년(International Decade for Action Water for Life)'으로 선언하고 관련 일들을 주도했으며(https://www.un.org/waterforlifedecade/), 이후 2019년 3월 유엔 총회에서 다시 2018~2028년까지를 '지속가능발전을 위한 국제적 물 행동 10년(International Decade for Action on Water for Sustainable Development)'으로 선포하고 다양한 노력을 기울이고 있다. 그 주요 목표는 국제적인 물 약속 이행에 대한 노력을 가속화하는 것이다(https://www.un.org/en/events/waterdecade/).

이런 노력 속에서 유엔은 매년 물 관련 보고서를 내놓고 있다. 예를 들면 '2023년 UN 세계 물 개발보고서(World Water Development Report)'에서는 모든 지속가능발전 분야에서 파트너십을 형성하고 협력방안을 발전시키는 것이 SDGs의 목표 6(물과 위생) 달성을 촉진하고 물과 위생에 대한 인권을 실현하게 하는 데 중요함을 밝히고 있다. 즉, 지속가능한 물 관리를 위한 전 세계적인 파트너십과 협력이 단지 물 문제뿐 아니라 식량 및 에너지 안보, 위생 서비스, 인류의 건강과 생계 지원, 기후변화 및 기상이변의 영향 완화, 생태계 보전 등 서로 복잡하게 얽혀 있는 퍼즐을 푸는 데 중요하다는 것이다(유네스코, 2023). 이를 보면 유엔이 SDGs 달성에 물을 얼마나 중요한 요인으로 보고 있는지 잘 알 수 있다.

2. '세계 물의 날'과 유아기 지속가능발전교육의 관계

1) 물과 우리 몸, 물과 우리 우리 생활의 관계는?

(1) 물과 우리 몸의 관계

UNICEF 자료(https://www.unicef.org/supply/water-and-sanitation)에 의하면 전 세계적으로 8억 4,400만 명의 사람들에게는 기본적인 식수 공급원조차 부족하고, 23억 명이 화장실과 같은 기본 위생 시설을 이용하지 못하고 있으며, 무려 8억 9,200만 명에 달하는 사람들은 아직도 그냥 야외에 변을 보고 있다. 이런 비위생적인 환경 속에서 사는 5세 미만 어린이의 경우 각종 질병(콜레라, 이질, 장티푸스, 소아마비 등)에 특히 취약하여 매일 5세 미만 어린이 1,300명 이상이 사망에 이르고 있다(2024년 1월 2일 인출).

사실 우리가 살아가는 데 물이 얼마나 소중한 자원인가는 아무리 강조해도 지나치지 않다. 인간은 음식을 일주일 정도 안 먹어도 살 수 있지만 물을 일주일 이상 마시지 않으면 대부분 죽기 때문이다. 인간뿐만이 아니다. 물 없이 지구상에 살아남을 동식물은 그 어떤 것도 없다. 물이 인간 몸에 얼마나 중요한 요인인지 한번 살펴보자. 성인 몸의 70% 정도는 물로 구성되어 있다. 유아기 때는 몸무게의 무려 90% 정도가 물이다. 물은 우리 몸에서 음식물을 소화하고, 영양물질을 우리 몸 구석구석에 전달하며, 남은 찌꺼기를 우리 몸 밖으로 내보내는 과정을 다 맡아한다. 또한 열을 잘 전달하는 성질이 있어서 우리 몸의 온도를 고르게 유지시키는 역할도 한다(김순한, 지구아이, 2011). 따라서 마시는 물이 얼마나 깨끗한가에 따라 건강이 좌우된다고 해도 과언이 아니다.

잠깐!

자, 보세요. 우리 몸에서 피는 물론이고 뼈도, 뇌도 모두 물이 중요한 구성 요인이라는 것을 알 수 있겠지요?!

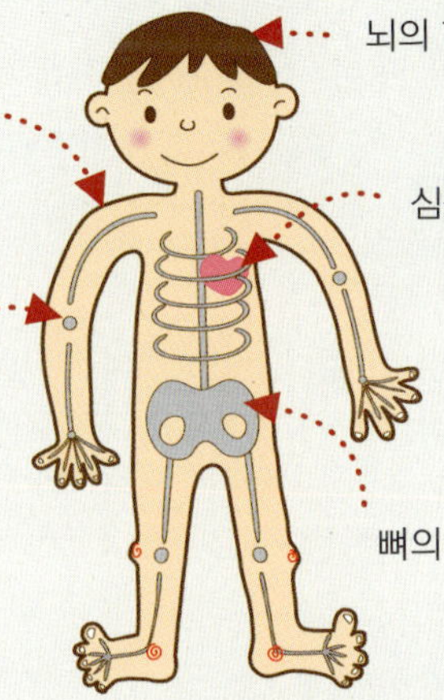

자료: 김순한, 지구아이(2011: 6)

(2) 물과 우리 생활과의 관계

아무리 여러 재주를 가진 사람이라고 해도 더러워진 몸을 저절로 깨끗하게 하지는 못한다. 그런데 물은 그런 능력을 가지고 있다. 지구의 방대한 양을 바탕으로 뛰어난 자정 능력을 가지고 있어 어느 정도의 오염은 물 스스로 정화할 수 있다. 단, 오염 물질이 갑자기 많이 유입되거나 오랜 시간 지속적으로 유입되면 이런 능력이 점점 줄어든다. 그리고 그렇게 될수록 물에 의지해 살고 있는 많은 생명체들은 죽어가는 것이다.

그렇다면 이렇게 물을 오염시키는 주범은 누구일까? 안타깝게도 사람이다. 사람들이 생활하면서 또는 공장이 가동되고 가축들을 키우면서 생활하수, 농축산폐수, 산업폐수를 마구 쏟아내 물을 오염시키고 있는 것이다. 그중에서도 생활하수는 수질 오염의 70%를 차지할 정도로 큰 문제이다. 특히 주방용 세척제, 세탁용 중성 세제, 샴푸 같은 액체비누에서 나오는 합성세제의 거품이 큰 문제이다. 오염된 물은 정수와 살균 등 여러 단계를 거쳐 다시 수돗물로 만들어지지만 그 독성이 완전히 없어지지는 않는다. 또 세제로 닦은 식기는 아무리 깨끗하게 헹구었다고 해도 소량의 세제는 잔류해 있으니 우리는 매일 독을 조금씩 마시는 거나 마찬가지이다(김맹수, 2005b). 결국 해결책은 우리 모두 물이 얼마나 소중한지 알고 오염시키지 않도록 노력하는 수밖에 없다. 유아기 때부터 물 관련 지속가능발전교육을 해야 하는 이유가 바로 여기에 있다.

잠깐!

물이 SOS를 외치고 있군요. 어떻게 도울 수 있을까요?

자료: 아이러브워터 홈페이지(http://www.ilovewater.or.kr)

앞에서 살펴본 바와 같이 물은 인간의 생활에 꼭 필요한 자원이자 무엇으로도 대체할 수 없는 자원이다. 그런데 이 물이 오염되고 점점 부족해지기 때문에 문제인 것이다. 이런 문제를 해결하기 위해 세계 여러 나라 사람들은 다양한 노력을 경주하고 있다. 인공강우 만들기, 물이 없는 사막 지역에 남극의 빙산 일부를 옮겨 물 공급하기, 바닷물의 소금기를 없애는 해수 담수화 기술 발전시키기, 콘크리트 숲으로 바뀐 도시 지역에 빗물 처리 기술 보급하기, 스마트 워터 그리드(Smart Water Grid) 연구에 박차를 가하기 등이 그런 노력의 일환이다.

스마트 워터 그리드란 '똑똑한 물 관리 시스템' 정도로 번역이 가능하다. 미국, 호주, 벨기에 등이 먼저 시작하였고 우리나라도 중소도시 규모의 스마트 워터 그리드 시스템을 확장해 나가고 있다. 예를 들면 2014년 파주에서 스마트 워터 시티 시범사업을 시작으로 2016년 부산시, 화성시(송산), 2017년 세종시 등으로 확대 적용 중이다(https://www.lotis.or.kr/news/4569). 스마트 워터 그리드는 기존의 수자원 공급/관리망에 정보통신기술(ICT)을 융합한 지능형 물관리 체계로서, 물이 부족한 지역 또는 넘치는 지역을 전산망으로 파악하면서 물의 양을 지역별로 조절하기, 새는 물 또는 오염된 물 감시하기 등을 통해 안정적인 물 공급 및 효율적인 관리를 하는 것이다.

이런 사실들을 종합해 볼 때 세계 여러 나라 사람들이 물을 더 잘 관리하고 보전하기 위해 얼마나 많은 노력을 기울이고 있는지 알 수 있다. 그렇다면 지속가능발전을 지향하는 유아기 '물 교육'은 어떻게 이루어져야 할까? 이제 그 점에 대해 살펴보기로 하자.

[그림 7-1] 스마트 워터 그리드

2) '세계 물의 날'과 유아기 지속가능발전교육의 관계

물은 단지 환경적 측면에서만 다룰 주제가 아니다. 물은 사회적인 측면과 경제적인 측면에서도 중요한 문제이기 때문이다. 먼저 환경적인 측면에서 볼 때 물이 오염된다는 것은 강물도, 바다도, 땅도, 그것에 의지해서 사는 동물도 식물도 모두 병이 든다는 이야기이다. 그러므로 물 관련 활동을 통해 '지구의 모든 생명이 건강하게 잘 살아가기 위해서는 물을 깨끗하게 보전하여야 한다'는 내용을 유아들에게 인식시킬 필요가 있다.

사회적인 측면에서 볼 때도 물은 중요한 의미를 가지고 있다. 물의 부족은 인권을 위협하는 요인이기 때문이다. 특히 여성과 아이들의 삶을 위협하는 요인으로 작용하고 있다. 아프리카의 물 빈곤국을 다룬 다큐멘터리를 보면 물을 긷기 위해 수 킬로미터씩을 왕복하는 여성과 어린이들이 등장하곤 한다. 그나마도 더럽고 위생적이지 못한 물이라 많은 어린이들이 수인성 질병을 앓다가 죽어가기도 한다. 월드쉐어의 구호 "깨끗한 물 한 잔, 하루의 생명이 더해집니다"는 이런 현실을 잘 보여 주고 있다. 그러므로 사회적 측면에서 그런 사람들을 어떻게 도울까 하는 내용도 관련하여 다루어야 할 것이다.

경제적인 측면에서도 물의 중요성은 아무리 강조해도 지나치지 않다. 일단 더러워진 물을 다시 마실 수 있는 물로 바꾸기 위해서는 정수 비용과 살균 비용이 든다. 또 물로 인한 병이 생긴다면 그 치료에 드는 비용도 엄청나다. 그러므로 우리는 유아기부터 물을 오염시키지 않는 방법, 물의 바른 사용 및 재사용 등 아껴 쓰는 태도, 빗물 활용 방법, 세계 시민으로서 물을 대하는 자세 등을 학습하도록 해야 할 것이다.

앞에서 설명한 여러 사실들에 기초하여 [그림 7-2]와 같이 '세계 물의 날' 관련하여 5가지 활동을 구성해 보았다. 각 유아교육 현장에서는 '세계 물의 날' 즈음하여 이 활동들을 참고하면서 각자의 상황에 맞게 활동 기간이나 활동 내용 정도를 조정하면서 적용할 수 있다. 제시된 활동 단계에 너무 얽매이지 않아도 된다. 단, 유아들이 '물' 주제에 대해 관심 갖고 스스로 질문거리 찾도록 하기→다양한 관련 활동하기→알고 느낀 바를 공유하고 삶의 변화를 위한 실천하기 순서로 활동이 유기적으로 연계되면서 진행되도록 하면 되겠다.

유아기 지속가능발전교육 특성 9가지

1. 핵심 가치에 기반
2. 인간의 삶 전체 연계
3. 어린이의 주체적 참여 장려
4. 총체적 기관 접근
5. 간학문적
6. 구성주의 이론에 기초한 상호 협력 중시
7. 지역과 관련이 깊고 문화적으로 적절
8. 지역사회 내 다양한 기관들과 협력
9. 다양한 교수기법 활용

유아기 지속가능발전교육 진행과정 3단계

1단계 : 관심 갖고 생각 열기

2단계 : 다양한 관련 활동하기

3단계 : 알고 느낀 바를 주변과 공유, 삶의 변화를 위한 실천하기

1단계 : • '세계 물의 날'이 뭐예요?

↓

2단계 : • 나는 물이에요
• 아이 러브 워터 송

↓

3단계 : • 빗물도 잘 사용할 수 있어요
• 물 절약 저금통으로 목마른 친구들을 도와요

[그림 7-2] '세계 물의 날' 관련 활동 5가지

[그림 7-2]에 제시된 활동의 활동 유형과 주요 내용을 살펴보면 <표 7-2>와 같다.

〈표 7-2〉 '세계 물의 날' 관련 활동 5가지의 주요 내용 및 방법

단계	활동명	활동유형	주요 내용
1단계 관심 갖고 생각 열기	'세계 물의 날'이 뭐예요?	이야기 나누기	세계 물의 날에 사람들은 어떤 일을 하는지 알아보기, '물'에 관심 갖기, 질문거리 찾기
2단계 물과 우리 생활 관계 이해를 위한 다양한 활동하기	나는 물이에요	신체표현	물이 얼마나 소중한 자원이며 물을 오염시키면 어떤 일이 일어나는지, 물을 어떻게 보전할 수 있을지 알고 표현하기, 느끼기
	아이 러브 워터 송 (I love water)	음악	물을 사랑해야 한다는 것을 노래로 알기
3단계 알고 느낀 바를 주변과 공유하고 변화를 위한 실천하기	빗물도 잘 사용할 수 있어요	바깥놀이	물을 아껴 쓰기 위한 방법으로 빗물 활용하기
	물 절약 저금통으로 목마른 친구들을 도와요	통합활동	기금 모아 물 부족 지역의 친구들을 돕기

3. '세계 물의 날'을 위한 활동

이제부터 <표 7-2>에 제시된 활동들을 하나씩 구체적으로 살펴보기로 하자. 각 활동은 20~30분 안에 끝나는 활동도 있고 며칠에 걸쳐 진행되어야 하는 활동도 있다.

1) 1단계 활동: 관심 갖고 생각 열기

활동 1 '세계 물의 날'이 뭐예요?

활동목표
- '세계 물의 날'이 있음을 안다.
- '세계 물의 날'에 사람들이 어떤 일을 하는지 안다.

활동자료
- 그림 자료 4장
  1) 앞면: 4월 5일 식목일(글자)
  뒷면: 나무 심는 사람 모습(그림)

2) 앞면: 5월 5일 어린이날(글자)

뒷면: 아이들이 선물을 들고 웃고 있는 모습과 풍선에 '어린이날'이라고 적혀 있는 모습(그림)

3) 앞면: 5월 8일 어버이날(글자)

뒷면: 카네이션을 달고 있는 엄마, 아빠의 모습(그림)

4) 앞면: 3월22일 세계 물의 날(글자)

뒷면: '눈, 코, 입이 있는 인형 모습의 물 캐릭터'로 왕관 쓴 모습(그림)

[그림 자료 1] 앞 · 뒤

[그림 자료 2] 앞 · 뒤

[그림 자료 3] 앞 · 뒤

[그림 자료 4] 앞 · 뒤

• 세제 거품과 비닐 조각 등이 섞인 더러운 물 한 병과 깨끗한 물 한 병

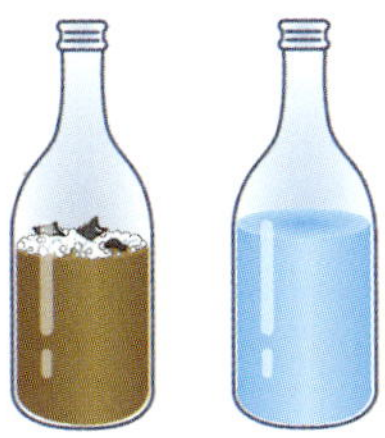

활동방법

1) 도입 유아들이 잘 아는 날을 보여 주며 무슨 날인지 맞혀 보도록 한다.

예 4월 5일은? 식목일(나무 심는 사람 모습)

5월 5일은? 어린이날(어린이들이 웃으며 선물을 들고 있는 모습)

5월 8일은? 어버이날(카네이션을 달고 있는 엄마, 아빠 모습)

그럼 3월 22일은 무슨 날일까? -'세계 물의 날'

2) 전개 ① '세계 물의 날'에 대해 궁금한 것들을 찾아본다.

예 '세계 물의 날'은 어떤 날인가?

'세계 물의 날'에 사람들은 어떤 일을 하는가? 물 생일파티?

② '세계 물의 날' 관련 활동사진을 보여 주며 이야기 나눈다. 이때 깨끗한 물과 더러운 물이 각각 담긴 물병을 활용한다.

- '세계 물의 날'에는 물을 깨끗하게 하는 활동, 즉 물가나 물속의 쓰레기 청소, EM 흙공 던지기 등을 한다.
- 아프리카 등 물이 부족한 나라에서 더러운 물을 먹고 살아야 하는 어린이들을 위해 돈을 모으기도 한다. 예를 들면 굿워터(good water) 물을 사면 판매금 10%가 기부되어 탄자니아 교내 식수시설 설치에 사용된다(굿네이버스 공식 블로그, https://blog.naver.com/gnikor/221245873406). 우리도 돈을 모아 물이 없어 고생하는 친구들에게 보낼 수 있다는 등을 설명한다.

3) 정리 '세계 물의 날'이 어떤 날인지, 이날 사람들은 어떤 일을 하는지 확인한다.

확장활동 이 세상에서 물이 모두 사라지면 어떻게 될지 생각해 보기 → 물이 우리 삶에 얼마나 소중한 자원인지 확인하기

2) 2단계: 물과 우리 생활 간의 관계 이해를 위한 활동하기

활동 1 나는 물이에요

활동목표
- 물이 오염되는 원인을 안다.
- 물이 오염되면 물의 기분은 어떨지 이해한다.
- 물은 사람의 노력에 의해 다시 깨끗해질 수 있음을 안다.

활동자료
- 물이 담긴 투명 수조
- 물을 오염시키는 폐유가 담긴 작은 병, 세제병, 샴푸병, 비닐, 빈 깡통 등 쓰레기
- 물 두 잔이 담긴 유리컵(더러운 물이 담긴 컵 앞면에는 '우는 물' 얼굴, 깨끗한 물이 담긴 컵 앞면에는 '웃는 물' 얼굴이 붙어 있다.)

활동방법

1) 도입 교사가 각각 두 잔에 담긴 물의 입장을 의인화하여 이야기를 들려준다.

깨끗한 물: (경쾌한 목소리로) 나 봐라. 나는 아주 깨끗한 물이야. 기분도 상쾌하고 몸도 가볍단다. 랄랄라. 누구나 나를 좋아하지. 사람들도, 꽃도, 물고기도 다 나를 좋아해.

더러운 물: (자신 없고 우울한 목소리로 한숨 쉬며) 나 봐라. 나도 예전에는 깨끗하고 맑은 물이었다고. 그런데 지금은 아주 더러운 물이 되었지. 이제 나를 좋아하는 친구는 아무도 없어. 흑흑~!

2) 전개

① 준비된 세제와 폐유를 깨끗한 물이 담긴 투명 수조의 물에 유아들과 조금씩 부어 보면서 물이 탁해지는 것을 관찰하도록 한다. 세제병, 폐유병, 비닐봉지 등을 집어넣어 물이 쓰레기로 더러워지는 과정도 살펴본다.

② 쓰레기들을 꺼내어 다시 물이 어느 정도 깨끗해지는 것을 경험한다. 더러워진 물은 정수처리장에서 깨끗하게 만든다는 것을 이야기해 준다. 관련하여 정수처리장으로 현장 견학을 가도 좋다.

③ 유아들을 두 집단으로 나누어 한 집단은 맑고 깨끗한 물을, 다른 한 집단은 물을 오염시키는 집단이 되도록 하여 물이 오염되는 과정, 다시 깨끗해지는 과정을 신체표현해 보도록 한다.

창의적 신체표현

전체 요약: 먼저 물을 맡은 유아들은 경쾌한 음악을 들으며 기분 좋은 표정으로 물이라고 정해 놓은 영역 안에서 활발하게 왔다 갔다 한다. 이때 유아들이 물을 좀 더 창의적이고 실감 나게 표현할 수 있도록 목이나 허리에 파란 보자기를 두르도록 하는 것도 좋다. 물을 오염시키는 역할을 맡은 유아들은 각자 약병, 샴푸통, 물비누병, 기름병 등을 들고 있다가 교사의 이야기를 들으면서 자기 차례가 되면 물이라고 정해진 영역 안으로 빈 병들을 굴려 넣는다. 그런 오염 물질이 점점 많아질수록 물을 맡은 유아들의 발걸음은 느려지고 나중에는 주저앉아 움직이지 못한다. 나중에 물이 깨끗해지면 다시 활발하게 움직인다.

교사의 '물' 이야기 들으며 유아들 신체표현

교사: 나는 물이에요. 땅속 자갈, 흙, 모래를 통과하는 동안 내 몸은 깨끗해졌고 그래서 기분도 좋답니다. 졸졸졸 졸졸졸 부드럽게 흐르다가 퉁탕퉁탕 퉁탕퉁탕 씩씩하게도 흐르지요. 와~! 여기는 초록유치원이 있는 마을이에요. 여기는 어떤 사람들이 살고 있는지 궁금해요.

물을 맡은 유아들: (즐거운 표정으로 여유롭게 왔다 갔다 한다.)

교사: 어? 그런데 이게 무슨 냄새지요? 캑캑~! 아유~! 난 이런 독한 약병은 싫은데….

물을 오염시키는 역할을 맡은 유아들: (물이라고 정해진 영역 안에 병을 굴려 넣는다. 이때 물을 맡은 유아들이 다치지 않도록 밑으로 잘 굴려 넣도록 한다. 물을 맡은 유아들은 점점 괴로운 표현을 한다.)

교사: 뽀글뽀글, 어어? 내 친구들이 잘 안 보여요. 샴푸에(샴푸통을 맡은 유아가 샴푸통을 밀어 넣는다.), 그릇 닦는 세제에(세제통을 맡은 유아가 세제통을 밀어 넣는다.), 빨래 비눗물까지(빨랫비누를 맡은 유아가 비누통을 밀어 넣는다.)…. 흡흡~! 숨이 막혀 와요. 에엥? 이건 또 뭐예요? 엑! 더러운 비닐봉지잖아. (비닐봉지를 밀어 넣는다.) 싫어! 비닐, 싫어! 플라스틱, 싫어! 깡통도 싫어! (빈 깡통을 밀어 넣는다.) 에휴~! 나는 이제 점점 기운이 없어져서 움직이기가 힘들어요. 내가 다시 살아날 수 있을까요?

맑은 물을 맡은 유아들: (점점 힘없이 쓰러진다.)

교사: 사람들은 더러워진 물을 다시 살리기로 마음먹었어요. 그래서 농약도, 샴푸도, 비누도 꼭 필요한 만큼 아주 조금만 사용하고 물을 사랑하려고 노력했어요. 또 더러워진 물에서 샴푸통도 집어내고요. 세제통도 꺼내고요. 비누통도 꺼냈어요. 그뿐인가요. 비닐도 꺼내고요. 빈 깡통도 꺼냈지요.

물 오염 역할을 맡은 유아들: (물로 정해진 영역 안으로 들어가서 버려진 샴푸통, 비누통, 비닐, 빈깡통 등을 꺼내면서 물을 맡은 유아들을 쓰다듬어 준다.)

맑은 물을 맡은 유아들: (친구들이 쓰다듬어 주면 물을 맡은 유아들은 힘없이 누워 있다가 다시 조금씩 살아 일어난다. 그리고 다시 깨끗한 물이 되어 각각 맑은 물소리를 창의적으로 내보면서 힘 있게 다른 곳으로 움직인다.)

교사: 다시 물은 시원한 계곡을 따라 졸졸 흐르기 시작했어요. 이제 물은 행복할 거예요. (맑은 물을 맡은 유아들과 물을 오염시키는 역할을 맡은 유아들이 역할을 바꾸어 다시 해 본다.)

3) 정리 물을 오염시키는 원인이 되었던 것들을 상기하면서 원에서나 가정에서나 주의할 점을 정리해 본다.

예 - 세제를 조금만 사용해요.
- 기름을 버릴 때는 하수구에 그냥 흘려 버리지 말고 신문지로 닦아서 쓰레기통에 버려요.
- 물은 필요한 만큼만 받아 써요.
- 샴푸통, 물비누통, 비닐, 빈 깡통 등을 물에 버리지 않아요. 등

확장활동 한국환경보전원에서 대여해 주는 환경교구 및 관련 도서로 확장 활동이 가능하다(https://www.keci.or.kr/common/cntnts/selectContents.do?cntnts_id=A1000024). 대여 방법은 다음과 같다.

잠깐!

환경교구 대여 세부 운영방식

1. **프로그램:** 교구대여 운영방식에 따라 1~3개월까지 교구를 무료 대여 및 소외계층 교육기관, 도서벽지학교에는 교구보급 무상 지원
2. **신청방법:** 국가환경교육 통합플랫폼(class="a_link">www.keep.go.kr) > 환경교육신청 > 환경교육교구 보급에서 신청
3. **프로그램 활용:** 생태, 물, 에너지, 기후변화, 자원순환, 친환경소비 등 다양한 주제의 93종의 교구 6,716개 보유. 우수환경도서 305종 8,155권 보유

※ **참고** 주소: 서울특별시 성동구 광나루로 320-2 YD빌딩 / 전화: 02)3407-1500[FAX: 02)3409-8352]

활동 2 아이 러브 워터 송(I love water)

활동목표 • 아이 러브 워터 송을 부르며 물의 소중함을 알아본다.
• 물이 우리 생활에 꼭 필요한 자원임을 안다.
• 물을 아끼고 보호한다.

활동자료 • 아이 러브 워터 송(http://www.ilovewater.or.kr/)

활동방법

1) 도입 (물방울 인형을 등장시켜) "나는 물이야. 나를 사랑해 줘. 내가 없으면 아무것도 살 수 없단다. 정말 그런지 들어 볼래?"라고 말한다.

2) 전개 ① 아이 러브 워터 송을 들어 본 후 함께 부른다.

아이 러브 워터 송~ 지금부터 시작해요~ Let's Go~

너 없이는 못 살아~ (하루도) 네가 있어 행복해 (언제나)
매일매일 아껴 줄게 (Water!) 매일 매일 사랑할게 (사랑해)
물이 없다 상상해 봐 (잠시만) 우리들은 살 수 없지 (오! 정말)
소중한 물을 아껴야 해 (Water!) 정말 정말 아껴야 해
만약에 한강에 물이 없다면, 물고기들은 어디서 살고
냉장고에 물이 없다면, 우리들은 어떻게~~
아이 러브 워터~ 아껴 쓰고 사랑하고, 아이 러브 워터~ 물 아끼면 행복해~~ Water! Water!
아이 러브 워터~ 소중하게 생각하고, 아이 러브 워터~ 물 없이는 못 살아.
소중한 물 사랑해요~♥ (사랑해요)

자료: 아이러브워터 홈페이지(http://www.ilovewater.or.kr/);
아이림유치원(https://www.youtube.com/watch?v=39IrKY-Dwsc)

② 노래에 익숙해지면 노랫말 일부 바꾸기를 해 본다. 이때 유아들의 생활과 연결 지어 ( )안의 말을 바꾸어 보도록 한다. 노랫말 바꾸기는 물에 대한 유아들의 관련 경험에 기초해서 하는 것이 바람직하다. 예를 들면 다음과 같다. '한강'은 '무심천'으로, '물고기'는 '수달'로, '냉장고'는 '변기'로 '우리들'은 '우리 가족'으로 바꾸어 보는 식이다.

3) 정리 물은 매우 소중한 자원이므로 아끼고 보호해야 한다는 점을 함께 이야기 나누면서 정리한다.

여기서는 2단계 활동으로 단 2개의 활동을 예로 제시했을 뿐이지만 1단계에서 나온 유아들의 질문에 기초해서 정수처리장 견학, 전문가 만나기, 딩동댕 물 퀴즈대회 등 다양한 활동이 이루어질 수 있다. 다음 [그림 7-3]은 천안 아주나유치원에서 '소중한 물' 프로젝트 진행 과정 중 유아들이 고안한 물 절약 캐릭터 모습과 '엄마와 함께하는 물 딩동댕~! 퀴즈대회' 모습이다. 물 캐릭터는 동생반 유아들이 물을 아껴 쓰도록 유치원의 곳곳에 붙이기 위해 만든 것이다.

[그림 7-3] 물 절약 캐릭터 / 엄마와 함께하는 물 딩동댕~! 퀴즈대회

자료: 아주나유치원.

그런가 하면 [그림 7-4]는 청주 가경유치원의 '투수블록에 물 부어 보기 실험' 장면이다. 이런 실험을 하게 된 이유는 '공원' 프로젝트 중 교사와 유아들이 공원에 나갔다가 마침 시청에서 주관한 공사인 '공원 바닥 블록을 투수블록으로 교체'하는 장면을 보았기 때문이다. 이를 본 유아들은 왜 투수블록으로 교체하는지 궁금해하였고 조사 탐구 활동을 통해 투수블록의 특성에 대해 알게 되었다. 즉, 투수블록은 비가 올 때 다른 블록과는 달리 물을 잘 통과시켜 땅속 지하수가 되도록 하는 한편, 자체적으로도 물을 품고 있다가 날씨가 뜨거워지면 그 물을 발산시켜 주변 온도가 올라가는 것을 막는 특성이 있다는 것이다. 이후 바닥의 블록들에 대한 조사 활동과 빗물

을 저장하는 방법에 대한 계속적인 확장활동이 이루어진 바 있다.

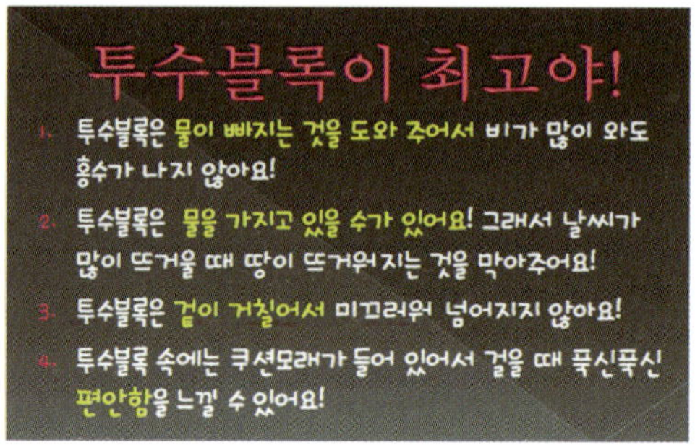

[그림 7-4] 투수블록에 물 부어 보기 실험 / 투수블록의 특성

자료: 가경유치원

이와 같이 2단계 때는 '물과 우리 생활의 관계 이해'를 돕는 활동들이 원의 여건과 상황에 따라 다양하게 전개될 수 있다.

잠깐!

우리가 먹는 물, 식수는 1등급 원수로 만든 깨끗한 수돗물로, 상수도관을 통해 공급된다. 그런 깨끗한 물을 화장실 변기의 물로 차 닦는 데, 또는 청소하는 데 사용한다는 것은 아까운 일이다. 그래서 나온 것이 중수도이다. 중수도란 상수도와 하수도의 중간 정도쯤 되는 물이다. 즉, 먹는 물보다는 덜 깨끗하나 하수도를 흐르는 더러운 구정물보다는 깨끗한 물이므로 이런 물을 모아 재사용하자는 것이다. 우리나라에서는 「물의 재이용 촉진 및 지원에 관한 법률」(약칭: 물재이용법)[시행 2023. 5. 16.] [법률 제19045호, 2022. 11. 15., 타법개정] 제9조를 통해 중수도의 설치 · 관리를 규정하고 있다. 예를 들면 '목욕장업에 사용되는 시설로서 건축 연면적이 6만제곱미터 이상인 시설물'이나 '1일 폐수배출량이 1천500세제곱미터 이상인 공장' 등이 그러하다(https://www.law.go.kr/). 중수도의 사용 용도는 다음과 같다.

3) 3단계: 알고 느낀 것을 공유하고 변화를 위한 실천하기

활동 1 빗물도 잘 사용할 수 있어요

활동목표
- 빗물을 모아 사용할 수 있음을 안다.
- 모아진 빗물을 적절하게 사용한다.

활동자료
- 다양한 크기의 빈 통(크기가 다른 빈 생수병, 큰 물통 등)
- 투명 호스(다양한 굵기와 길이: 철물점에서 구입)
- 고리(컬러철사: 문구점에서 구입)

활동방법

1) 도입 빗소리를 들으며 빗물을 모아 사용할 수 있는 방법에 대해 생각해 본다.

2) 전개 유아들이 제시한 방법을 실제로 시도해 보고 빗물을 더 잘 모으는 방법으로 점차 발전시켜 간다. 다음은 청주 아이림유치원에서 시도한 빗물 모으기 방법이다. 이때 빈 병 밑면을 잘라내거나 병뚜껑에 구멍을 내는 것은 교사가 도움을 주었다. 또 여기서 제시한 사진 자료의 경우는 아크릴 물감으로 빈 병들을 장식하였지만, 빈 병 그대로 활용할 때 빗물이 얼

마나 모였는지 유아들이 더 쉽게 확인할 수 있을 것이다.[2)]

빗물 모으는 통 만드는 방법

① 통의 밑면은 잘라낸다.
② 통의 뚜껑 부분에 송곳으로 구멍을 뚫어 투명 호스를 연결한다.
③ 통에 연결한 투명 호스들이 큰 통(약수통 또는 페인트 통)에 한데 모이도록 한다.

자료: 아이림유치원

3) 정리 모인 빗물을 확인해 보고 그 물을 유치원 텃밭에 주거나 모래놀이 등에 사용한다.

활동 2 물 절약 저금통으로 목마른 친구들을 도와요

활동목표
- 가족과 함께 물을 절약한다.
- 물을 절약한 돈으로 물 빈곤국가 친구들을 돕는다.

활동자료
- 물 절약 저금통
- 각 가정에서 물을 절약하는 사진 몇 장
- 더러운 물을 식수로 뜨고 있는 다른 나라 아이들 사진으로 동영상 자료

활동방법

1) 도입 '목마른 아이 캐리' 이야기를 들려준다. 아프리카 캐냐에 사는 캐리라는 아이가 매일 먼 거리를 걸어가서 먹을 물을 길어 와야만 한다는 이야기

---

2) 빗물저금통 만들기의 초점은 빗물을 모아 사용하는 것에 있고, 각 원의 상황에 따라 다양하게 시도할 수 있다. 예를 들어 국가환경교육 통합플랫폼에서 제시하는 빗물저금통은 각 유아마다 빈 병이나 우유팩에 빗물을 모아 보고, 이것을 큰 통에 다 부어 모은 후 함께 사용하는 방식을 소개하고 있다(https://www.youtube.com/watch?v=fWWM4Y0naLs). 그런가 하면 지역별로 관련 기관(예: 농업기술원의 텃밭가꾸기 사업)의 재정 보조로 빗물저금통 설치를 할 수도 있다.

이다. 그나마도 비위생적인, 더러운 물이다. 관련 사진을 보며 간단하게 이야기 나누기를 해도 좋다.

2) 전개 유치원과 가정에서 물을 절약하여 기금을 마련한다. 예를 들어 각 가정마다 물 절약 약속을 정한 후 약속을 지키면 저금통에 돈을 넣는 방법으로 기금을 마련하는 식이다. 참고로 다음 사진은 오송청사어린이집에서 물 절약 및 재활용품으로 아름다운 나눔장터를 열어 얻은 수익금을 월드쉐어에 전달하여 미얀마에 우물을 판 후원증명서이다.

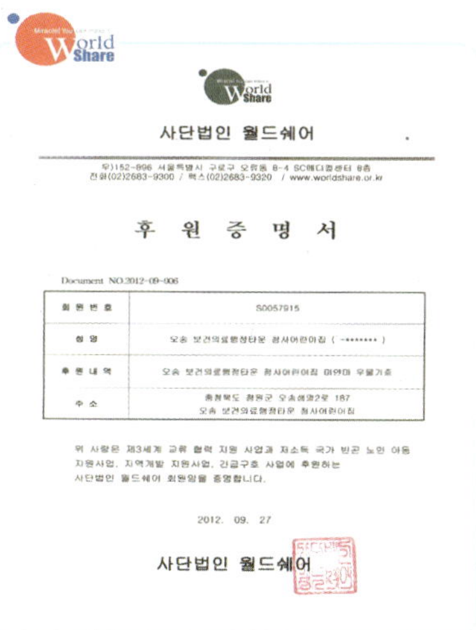

사단법인 월드쉐어

전화(02)2683-9300 / 팩스(02)2683-9320 / www.worldshare.or.kr

후 원 증 명 서

Document NO.2012-09-906

회원번호	S0057915
성명	오송 보건의료행정타운 청사어린이집 (-*******)
후원내역	오송 보건의료행정타운 청사어린이집 미얀마 우물기증
주소	충청북도 청원군 오송생명2로 187 오송 보건의료행정타운 청사어린이집

위 사람은 제3세계 교류 협력 지원 사업과 저소득 국가 빈곤 노인 아동 지원사업, 지역개발 지원사업, 긴급구호 사업에 후원하는 사단법인 월드쉐어 회원임을 증명합니다.

2012. 09. 27

사단법인 월드쉐어

자료: 오송청사어린이집

3) 정리 유아들의 노력이 다른 나라 친구들에게 큰 도움이 될 수 있음을 확인하며 정리한다.

이상으로 유아기 지속가능발전교육으로 '세계 물의 날' 관련하여 5가지 활동을 제시하였다. 이외 국가환경교육통합플랫폼에서 '물'을 검색하면 관련 자료를 찾아볼 수 있다(https://portal.keep.go.kr/search.html?keyword=%EB%AC%BC). 예를 들면 '반짝이는 물을 보았니?'(https://www.youtube.com/watch?v=ok6FPRp9YuQ)도 그중 하나이다.

정·리·하·기

1 인간 보건에 절대적인 물 관리의 중요성을 일깨우고자 3월 22일로 제정된 세계적 환경기념일은 무엇일까?

① 세계 물의 날 ② 세계 식수의 날
③ 세계 해수의 날 ④ 세계 담수의 날

2 지구에 있는 물을 모두 모으면 100병이 된다고 가정해 보자. 이 중 우리가 마실 수 있는 물은 총 몇 병이나 될까?

① 50병 ② 10병
③ 5병 ④ 1병

3 유엔은 '세계 물의 날' 제정뿐 아니라 2005~2015년까지와 2018~2028년까지를 '물 (　　) 10년'으로 정하고 노력을 기울여 왔다. (　　)안에 적합한 단어는?

① 평화 ② 번영
③ 생명 ④ 행동

정답 및 풀이

1 ①
1992년 제47차 유엔총회에서 3월 22일을 '세계 물의 날'로 선포하였다.

2 ④
지구에 있는 물을 모두 모으면 100병이 된다고 가정할 때 우리가 마실 수 있는 물은 총 1병 정도이다.

3 ④
유엔은 2005~2015년, 2018~2028년을 '물 행동 10년'으로 정한 바 있다.

제 8 장

모두를 위한 1시간 '불 끄는 날'

학습목표

1. '불 끄는 날'(Earth Hour)의 의미 및 유래를 안다
2. '불 끄는 날'과 유아기 지속가능발전교육의 관계를 이해한다.
3. '불 끄는 날' 관련 유아기 지속가능발전교육 활동을 이해하고 적용할 수 있다.

1. '불 끄는 날'의 의미 및 유래

1) 불 끄는 날이 뭘까?

'불 끄는 날'이 무엇일까? 활활 타오르는 불을 끄는 날일까? 물론 아니다. 전등의 불을 모두 함께 끄자는 날이다. 얼마나 오래? 길지 않다. 매년 3월 마지막 주 토요일 밤 8시 30분부터 9시 30분까지 딱 1시간만 모두가 전등불을 끄자는 것이다. 단, 나라와 지역에 따라 7시 30분~8시 30분, 8시~9시로 정해서 하는 곳도 있다. 지구를 위한 1시간, 영어로 Earth Hour는 지구에게 한 시간만이라도 쉴 수 있는 시간을 주자는 취지의 전 세계적인 환경기념일 운동이다.

2) 언제, 왜 이런 날이 생겼을까?

Earth Hour 공식 웹사이트(https://www.earthhour.org/)에 가 보면 3월 마지막 주 토요일 밤에 세계 여러 나라 사람들이 활발하게 전등불 끄기 행사에 참여하는 동영상을 볼 수 있다. 유엔 사무총장이 지속가능한 지구를 위해 모두가 함께 동참할 것을 요청하는 메시지도 들어 있다. 그렇다면 언제부터 이런 캠페인이 열리게 된 것일까?

'불 끄는 날' 일명 '지구를 위한 1시간(Earth Hour)' 행사는 호주 시드니에서 모닝 해럴드 신문사(The Sydney Morning Herald)와 세계자연보호기금(WWF, World Wide Fund for Nature: 처음 명칭은 World Wildlife Fund였으나 이후 명칭 변경)에 의해 2007년 처음 시작되었다. 그해에 시드니에서 참여한 사람 수는 220만 명 정도였다. 처음인데도 불구하고 그 규모가 대단하였음을 알 수 있다. 2007년에 시작된 이 캠페인은 다음 해인 2008년에는 무려 35개국에서 5천만 명 이상의 사람들과 함께하는 국제적인 행사로 발전하였다. 그 정도에서 그친 것이 아니다. 이 운동에 참여하는 숫자는 점점 기하급수적으로 늘어나 2013년 '불 끄는 날' 행사에는 7개 대륙, 152나라 7,000개 이상의 도시와 마을에 사는 수많은 사람들이 회사에서, 학교에서, 가정에서 불을 끄는 행사에 참여하였고, 2023년에는 190개국 이상에서 참여하였다. 이와 같이 불 끄는 날은 현재 세계 최대 규모의 환경운동 캠페인으로 성장하였다. 상상해 보자. 전 세계 사람들이 정해진 시각에 착착 불을 끄는 장면을. 만일 우주에서 이 장면을 볼 수 있다면 정말 얼마나 멋질까! 심장이 두근거릴 정도로 한 지구에 살고 있는 사람들 사이에 세계시민으로서의 연대감이 생길 것이다.

우리나라는 이 행사에 2009년부터 참여했다. 2023년 3월 26일에는 WWF-Korea가 진행한 어스아워 라이브 방송 '당신이 불 끈 사이'가 두 번째로 진행되었으며, 국내 106개 공공기관, 기업, 랜드마크 등이 참여하였다. 이 행사에 참여하는 공공기관 및 기업의 수는 갈수록 늘어나고 있다(https://www.wwfkorea.or.kr/bbs/board.php?bo_table=press_release&wr_id=158). 이런 1시간 전등 끄기 효과는 상상할 수 없을 만큼 크다. 환경부에 따르면 Earth Hour 캠페인 동참으로 약 700만kW의 전력을 절약하고 3,000여 톤의 온실가스를 줄일 수 있는데, 이 정도의 온실가스 감축량은 어린 소나무 110여 만 그루를 심는 것과 같은 효과라고 한다. 캠페인 효과를 전 세계적으로 따진다면 어마어마하게 클 것이다. 관련하여 서울시는 2008년부터 매년 어스아워 행사에 동참하고 있으며, 2023년 3월 25일에도 밤 8시 30분~9시 30분까지 한국세계자연기금(WWF) 주최로 공공기관, 기업, 상업 및 주거시설, 상징물 등이 참여하는 불끄기 행사를 진행하였다(https://opengov.seoul.go.kr/sanction/27988628). 소등 외에 소비자를 대상으로 환경 보호 인식을 높이기 위한 이벤트를 펼치는 기업도 많았다. 예를 들면 2023년에 GS25는 전국 1천여 개의 점포에서 간판을 5분가량 소등했는가 하면, 이마트24는 점포 내 디스플레이를 활용해 이용객들에게 어스아워를 안내했다(https://www.wwfkorea.or.kr/).

이 운동이 많은 사람의 호응을 얻고 계속 확장되는 이유는 무엇일까? 여러 가지가 있겠지만 여기서는 크게 3가지 정도의 이유를 생각해 보겠다. 첫 번째 이유는 세계 모든 사람에게 지구촌 기후변화에 대한 경각심을 일깨우고 탄소 배출도 줄일 수 있기 때문이다. 지구의 입장에서 한번 생각해 본다면 지구의 한편이 밤이면 당연히 그 반대편은 낮이다. 그러니까 지구는 24시간 계속 전등불을 켠 상태를 이어가는 것이다. 거기다 갈수록 1인당 인공조명 사용량은 늘고 있다. 이렇게 지구를 점점 더 환하게 밝히는 전기를 만들려면 지구의 한정된 자원을 계속 사용해야 한다. 결과적으로 지구 환경 자원은 점점 바닥이 나고 지구 온난화 현상도 가속화될 수밖에 없다.

두 번째 이유는 우리 건강을 위해서이다. 밤에는 캄캄한 곳에서 푹 자야 우리 몸을 이롭게 하는 호르몬이 활발하게 분비된다. 일례로 수면 중 불빛에 노출되어 있는 여성은 캄캄한 상태에서 잠을 자는 여성보다 유방암에 걸릴 위험이 40%나 더 높다고 한다. 암을 예방하는 멜라토닌이 잘 분비되지 않기 때문이다. 당연히 성장 속도가 빠른 유아들이 거리의 네온사인 등으로 환한 방에서 매일 밤 잠을 자야 한다면 성장에 지장을 받을 것은 자명하다. 그러니 밤에 잘 때는 침실을 가능한 한 빛으로부터 차단하는 것이 좋다.

세 번째 이유는 심각한 빛 공해로부터 생태계의 질서를 지키기 위해서이다. 별빛을 보고 움직이는 철새들은 너무 환한 인공조명 때문에 제 갈 길을 잃고 엉뚱한 곳으로 날아가 죽는가 하면, 나무는 휘휘 감긴 꼬마등들이 내는 열 때문에 봄인 줄 알고 싹을 틔웠다가 얼어 죽기도 한다. 작물들도 여기저기 밝게 켜진 야간 보안등 때문에 제대로 열매를 맺을 수가 없다. 이런 여러 가지 영향을 '잠 못 드는 밤' 동영상(EBS, 지식채널ⓔ)에서 확인할 수 있다.

다음은 2023년 Earth Hour를 홍보하는 포스터로, 개개인의 실천이 중요함을 알 수 있다.

자료: (좌) https://www.earthreminder.com/earth-hour-2023-theme-date-events-celebration/
(우) https://www.globetrottinkids.com/earth-hour-informa

Earth Hour 한국사무소는 'Earth Hour 캠페인'을 위한 지속적이고 확산적인 운동을 해 오고 있다. 그 지속적인 운동 결과 'Earth Hour 캠페인'은 2013년 유네스코 한국위원회로부터 '지속가능발전교육(ESD) 공식 프로젝트'로 인증을 받았다. 이런 여러 가지 사실을 종합해 볼 때 Earth Hour가 세계적으로, 그리고 우리나라에서도 얼마나 큰 의미가 있는 행사인지 잘 알 수 있다.

잠깐!

'유네스코 지속가능발전교육(ESD) 공식프로젝트 인증제'는 무엇?

'지속가능발전교육의 목적을 달성하기 위하여 정부 · 기관 · 단체가 수행 중이거나 수행한 교육과 사업, 행사, 축제, 기타 활동 중에서 유네스코 한국위원회가 지속가능발전교육의 우수한 실천 사례로 인증한 것'을 말한다. 2011년에 처음으로 18건의 프로젝트를 공식 인증하였고, 2012년에 12건, 2013년에 11건을 인증하였다. 2013년에 인증된 프로젝트 중 하나가 'Earth Hour 캠페인'이다. 참고로 2023년에는 17개 사례가 신규 인증되었다.

자료: 유네스코 한국위원회 홈페이지(http://www.unesco.or.kr)

2. '불 끄는 날'과 유아기 지속가능발전교육의 관계

이제 '불 끄는 날'과 유아기 지속가능발전교육과의 관계를 살펴보도록 하자. 이를 위해 먼저 '불(전기)'과 우리 생활과의 관계를 잠시 살펴보도록 하겠다.

1) '불(전기)'과 우리 생활의 관계

지윤이네의 전기 사용량은?

여기는 지윤이네 집입니다. 한여름이긴 하지만 에어컨을 강하게 틀어 놓아서 하나도 덥지 않아요. 식구들은 토요일 밤을 느긋하게 즐기고 있어요. 아빠는 모처럼 TV로 야구 중계를 보시고요, 엄마는 아빠가 선물하신 전기 족욕기로 기분 좋게 족욕을 하고 계세요. 초등학생인 오빠는 슈퍼에 뭘 산다고 나갔지요. 유치원생 지윤이는 무엇을 하냐고요? 지윤이는 방에서 그림책을 읽고 있지요. 『통통이네 밥통』이라는 동화인데, 얼마나 재미있는지 모른답니다. 그런데 뭐야 이건? 갑자기 팟~! 하는 소리가 나는가 싶더니 주변이 깜깜해지고 말았어요. 식구들 모두 얼마나 깜짝 놀랐는지 모른답니다. 전기가 나가니까 TV도, 족욕기도, 방의 전등도 모두 '그만'이에요. 우왕좌왕하는 동안에 전기가 다시 들어와 모든 것이 정상으로 돌아갔지만 그 시간이 지윤이에게는 아주 길게 느껴졌어요. 왜 전기가 나갔을까요? TV 뉴스로 들으니 사람들이 한꺼번에 전기를 너무 많이 사용해서 그런 거래요. 그 뉴스를 들으면서 지윤이는 유치원에서 배운 '불 끄는 날'이 생각났어요.

우리나라를 비롯하여 전기는 21세기를 살아가는 세계 여러 나라 사람들에게 생활을 위한 필수조건이 되었다. 전기 없는 세상을 살아간다는 것은 상상하기도 어렵다. 방금 예로 든 지윤이네 집처럼 전기가 없으면 TV나 컴퓨터를 비롯한 각종 전기기구, 전등을 모두 사용할 수 없다. 물론 현대인의 필수품이 되어 버린 스마트폰도 충전이 안 되니 사용 불가능하다. 한 마디로 전기가 공급되지 않으면 21세기를 살아가는 우리 생활은 엉망진창이 될 수밖에 없다.

이번에는 조금 방향을 바꾸어 과거와 현재의 전기 사용량을 어림짐작으로 비교해 보자. 현재 우리 생활을 보면 과거와는 달리 냉장고 따로, 김치냉장고 따로, 믹서기 따로, 주서기 따로 구비하고 있는 집이 대부분이다. 당연히 전기 사용량도 엄청나게 늘었다. 다음 [그림 8-1]에서 '대한민국 1인당 전기소비량'[1]을 보면 1981년에 915kWh였다면 2021년에는 10배 이상인 10,330kWh로 늘어났다. 코로나 시국이었던 2019년, 2020년에 조금 줄어드는 듯했으나 다시 늘어나고 있는 것이다. 관련하여 2022년 우리나라 1인당 전기 사용량은 캐나다, 미국에 이어 세계 3위일 정도이다(MBC 뉴스 2022. 3. 27.). 이런 상황이니 지속가능한 삶을 위해 유아기부터의 전기 사용 관련 교육, 즉 '불 끄는 날'은 매우 중요한 교육소재라 할 수 있다.

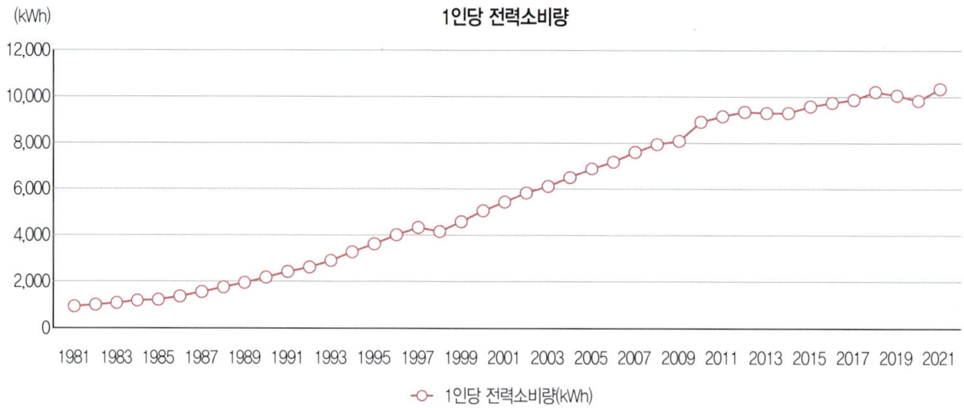

	1981년	1991년	2001년	2011년	2021년
1인당 전력 소비량(kWh)	915	2,412	5,444	9,142	10,330

[그림 8-1] 우리나라 1인당 전기소비량 변화 추이

자료: 국가지표체계(2023. 6. 14. 갱신 자료)

1) 전기소비량은 인구 1인당 전력소비량을 말한다. 전력소비량은 단위 시간당 전력 사용량을 의미하며, 전력과 사용시간을 곱하여 산출한다. 전력은 역학에너지, 열에너지, 화학에너지 등을 변환시켜 생산한 전기에너지를 의미한다(국가지표체계, https://www.index.go.kr/unify/idx-info.do?idxCd=4291).

2) '불 끄는 날'과 유아기 지속가능발전교육의 관계

'불 끄는 날' 역시 '세계 물의 날'과 마찬가지로 환경적 측면, 사회적 측면, 경제적 측면을 연계하여 교육할 필요가 있다. '불 끄는 날'의 주제인 '전기'의 생산방법, 전기를 사용할 수 있는 여건에 있는 사람과 그렇지 못한 사람들 간의 삶의 질 차이와 형평성 문제, 전기를 생산하고 사용하는 과정에서 발생하는 경제적인 문제 등은 불가분의 관계에 있기 때문이다. 여기서는 편의상 각각을 떼어 생각해 보도록 하자. 먼저 환경적인 측면을 살펴보자. 전기를 생산하는 곳은 발전소이다. 그런데 발전소를 건설하는 것 자체가 환경에 나쁜 영향을 미친다. 전기는 수력발전, 화력발전, 원자력발전, 태양광(열)발전, 풍력발전 등을 통해 만들어진다. 여기서 풍력과 태양광(열)을 이용하는 방법을 제외하고는 모두 지구 환경과 생태계에 심각한 부담을 준다. 그 부담을 살펴보면 <표 8-1>과 같다.

〈표 8-1〉 발전소 건립이 환경과 생태계에 미치는 폐해

종류	환경과 생태계에 미치는 폐해
수력발전	수력발전소를 만들기 위하여 댐을 만들면 강 주변의 많은 땅과 숲이 물속에 잠긴다. 이로 인해 그곳에서 살던 많은 사람들과 동물들은 살 곳을 잃어버리게 된다.
화력발전	주 연료인 유연탄의 대부분을 외국에서 많은 돈을 들여 수입해야 한다. 유연탄 수입과 유연탄을 태울 때 탄소 등 오염 물질이 많이 배출되어 환경오염의 원인이 된다.
원자력발전	방사능이 남아 있는 쓰레기들이 생기고, 이 쓰레기들은 사람들을 비롯하여 생태계에 위해를 끼친다. 또 이런 쓰레기들을 안전하게 처리하기 위해서는 많은 돈이 필요하다.

자료: 에너지 관리공단과 함께하는 에너지 교실

원자력발전과 관련하여 문제점을 조금 더 살펴보자. 지금까지 원전 사고가 일어난 곳은 미국의 쓰리마일섬(Three Mile Island), 러시아의 체르노빌(Chernobyl), 일본의 후쿠시마(Fukushima)인데 사고 원인은 각양각색이지만 한 가지 공통적인 점은 대체로 원전을 많이 가지고 있는 나라 순서대로 사고가 발생하였다는 사실이다. 원전 개수 순위는 미국, 러시아, 프랑스, 일본, 그리고 우리나라로 이어지는데 미국과 러시아에서 사고가 먼저 발생했고 프랑스를 건너서 일본에서 사고가 일어났다.

2023년 6월 기준으로 우리나라에서는 원전 25기가 가동 중이며 경북 울진, 울산 지역에 3기가 추가 건설 중이다(환경운동연합, http://kfem.or.kr/?p=232067). 이에 비해 일본은 33기(에너지 경제연구원, 2023. 4. 28.)로 얼핏 보면 우리나라의 원전 수가 더 적은 것 같지만, 국토면적으로 환산하면 일본보다 밀도가 높으니 사고 가능성은 오히려 일본보다 높다고 할 수 있다. 이런 상황이니 지속가능한 삶을 위해서는 원전을 더 만들어 전기를 펑펑 쓸 것이 아니라 전기를 절약하는 방법을 유아기부터 교육하는 것이 바람직하다.

다음으로 '불 끄는 날'의 사회적인 측면을 생각해 보기로 하자. 국제에너지기구, 국제재생에너지기구, 유엔통계국 등이 최근 함께 내놓은 <SDG7 추적: 에너지 진보 보고서>에 의하면 2020년 기준으로 전기 없이 살아가는 사람들은 7억 3천만 명이며, 2030년에도 그 숫자는 6억 7천만 명에 이를 것으로 예상된다(김정수, 2022. 6. 8.). 이들은 전기를 사용할 수 없는 여건에서 살고 있기 때문에 제대로 된 교육을 받기도 어렵고 삶의 질도 떨어진다. 그러다 보니 가난과 불평등한 삶이 자손에게로 계속 세습되는 고리를 끊을 수가 없다. 그러므로 지속가능발전교육에서 추구하는 세대 내 형평성과 세대 간 형평성을 이루려면 전기를 사용할 수 없는 여건에 살고 있는 사람들에 대한 배려, 존중을 우리는 어떻게 할 수 있을지 찾아보고 실행해야 할 것이다.

이런 생각으로 전기를 사용할 수 없는 지역에 사는 사람들을 위해 이미 값진 일을 하고 있는 사람들도 있다. 예를 들면 디자이너 Anna Stork과 Andrea Sreshta 같은 이들이다(https://luminaid.com/). 이들은 전기를 사용할 수 없는 곳의 여건을 고려한 '태양광 비닐 풍선'을 개발하였다. 이것은 낮에 약 5시간을 태양으로 충전해 두면 저녁에 8~10시간 정도의 빛을 낼 수 있는 제품이다. 아이들은 이 빛을 이용하여 전기가 없어도 밤에 책을 볼 수 있다. '태양광 비닐 풍선'을 만든 사람들처럼 당장 어떤 새로운 것을 개발할 수는 없을지라도 유아들도 지구 어떤 곳에서는 전기 없이 불편하게 살아가는 친구들이 있다는 것을 알고, 이런 친구들을 어떻게 도울 수 있을지 함께 방법을 찾아보는 것은 필요한 일이다. 더불어 우리나라처럼 언제 어디서나 전기를 사용할 수 있는 환경에 있다고 해도 함부로 사용하는 것은 자연환경뿐 아니라 전기를 사용하지 못하는 지역에 사는 사람들에게도 미안한 일임을 느끼도록 해 주어야 할 것이다.

'불 끄는 날'을 경제적인 측면에서 살펴보자. 전국의 1,600만 가구가 5분간 전등을 끄면 26만 6,471kWh의 전기를 절약할 수 있고, 지구 온난화의 주범인 이산화탄소 발생량도 12만 3,189kg이나 줄이는 효과가 있다고 한다(이현정, 2020. 4. 21.). 이를 돈으로 환산하면 약 1억 원 정도를 아끼는 것이다(http://www.earthhourkorea.org). 우리나라에서 단 5분만 전등을 꺼도 이런 경제적 · 환경적 효과가 생기는데 전 세계의 사람들이 모두 함께 60분 동안 전등을 끈다면 얼마나 큰 효과가 나겠는가! 관련하여 유아들에게도 우리 모두가 불을 끌 때 어떤 효과가 있는지, 그래서 어떤 실천이 필요한지 알려 주고 함께 실천해 나갈 필요가 있다.

이런 여러 가지 사실들을 전제하면서 유아교육 현장에서 '불 끄는 날'과 관련하여 할 수 있는 활동 5가지를 제시하면 다음과 같다. 전술한 바대로 이 활동들은 그대로 따라 하는 것이 아닌, 각각의 유아교육 현장의 여건과 상황에 따라 활동의 기간이나 활동의 내용 정도를 조정하면서 적용할 수 있다.

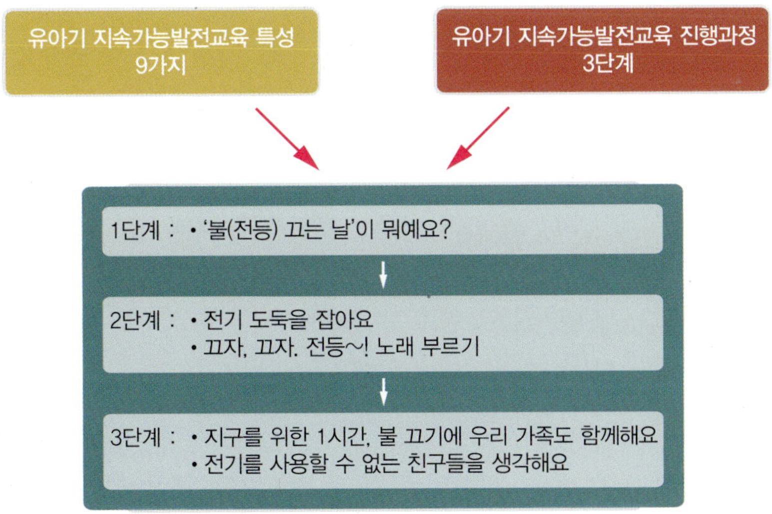

[그림 8-2] '불 끄는 날' 관련 활동 5가지

[그림 8-2]에서 제시된 활동의 유형과 주요 내용을 살펴보면 <표 8-2>와 같다.

〈표 8-2〉 '불 끄는 날' 관련 활동 5가지의 주요 내용 및 방법

단계	활동명	활동유형	주요 내용
1단계 관심 갖고 생각 열기	'불 끄는 날'이 뭐예요?	이야기 나누기	'세계 불의 날'에 사람들은 어떤 일을 하는지에 관심 갖기, 질문거리 찾기
2단계 전기와 우리 생활 관계 이해를 위한 다양한 활동하기	전기 도둑을 잡아요	게임	전기 절약 방법 익히기
	끄자, 끄자, 전등~! 노래 부르기	노래 부르기	그냥 켜져 있는 전등을 유치원과 가정에서 끄기
3단계 알고 느낀 바를 주변과 공유하고 변화를 위한 실천하기	지구를 위한 1시간, 불 끄기에 우리 가족도 함께해요	가정 연계 활동	'불 끄는 날' 참여하기
	전기를 사용할 수 없는 친구들을 생각해요	작업	전기 없이 생활하는 지역의 친구들 돕기

3. '불 끄는 날'을 위한 활동

그럼 각각의 활동에 대해 활동목표와 활동방법을 살펴보도록 하자.

1) 1단계 활동: 관심 갖고 생각 열기

활동 1 '불 끄는 날'이 뭐예요?

활동목표
- '불 끄는 날'이 있음을 안다.
- '불 끄는 날'에 사람들은 어떤 일을 하는지 안다.

활동자료
- 동영상 자료: 불 끄는 날 동영상(WWF-Korea, 2023. 3. 9. 지구를 위해 1시간 불을 꺼요- 2023 Earth Hour 홍보영상: 한국어 자막이 나오고 유아도 시청 가능)
  - Earth Hour 포스터
  - 코카콜라 등 기업 참여 포스터

2024 Earth Hour 참여 홍보 포스터

활동방법

1) 도입 Earth Hour 포스터, 불 끄는 날 행사에 참여하고 있는 다른 아이들 사진 등을 보여 주며 '지구를 위한 1시간'이 무엇을 하는 시간인지 추측해 보도록 한다.

2) 전개
① '불 끄는 날' 동영상을 보며 세계 여러 나라 사람들이 전등을 끄는 모습을 함께 시청한다.
② 동영상에서 무엇을 보고 느꼈는지 이야기 나눈다.
③ 누가(우리 모두), 왜(전기를 절약하고 지구 온난화를 막기 위해), 언제(3월 마지막 주 토요일 밤 8시 30분~9시 30분까지 1시간) 전등을 꺼야 하는지 정리해 본다.

3) 정리 3월 마지막 주 토요일에 각 가정마다 1시간씩 불을 끄기로 약속한다.

확장활동 '불 끄는 날'을 부모 및 다른 사람들에게도 알릴 수 있는 간단한 포스터를 만들어 본다. 이를 위해 교사는 포스터에 꼭 들어가야 할 내용(무슨 날? 언제? 무엇을? 누가?)을 유아들과 확인한 후 활동지를 만들어 준다. 그리고 유아들에게 그림을 각자 창의적으로 그려 보도록 한다.

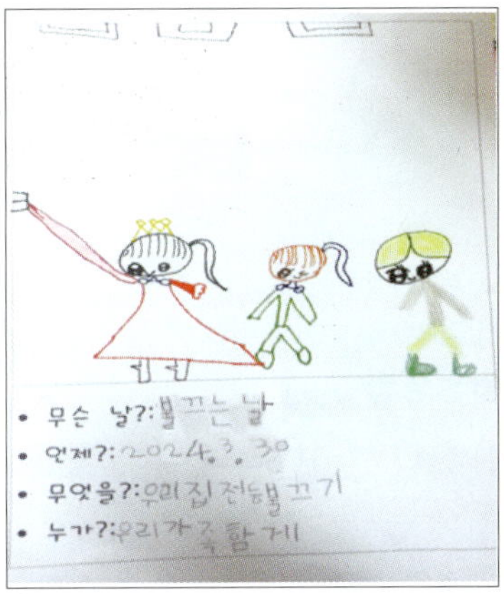

2) 2단계: 전기와 우리 생활 간의 관계 이해를 위한 활동하기

활동 1 전기 도둑을 잡아요

활동목표 • 유치원이나 가정에서 전기를 절약하는 방법을 안다.
• 즐겁게 게임에 참여한다.

활동자료 • 게임 카드: 앞면은 사람이 없는데도 방에 불이 켜져 있는 그림, 뒷면은 같은 장면인데 유아가 불을 끄는 그림 10장, 앞면은 아무도 없는 거실에 TV가 켜져 있는 장면, 뒷면은 TV가 꺼진 장면 10장

앞면

뒷면

앞면

뒷면

전기 절약 방법

활동방법

1) 도입 다음과 같은 짧은 동화를 먼저 들려주어 사용하지 않는 전등의 불을 그냥 켜 두거나 TV를 그냥 켜 두는 것, 전기기구를 그냥 꼽아 두는 것은 전기를 도둑맞는 것과 같다는 것을 유아들이 이해하도록 한다.

전기 도둑과 아람이

지옥정 지음

해설: 깜깜한 밤이에요. 아니, 사실 밤은 밤인데 깜깜한 밤은 아니에요. 거리의 가로등도 환한 빛을 뿜고 있고, 네온사인들도 저마다 휘황찬란한 빛을 자랑하고 있거든요. 초록유치원에 다니는 아람이네 거실도 그렇게 깜깜하지는 않아요. 거리의 불빛이 비쳐 들기도 하고요. 화장실 불도 그냥 켜져 있어요. 또 아무도 안 보는데 TV도 그냥 켜져 있지 뭐예요! 어? 그런데 저건 누구지요? 누군가 살금살금 다니면서 아람이네 전기를 스흐흡 꿀꺽, 스흐흡 꿀꺽 삼키고 있네요. 맙소사~! 전기 도둑이에요. 앗~! 그것도 두 명이네요.

전기 도둑 1: 아유~! 신난다. 여기도 내가 먹어 치울 전기들이 많네. 히힛~! 이렇게 화장실 불도 안 끄고 들어갔으니!

전기 도둑 2: 어서 전기를 먹자. 스흐흡~! 꿀꺽. 전기를 먹을수록 우린 힘이 세지지. 히힛, 히힛!

전기 도둑 1: 애, 근데 요즘 진짜 신나지 않냐?! 우리가 훔칠 전기들이 너무 많잖아.

전기 도둑 2: 킥킥. 사람들이 우리에 대해 모르나 봐. 히힛~! 스흐흡 꿀꺽. 아~! 맛있다. 아오오오오!

전기 도둑 1: 야~! 조용히 해~! 사람들이 우리를 몰라야지, 알면 조심하게 되잖아.

전기 도둑 2: 참! 맞아(입을 가리는 시늉을 한다), 그런데 있지, 아람이는. 어휴~ 조심해야 해. 어제도 아람이 때문에 우리 도망갔었잖아!

전기 도둑 1: 맞아, 맞아. 아이 씨. 초록유치원(또는 불꽃어린이집) 선생님은 왜 아이들에게 전기 도둑에 대해 말해 주나 몰라.

전기 도둑 2: 내 말이~! 아 참, 너, 근데 조~오~기 TV 그냥 켜 놓은 데서도 전기 먹었어?

전기 도둑 1: 응, 응. 넌 콘센트에 전자레인지 그냥 꽂아 놓은 데서 먹었지?

전기 도둑 2: 전자레인지 말이지?! 벌써 먹었지. 아유, 신나서 노래가 다 나오려고 하네.

전기 도둑 1: 너도 그래? 나도 아까부터 노래를 부르고 싶더라고. 히힛! 노래 불러 볼까?

전기 도둑 2: 노래야, 나오너라, 쿵짜짜 쿵짜.

전기 도둑 1: 전기 도둑 나오너라, 쿵짜짜 쿵짜.

(둘이 랩 하듯이 합창한다)

노래 제목: 전기 도둑
우린 우린 전기 도둑(사람들은 우릴 못 봐~!)
스흐흡 꿀꺽, 스흐흡 꿀꺽(꿀꺽 꿀꺽 꿀꺽)
화장실 불 안 껐잖아(헤이 헤이 헤이~!)
콘센트도 안 뺐잖아(헤이 헤이 헤이~!)
안 보는 TV도 켜져 있어(헤이, 헤이 헤이~!)
우린 우린 전기 도둑(사람들은 우릴 못 봐~!)

전기 도둑 2: 캬아~! 이 노래는 정말 부를수록 신이 난다.

전기 도둑 1: 그러니까. 우리 이제 2절도 만들어 볼까?

전기 도둑 2: 좋아, 히힛.

해설: 전기 도둑들이 신나서 떠들고 있는데, 엇~! 방문 하나가 쓱 열리더니 아람이가 거실로 나왔어요. 아람이는 화장실 안을 살펴보더니 불을 탁 껐어요. 또 TV도 틱~하고 리모컨으로 끄고요. 전자레인지가 꽂혀 있던 멀티탭의 전원까지 딸깍~! 하고 꺼 버렸답니다.[2)]

전기 도둑 2: 엥? 또 아람이잖아.

전기 도둑 1: 아이 참~! 어제도 아람이 때문에 우리가 도망을 갔는데….

전기 도둑 2: 빨리 또 도망가야 해. 안 그러면 힘이 다 빠진단 말이야.

전기 도둑 1: 맞아, 난 벌써 힘이 빠지고 있어.

전기 도둑 2: 어서 도망가자~! 후다닥 후다닥.

해설: 전기 도둑들은 서둘러 도망을 갔어요. 아람이가 전기 도둑을 물리친 거예요. 우리도 전기 도둑들이 도망가도록 해 볼까요?!

2) 전개 ① 게임 카드를 보여 주며 어떤 장면이 전기 도둑을 잡을 수 있는 장면인지 함께 확인한다. - 전등을 끈 장면, TV를 끈 장면

② 전체 유아들을 두 팀으로 나누어 '전등 꺼 주는 팀'과 'TV 꺼 주는 팀'으로 나누어 일렬로 앉게 한다.

---

2) 대기전력은 전원을 끈 상태에서도 소비되는 전력을 말한다. 대기전력만 차단해도 가정에서 사용하는 전력 소비량을 11%나 줄일 수 있으므로 사용하지 않는 가전제품의 플러그는 뽑고, 대기전력차단 멀티탭을 사용하도록 한다.

③ 목표 지점에 각각 게임 카드 10장씩(유아 20명 가정)을 놓는다. 이때 전기를 낭비하는 그림이 보이도록 카드를 놓는다.

④ 출발선에서 목표 지점 사이에 각각 의자를 하나 놓고 그 위에 전기 도둑이라고 하면서 인형을 하나씩 놓는다. 이 인형의 몸통을 '전기 도둑을 잡는다'는 의미를 담아 긴 끈으로 한 번 묶어 놓는다.

⑤ 교사가 게임 시작 신호를 주면 각 팀의 첫 줄에 선 유아부터 출발하여 먼저 전기 도둑 있는 데까지 달려가서 전기 도둑을 끈으로 한 번씩 묶는다. 그러고 난 후 목표 지점까지 달려가서 카드를 한 장 집어 전기를 절약하는 장면이 나오도록 뒤집어 놓는다. 이후 출발점으로 뛰어 돌아와서 다음 사람에게 악수를 하면 다음 사람이 동일한 방법으로 게임에 임한다. 릴레이로 하여 빨리 들어온 팀이 이긴다.

3) 마무리 어느 팀이 이겼는지 확인한다. 오늘 가정에 돌아가면 전기 도둑을 잡을 수 있도록 사용 안 하는 전등 끄기, TV 끄기를 하기로 다짐한다.

[그림 8-3] '전기 도둑 잡기' 게임("먼저 전기 도둑을 묶어요.")

자료: 무궁화유치원

확장활동 동화의 확장활동으로 전기 도둑과 아람이의 노래 만들기: 전기 도둑들이 노래의 2절을 만든다면 어떻게 만들었을지, 아람이가 노래를 만들었다면 또 어떤 노래일지 창의적으로 표현해 보게 한다. 아람이가 만든 노래의 예를 들어보면 이러하다.

전기 도둑 꼼짝 마. 우리가 있어(있어~!)
빈방의 전깃불, 안 보는 TV 탁 꺼(탁 꺼~!)
우리 집, 우리 반 에어컨 온도 높여(높여~!)
우리 집, 우리 반 난방 온도 낮춰(낮춰~!)
전기 도둑 꼼짝 마, 우리가 있어(있어~!)

활동 1 '끄자, 끄자. 전등~!' 노래 부르기

활동목표 • 그냥 켜져 있는 전등을 끄는 태도를 기른다.
• 노래를 즐겁게 부른다.

활동자료 '끄자, 끄자. 전등~!' 노래 악보와 음원

활동방법

1) 도입 동화를 들려주듯이 노랫말을 들려준다.

끄자, 끄자. 전등~!

찾자, 찾자. 무얼? 찾자, 찾자. 무얼?
전등 켜진 곳 어딘지
끄자, 끄자. 무얼? 끄자, 끄자. 무얼?
그냥 켜져 있는 전등

어디 어디 끌까? 어디 어디 끌까?
유치원(어린이집)과 우리 집
누가 누가 끌까? 누가 누가 끌까?
너도나도 함께하지.

2) 전개 ① 노랫말과 곡을 익히면서 노래를 함께 불러 본다. 익숙해지면 유아들을 두 집단으로 나누어 화답식으로도 불러 본다. 예를 들면 한 집단이 "찾자, 찾자." 하면 다른 집단이 "무얼?" 하면서 받고, 그 뒤의 "전등 켜진 곳 어딘지"는 다 같이 부르는 식이다. 어려워한다면 다음 악보에 있는 것처럼 단순하게 집단 1과 집단 2로 나누어 불러 보아도 좋다.

끄자, 끄자. 전등~!

작사: 지옥정
작곡: 장정애

② '불 끄는 날'(3월 마지막 주 토요일)을 경험하고 온 뒤라면 노랫말 바꾸기를 해 보아도 좋다.

(바뀐 노랫말)

어디, 어디, 끌까? 어디, 어디, 끌까? / **한국, 미국, 일본, 중국**
누가 누가 끌까? 누가 누가 끌까? / **온 세계 어린이들**

3) 정리 유치원(어린이집)이나 집에서 사용하는 사람 없이 그냥 켜져 있는 전등을 보면 끄기로 다짐하고 정리한다.

이 노래와 함께 교육과학기술부(2012: 259)의 '꺼요, 꺼요. 전등을 꺼요' 노래도 활용할 수 있다. 이 노래는 전등을 끄면 어떤 점이 좋은지, 전등 끄기는 누가 해야 하는지를 전달하고 있다.

꺼요, 꺼요. 전등을 꺼요

작사: 장정애
작곡: 장정애

3) 3단계: 알고 느낀 것을 공유하고 변화를 위한 실천하기

활동 1 '지구를 위한 1시간(Earth Hour)' 불 끄기에 우리 가족도 함께해요

활동목표
- '지구를 위한 1시간'이 무엇을 하는 것인지 안다.
- '지구를 위한 1시간' 행사에 가족과 함께 참여한다.
- '지구를 위한 1시간'에 가족의 특별한 시간을 갖는다.

활동자료
- 양초
- 전기가 들어오도록 선이 연결된 스탠드 또는 전등
- 각 가정 참여 사진

지한이도 불끄기 동참했어요~
그림자놀이에 시간이 금방 지나갔어요.

온 가족이 함께 불을 끈 뒤 양초를 켜고 우리가 왜 소등을 해야 하는지에 대해 이야기를 나누어 보았어요. 아이들과 소등행사 캠페인에 참여하게 되어 소중한 시간도 보내고 오랜만에 아이들도 일찍 잠자리에 들었어요.

자료: 무궁화유치원(2023년 자료).

활동방법

1) 도입 전기가 들어와 있는 스탠드 또는 전등에 두꺼운 보자기를 씌워 놓았다가 벗긴다. 이때 교실 창문의 블라인드나 커튼을 쳐서 교실을 어둡게 하고 활동을 하면 효과적이다.

2) 전개 ① (3월 마지막 주 토요일인 'Earth Hour' 전날, 금요일에 활동을 한다는 전제하에) 내일은 '지구를 위한 1시간' 불 끄기를 다 함께 하는 날이라고 알려 준다.

② 준비된 스탠드 또는 전등의 불을 끄고 촛불을 켠다. 그리고 이렇게 불을 끄고 촛불을 켜면 집에서는 무엇을 할 수 있을지 이야기 나눈다.

예 가족이 돌아가며 옛날이야기 해요.

3) 정리 내일 가족과 함께 모두 '지구를 위한 1시간' 불 끄기 행사에 동참하기로 하면서 촛불을 끄고 마무리한다.

확장활동 1 '지구를 위한 1시간' 불 끄기를 하고 온 다음 주 월요일에 각 가정마다 그 시간에 가족들과 무엇을 했는지 이야기 나눈다. 미리 유치원 홈페이지에 각 가족들이 무엇을 했는지 사진 찍어 올려놓도록 하고 보면서 경험을 이야기하도록 하면 더 효과적이다.

확장활동 2 앞에서 제시한 '전기 도둑을 잡아요', '끄자, 끄자. 전등~!', '지구를 위한 1시간(Earth Hour) 불 끄기에 우리 가족도 함께 해요' 모두와 연관된 확장활동이다. 전기 도둑 잡기를 4월 1일부터 시작해서 1달간 실천해 본 후 3월 전기 요금과 4월 전기 요금을 비교하는 막대그래프를 부모와 함께 그려 보도록 한다. 절전 운동을 1년 이상 계속하여 전년 전월의 전기 사용량과 비교해 보는 것으로까지 확장할 수도 있다.

참고로 서울 동작구의 성대골 어린이도서관에는 절전 운동에 참여하고 있는 그 동네 가정들의 전기 사용량 그래프를 붙여 놓아 서로의 절전 의욕을 북돋고 절전 아이디어도 공유하고 있다. 이때 각 가정의 목표는 전기를 전년 동월에 비해 적게 쓰는 것이다. 이미 2012년부터 서울시의 '원전 하나 줄이기' 정책의 공모사업 관련하여 '에너지 자립마을'로 선정된 후 각 가정 당 전기 절약을 실천해 온 것이다. 당시 '서울시민 모두가 12% 전기량을 줄이면 원자력발전소 1기의 가동을 중단할 수 있다'는 서울시 계획에 성대골 주민들이 적극 참여한 것이다. 현재도 '성대골사람들'(대표 김소영)은 주민들 스스로 에너지 절약과 효율 향상, 신재생 에너지 생산(태양광 패널 설치)을 통한 외부 에너지 소비 최소화 등을 통해 마을 내 에너지 자립도를 높이고 있다(양진영, 2023. 5. 4.).

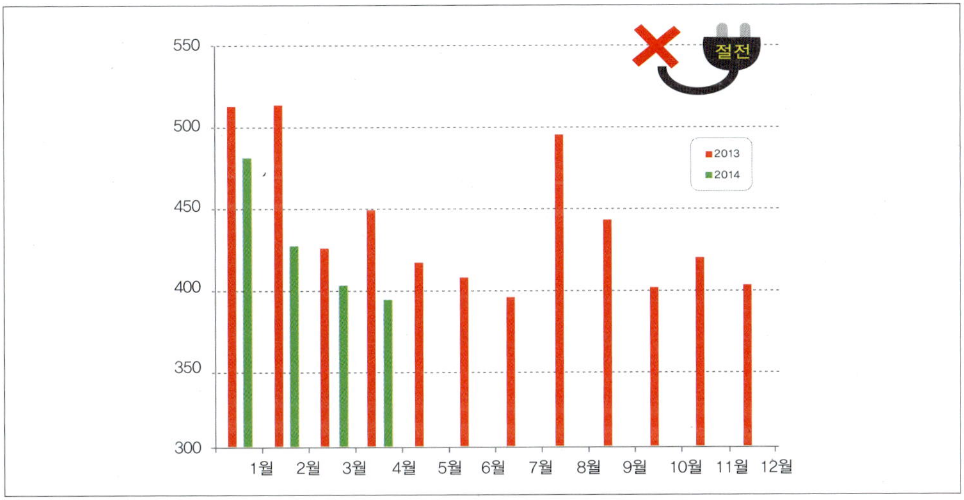

[그림 8-4] 절전 참여 전후 비교: 빨간색은 지난 해, 초록색은 1년 후 같은 달의 전기 사용량

자료: 성대골 사람들(http://cafe.daum.net/SDGcommunity)

각 가정에서 전기를 절약할 수 있는 방법을 유아교육기관 앞에 붙여 놓고 유아와 부모들의 아이디어를 계속 덧붙이도록 하는 것도 재미있는 방법이다.

○○유치원 ○○반 친구들 가정에서의 전기 절약 방법

- 안 쓰는 전기기구의 플러그는 다 뽑아 놓는다.
- 사용하지 않는 방의 전등은 다 끈다.
- 휴대전화의 충전기를 밤새 꽂아 놓지 않는다. 충전이 완료되면 바로 뽑는다.
- TV를 안 볼 때는 꼭 끈다.
- 빨랫감을 모아 한꺼번에 세탁기를 돌린다.
- 겨울에는 전기장판 사용 대신 내복을 입는다.

활동 2 전기를 사용할 수 없는 친구들을 생각해요

활동목표
- 다른 나라에 전기를 사용할 수 없는 친구들도 있다는 것을 안다.
- 전기를 사용할 수 없는 친구들을 배려하는 마음을 갖는다.

활동자료
- 태양광을 이용한 랜턴 사진 또는 실물
- 동영상

- 밀알복지재단의 아프리카 태양광 랜턴 보내기(https://give.miral.org/v2/Member/SupportOnce.aspx?action=once&server=8k2dWGrxrYIiYx-QEquxHFQ==&supportgroup=7). 참고로 아프리카뿐 아니라 아시아 극빈 지역으로도 보내지고 있다.

활동방법

1) 도입 (전날 태양으로 충전한) 태양광 랜턴으로 불을 켜 보며 밤에 빛이 없으면 어떤 점이 불편할지 상상해 본다.

2) 전개
① 동영상을 보며 밤이 되어도 전기를 사용할 수 없어 아무것도 할 수 없는 친구들이 있다는 것을 알아본다.
② 그들을 돕는 방법 중 하나는 태양광 랜턴을 보내는 것이라는 것을 알려준다. 태양광 랜턴 하나의 값을 알아본다.
③ 전기 절약으로 돈을 모으는 방법을 정해 본다.
예 가정에서 유아가 전기를 절약하는 행동을 하면 하루에 부모님이 백 원씩 주시기로 하고 그것을 모았다가 한 달 후 가져오기- 각 유아당 1,000~2,000원 정도

3) 정리 가정에서 유아가 할 수 있는 전기 절약 행동을 다시 한번 확인하고 마무리한다.

태양광 랜턴 기부하기

태양광 랜턴 키트 1개는 30,000원이다(5,000원 운송료 별도). 국내나 국외나 35,000원을 보내면 1키트를 받을 수 있고, 또 해외로 보낼 수도 있다. 이때 유아들이 쓴 편지도 랜턴을 보낼 때 함께 보낼 수 있다.

자료: 사회복지법인 밀알복지재단

정·리·하·기

1 세계적인 환경기념일인 '불 끄는 날'은 일 년 중 어느 달에 들어 있을까?

① 1월 ② 3월

③ 5월 ④ 7월

2 '불 끄는 날'에 대한 설명으로 옳은 것은?

① 우리나라에서 시작된 환경기념일이다.

② 세계적 랜드마크, 기업만 참여하는 날이다.

③ 인간 이외 다른 동식물과는 무관한 날이다.

④ 환경적인 면, 사회적인 면, 경제적인 면 모두와 관련이 있다.

3 전기를 생산하는 방법으로 자연에 해를 주지 않는 방법은 무엇일까?

① 수력발전소 ② 화력발전소

③ 풍력발전소 ④ 원자력발전소

정답 및 풀이

1 ②

3월 마지막 주 토요일이다.

2 ④

'불 끄는 날'은 환경적인 면, 사회적인 면, 경제적인 면 모두와 관련이 있다.

3 ③

풍력은 바람을 이용한 것으로 자연에 해를 주지 않는다.

제 9 장

나무를 살리는 ‘종이 안 쓰는 날’

학습목표

1. ‘종이 안 쓰는 날’(4월 4일)의 의미 및 유래를 안다.
2. ‘종이 안 쓰는 날’과 유아기 지속가능발전교육의 관계를 이해한다.
3. ‘종이 안 쓰는 날’ 관련 유아기 지속가능발전교육 활동을 이해하고 적용할 수 있다.

1. ‘종이 안 쓰는 날’의 의미 및 유래

1) ‘종이 안 쓰는 날’이 뭘까?

우리는 참 많은 종이를 사용하며 살아간다. 유아교사의 경우는 유아들 학습자료, 부모님들께 보낼 교육계획안, 각종 서류 작성 등 일반인들보다 종이를 사용해야 할 일이 더 많다. 다음 장면을 잠시 상상해 보자.

> 장 교사는 책상 위 컴퓨터(옆에 프린터도 있다)에서 작업을 끝내고 인쇄를 눌렀다. 그리고는 인쇄된 것을 살펴보다가 휙 쓰레기통에 던진다.
> “아유, 짜증 나! 내일 부모님들께 보낼 가정통신문인데 또 오타가 났네. 벌써 몇 번째야?”
> (책상 옆 쓰레기통에는 복사지, 우유팩, 종이컵 등이 뒤섞여 버려져 있다.)

이렇게 종이를 낭비하면 어떻게 될까? 한 마디로 종이의 낭비는 지구 환경 오염에 톡톡히 한몫을 하는 일이다. 그런 맥락에서 4월 4일 ‘종이 안 쓰는 날’은 현대인들이 무심히 구겨 버리는 종이 한 장, 앞면만 사용하고 폐지로 나가는 복사용지 등 우리의 종이 사용에 대한 반성을 촉구하는 날이다. 즉, 이 날은 '단 하루만이라도 종이를 사용하지 말자'는 취지로 만들어진 우리나라만의 환경기념일인 것이다.

2) 언제, 왜 이런 날이 생겼을까?

'종이 안 쓰는 날(No Paper day)'은 누가, 언제 만든 날일까? 녹색연합에서 4월 4일을 '종이 안 쓰는 날'로 정한 후 2002년부터 기념하기 시작하였다. 나무를 심기 어려운 도시인들의 종이 사용량을 줄임으로써 나무를 심는 것과 같은 효과를 내자는 의미에서 시작한 것이다. 그래서 '종이 안 쓰는 날' 환경기념일을 4월 5일 식목일의 하루 전날인 4월 4일로 정한 것이다.

2. '종이 안 쓰는 날'과 유아기 지속가능발전교육의 관계

1) '종이'와 우리 생활과의 관계

몇 시쯤 일어나는가? 일어나서 제일 먼저 사용하는 종이 제품은 무엇인가? 휴지? 커피를 거르는 필터 종이? 아니면 시리얼 상자? 이어서 직장으로 나가면 또 어떤가? 복사지, 색종이, 도화지, 포장종이, 골판지, 한지 등 참 다양한 종이를 사용하게 된다. 다시 퇴근하면서 집 입구에 도착했다고 상상해 보자. 우편함을 들여다보니 아파트 관리비 영수증에서부터 학원이나 마트 전단지 등이 여러 장 들어 있다. 다 집어 들고 집 안으로 들어와 한 번 빠르게 훑어본 후 대충 척척 정리해서 종이 버리는 곳에 얼른 가져다 버린다. 저녁 시간이 얼마 안 남았기 때문에 급하게 주방으로 가서 우선 손을 씻는다. 그리고는 종이 타올로 손의 물기를 닦아낸 후 식사 준비를 한다. 이와 같이 우리들의 하루 삶을 들여다보면 커피 필터부터 종이 타올에 이르기까지 사용하는 종이 종류와 양은 참 다양하고 많다는 것을 알 수 있다.

우리가 사용하는 이런 다양한 종이 제품들을 만드는 주요 재료는 무엇일까? 당연히 나무이다. 그러므로 종이를 아껴 쓰는 것은 나무를 베어내지 않는 것과 마찬가지 효과가 있다. "A4용지 네 박스(10,000장)를 아끼면 30년생 원목 한 그루를 살릴 수 있다"(http://slowalk.tistory.com/62)는 말은 그런 상관관계에서 비롯된 것이다. 나무 외에 코끼리 똥, 캥거루 똥 등 섬유질이 많이 섞인 동물의 똥으로도 종이를 만들 수는 있지만 그것은 극히 일부이다. 대부분은 나무를 베어 낸 후 복잡한 공정을 거쳐 종이의 재료가 되는 펄프를 만드는 것이다.

여기서 나무가 펄프로 되기까지의 과정을 잠시 살펴보자. 이는 매우 복잡한 공정을 거쳐야 한다. 유아교사들에게는 이 공정 과정의 단어들 자체가 어렵고 생소할 것이다. 그렇다고 해도 나무에서 펄프로 만들어지기까지 나무껍질을 벗긴 후 증해공정(목재칩을 삶고 찌는 공정), 세척공정(불순물을 골라내는 공정) 등을 거치면서 많은 물이 필요하다는 사실, 또 표백공정에서 염소 등 다양한 화학약품이 들어간다는 사실 정도는 쉽게 이해될 것이다. 관련하여 '칠레에 있는 펄프 공장 폐수가 마푸체 마을을 위협하다'(Santiago, 2011. 5. 2.)와 같은 뉴스, "펄프 및 제지 폐수 처리-폐수 관리를 위한 혁신적인 처리"(Genesis Water Technologies, 2021. 2. 21.)와 같은 자료를 보면 종이 관련 공정에서 나오는 폐수가 환경오염을 일으키는 중요한 원인임을 알 수 있다.

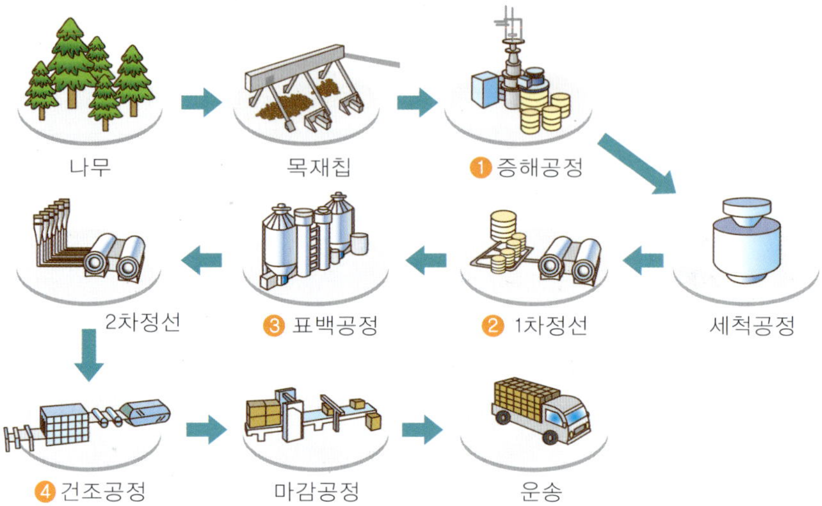

[그림 9-1] 펄프의 제조과정

자료: 무림제지 홈페이지(http://www.moorim.co.kr)

이렇게 종이를 사용하는 것은 곧 나무를 베어 내는 것이나 마찬가지이고, 또 종이 제작 공정에서 많은 에너지와 물의 사용, 폐수 배출 등으로 환경오염이 되는 것은 분명한 일이다. 그렇긴 해도 우리가 생활하면서 종이를 사용하지 않을 수는 없다. 그렇다면 어떻게 해야 할까? 그 방안으로 지속가능한 삶을 위해 노력하는 슬로워크(slowalk)에서 제안하는 '종이를 아끼는 10가지 방법'을 살펴보면 다음과 같다.

종이 아껴 쓰기를 위한 10가지 방법: 'Save the paper'가 제안합니다.

1. 도서관을 자주 이용해 봅시다

책을 공동으로 사용하면 종이의 수요를 줄이고, 펄프 · 제지공장에서 나오는 유독한 폐수로 강물이 오염되는 것을 막아 주어서 우리의 숲과 강을 지킬 수 있어요.

2. 재생종이를 사용합시다

새하얀 종이는 표백제를 듬뿍 넣었기 때문에 건강에도 좋지 않답니다. 재생종이는 파지나 버린 종이를 모아 재생펄프를 만들어 얻은 귀한 종이입니다.

3. 청구서는 이메일로 받아보세요

우편으로 청구서 · 고지서를 받는 휴대전화 · 신용카드 등의 가입자는 우리나라에 1억 4,000만 명에 달하며, 이 종이를 위해 한 해 2만 1,600t의 나무가 희생되고 있습니다. 한 통의 종이 고지서를 전자고지서로 바꾸면 이산화탄소 배출을 2.88g 줄이고 제작비 · 우편료 등 400원의 비용을 아낄 수 있습니다.

4. 손수건으로 센스를 발휘하세요

사용한 휴지의 양만큼 우리의 숲은 사라지고 있습니다. 두루마리 휴지나 티슈보다는 손수건을 가지고 다녀보세요.

5. 녹색에 담아가세요

따뜻한 커피 한 잔, 종이컵 대신 나만의 컵을 이용하세요. 우리가 흔히 쓰는 일회용 종이컵은 해마다 120억 개가 생산되고 소비된다고 합니다.

6. 현명하게 인쇄하세요

문서를 인쇄하기 전 확인해 봅시다. 정확히 몇 장이 필요한지 계산해 보고 페이지에 글이 더 많이 들어가도록 행간과 글씨 크기, 여백을 줄여 보세요.

7. 나만의 포스트잇을 만들어 보세요

사용한 종이의 여백이나 종이봉투를 오려 나만의 포스트잇을 만들어 보세요.

8. '종이 사용하지 않는 날'을 실천하세요

매년 4월 4일은 '종이 안 쓰는 날', 이날만큼은 종이를 사용하지 말아 봅시다. 나무를 심는 것만큼이나 종이 사용을 줄이는 것도 중요하답니다.

9. 공식 종이규격을 공부해 봅시다

규격의 크기를 잘 이해한다면 종이 손실을 줄일 수 있는 인쇄방법을 찾을 수 있습니다.

10. 인터넷 신문을 읽어 보세요

휴대전화나 인터넷으로 여유롭게 뉴스를 읽어 보세요. 신문인쇄에 종이 사용량을 줄일 수 있으며 또한 쓰레기 처리량도 줄일 수 있답니다.

자료: 슬로워크 블로그(http://slowalk.tistory.com/62)

이 종이 아끼기 10가지 방법 중 독자는 어떤 것들을 실천하고 있는가? 너무 많고 복잡한가? 사실 이 10가지 방법을 다시 한번 살펴보면 크게 3가지 정도로 정리해 볼 수 있다. 그것은 '종이 쓰지 않기', '종이를 써야 한다면 아껴 쓰기', '재생종이 쓰기'이다.

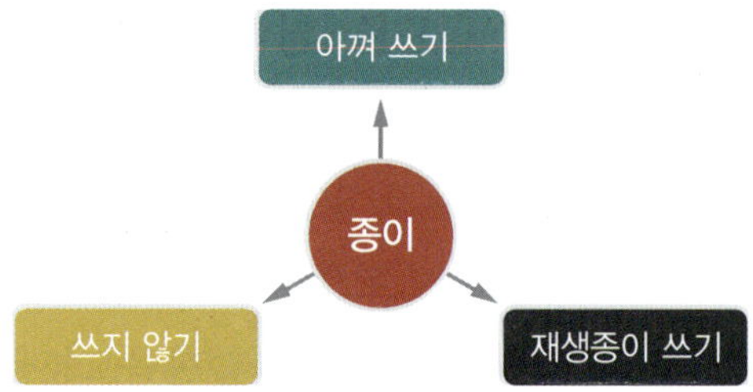

[그림 9-2] 종이 사용량을 줄이는 방법

첫 번째로 '종이 쓰지 않기'는 종이를 사용하지 않아도 되는 경우라면 가급적 종이 사용을 하지 말자는 것이다. 그 예가 전자우편 청구서로의 전환이다. 그렇게 한다면 '종이 쓰지 않기'에 실제로 동참하는 것이고 국가적으로는 엄청난 양의 종이를 아낄 수 있다.

두 번째로 '아껴 쓰기'는 종이를 필요한 만큼만 적절하게 사용하면서 효율적으로 사용하자는 것이다. 즉, 작은 종이 자투리라도 그냥 버리지 말고 어떻게 사용하면 좋을지 생각해 보아야 한다. '나만의 포스트잇 만들기'는 그런 예이다. 단, 아껴 쓰기도 올바른 방법으로 하여야 한다. 관련하여 다음 사례를 보자.

잠깐!

이지순 선생님의 종이 재활용? 이래도 되나요?

모든 것을 절약하기로 유명한 짠순이 이지순 선생님이 오늘은 어떻게 종이를 재활용하고 있는지 살짝 한 번 볼까요? 오호~! 오늘은 지난 달력을 재활용하고 있군요. 지글지글 고소한 기름 냄새 나는 전을 부쳐 채반에 올려놓는데 밑에 달력 종이를 착 깔아 놓고 하네요. 글쎄, 재활용을 잘하고 있는 걸까요? 답은 '아닙니다'. 달력 종이 등 일반 종이를 만들 때는 소량이라도 다양한 화학약품들을 사용하므로 이런 종이들이 음식과 직접 닿지 않도록 하는 것이 좋습니다. 전을 부치거나 김에 기름을 바를 때 밑에 까는 종이로는 식품용지나 한지로 만든 천연 기름종이 등을 사용하고 달력 종이는 다른 용도로 재활용하면 좋겠지요?! 절약도 방법을 잘 알고 해야 한답니다.

세 번째로 '재생종이 쓰기'를 함으로써 새 나무가 베어지는 일을 줄이자는 것이다. 여기서 한 가지 알고 지나갈 것은 '재생종이 쓰기'를 강조하기 전에 우선 종이를 버릴 때부터 종류별로 분리배출하는 실천이 필요하다는 사실이다. 여기서 잠깐 이 교사를 보자.

> 이 교사가 종이팩에 담긴 우유를 꿀꺽꿀꺽 맛있게 마시고 난 후 빈 종이팩을 어떻게 할까 망설이고 있다.
>
> 1) 그냥 쓰레기통에 버릴까요? ⇨ 아닙니다. 틀렸어요.
> 2) 신문지 등 종이 쓰레기가 모여 있는 곳에 우유팩을 버리면 될까요? ⇨ 역시 아닙니다. 틀렸어요.
> 3) 이건 어떤가요? 종이컵, 주스팩, 우유팩 등을 따로 모은다면? ⇨ 딩동댕. 바로 맞았습니다.
>
> 독자는 지금까지 1)번에서 3)번까지 어떤 방식으로 우유팩을 버렸는가?

EBS Documentary(2020. 1. 29.)에서 제시한 자료에 의하면 종이팩 재질은 최고급 펄프로서 전량 외국에서 수입하고 있다. 만일 우리나라에서 매년 사용되는 7만 톤 정도의 종이팩을 잘 분리배출(일반 폐지 및 멸균팩하고도 구분)하여 100% 재활용[1] 한다면 20년 된 나무 약 130만 그루를 심는 효과가 있고, 이를 돈으로 환산하면 약 650억 원의 가치가 있는 것이다.

한편, 멸균팩은 '종이팩에 알루미늄을 접합해 산소나 자외선을 막아 주어 우유, 두유, 주스 등을 장기 유통하게 해 주는 포장재'이다. 이는 유통과 보관이 편해 계속 수요가 늘고 있어 2025년경에는 일반팩에 비해 배출이 더 늘어날 전망이다. 이런 상황에서 (사)한국멸균팩재활용협회(http://www.kacra.or.kr/)는 멸균팩의 재활용률을 2030년에는 70%(2023년 15%)까지 확대할 계획이라 한다. 관련하여 한국자원유통지

1) 종이팩이 매년 100% 재활용된다면 50m 화장지 2억 1천롤을 만들 수 있는데, 이는 우리나라 국민 1/3이 1년간 사용할 수 있는 양에 해당한다.

원센터(http://www.kora.or.kr/contents/viewAritcle.do)에서는 화성시 소재 어린이집과 협약(2022. 10. 26.)을 맺고 종이팩을 일반팩과 멸균팩으로 구분하여 배출할 수 있는 수거함을 제작하여 보급한 바 있다[2]. 이런 시도는 현재 일부 지역에서만 이루어지고 있는데 앞으로 종이팩 수거함 설치 확대와 더불어 종이팩과 멸균팩 분리배출 노력까지도 병행하여 이루어져야 할 것이다.

참고로, 「자원의 절약과 재활용촉진에 관한 법률 시행령」(약칭: 자원재활용법 시행령)[시행 2023. 12. 12.] [대통령령 제33913호, 2023. 12. 12., 타법개정] 18조에 의하면 우유팩(살균팩)이나 주스팩, 두유팩, 소주 및 기타 음료팩 등(멸균팩) 종이팩은 재활용의무 대상 제품 · 포장재에 속한다.

자원의 절약과 재활용촉진에 관한 법률 시행령

제18조(재활용의무 대상 제품 · 포장재) 법 제16조 제1항에서 "대통령령으로 정하는 제품 · 포장재"란 다음 각호의 것을 말한다....(하략).

1. 다음 각 목의 제품의 포장에 사용되는 종이팩[합성수지 또는 알루미늄박이 부착된 종이팩만 해당한다], 유리병, 금속캔, 합성수지 재질의 포장재[용기류, 필름 · 시트형 포장재 및 쟁반형 용기(tray)를 포함하며, 제2호 각 목의 제품의 포장재는 제외한다]

자료: 법제처 국가법령정보센터 홈페이지(http://www.law.go.kr)

다음으로 이렇게 중요한 종이팩의 재활용 과정은 어떤 식으로 진행될까? 그 순서는 제품생산자, 소비자, 수집 운반자, 재활용자 순으로 진행이 된다. 즉, 생산된 제품을 사용 후 소비자가 분리배출하면 지역별로 전문 수집업체가 이를 모아 재활용공장에 가져다 팔게 된다. 이후 재활용 공장에서는 모은 종이팩을 세척, 분쇄, 해리, 펄프화하여 티슈나 화장지로 만드는 일을 한다.

2) 2024년 1월 5일에 필자가 화성시 어린이집 원장과 직접 통화한 결과, 현재 종이팩과 멸균팩 분리배출을 하고 있다고 한다. 다만 이런 시도가 아직은 화성시에 한정되어 이루어지고 있다. 재활용률을 높이기 위해서는 멸균팩 전용 처리 시스템의 구축과 더불어 종이팩과 멸균팩을 구분하고 꼭 씻어서 버리는 습관이 필요하다(박성민 2022. 3. 8.).

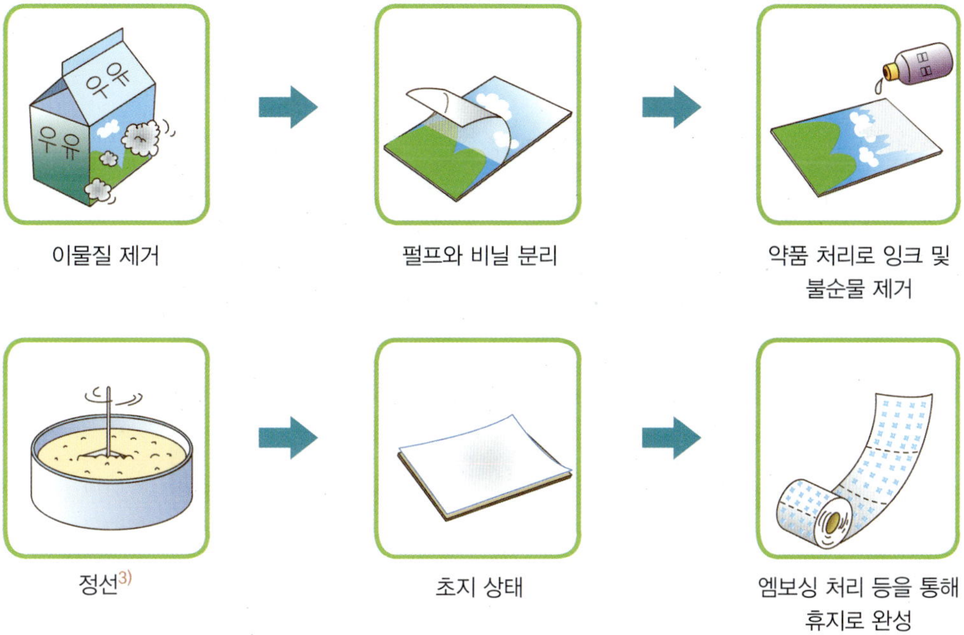

[그림 9-3] 종이팩 순환 과정

종이팩의 재활용이 환경보존에 얼마나 필요한 일인지, 경제적으로도 얼마나 가치 있는 일인지 알아보았다. 그럼 이와 관련하여 우리 같은 소비자가 신경 써야 할 부분은 무엇일까? 당연히 종이팩을 잘 분리배출하는 일이다. 종이팩은 일반 종이와 달리 양면이 PE, 알루미늄박이 도포되어 재질 구성이 그렇지 않은 일반 종이와 사용되는 약품과 재활용 시간(해리시간: 재활용 과정 중 종이가 물에 풀어지는 시간)이 다르기 때문이다. 이런 이유로 소비자의 분리배출을 장려하기 위하여 지자체별로 주민센터나 군청 등에서 일정량의 종이팩을 씻어 말려 오면 화장지로 바꾸어 주는 일을 하고 있다. 예를 들어 서울 은평구의 경우 2023년 10월부터 "버리지 말고 바꾸세요!"라는 구호 아래 폐자원 교환사업을 시행하고 있다. 즉, 가까운 동주민센터에서 종이

3) 정선이란 '해리 과정(종이의 섬유를 물에 풀어 종이와 비닐 분리) 후 미세하게 절단하고 해리되지 않은 섬유는 제거하는 것을 말한다.

팩 1kg(200ml는 100개, 500ml는 55개, 1000ml는 35개 정도)에 롤휴지 2개씩으로 교환해 주고 있다(https://www.ep.go.kr/search/front/Search.jsp).

자료: 은평구(https://www.ep.go.kr/search/front/Search.jsp)
종이팩 분리배출함: https://www.aitimes.com/news/articleView.html?idxno=119868

'종이팩을 두루마리 휴지로 바꾸어 주는 사업'은 지자체별로 내용에서 약간 차이가 나기도 한다. 예를 들어 전술한 은평구나 광주시의 경우 우유팩 1kg에 휴지 2롤로 바꾸어 준다면, 경기도 수원시의 경우 휴지 1롤, 또 부천시의 경우에는 일반쓰레기 종량제봉투(10L)로 교환해 준다. 그런가 하면 몇 년 전부터는 우유팩을 우유로 교환하는 방법도 생겼다. 관련하여 '내 손안의 서울(박영실, 2020. 3. 5.)(https://mediahub.seoul.go.kr/archives/1272171)'을 보면 서울 양천구, 송파구, 강남구 등 서울 자치구에서는 환경오염을 방지하고 자원 재활용을 활성화하기 위해 '사물인터넷(IoT) 종이팩 배출함'을 운영 중이다. 이 수거함에 종이팩을 모아 넣어 주면 일정 포인트를 적립해 주고, 적립한 포인트는 우유로 교환할 수 있다.[4)]

4) IoT 종이팩 배출함 이용 방법은 다음과 같다. 스마트폰에 '오늘의 분리수거' 애플리케이션을 설치한 다음, 애플리케이션을 켜고 휴대전화를 수거함에 댄 뒤 종이팩에 부착된 바코드를 기기에 인식시키고 배출함에 종이팩을 넣으면 된다. 크기에 관계없이 종이팩 1개당 10포인트가 쌓이는데, 100포인트가 모이면 200ml 우유 1개와 바꿀 수 있다. 포인트 적립 대상은 우유팩·두유팩 등 음료가 들어있던 종이팩으로, 내용물이 없는 상태로 말린 뒤 배출하면 된다.

이렇게 지자체별로 종이팩과 휴지 교환 사업의 실행 모습은 조금씩 차이가 있으므로 유아들과 '종이팩을 모아 휴지나 다른 것으로 바꾸기' 활동을 하고자 할 때는 먼저 시청이나 인근 주민센터, 군청 등에 꼭 먼저 확인을 해 보고 시행하는 것이 좋다.

지금까지 살펴본 바와 같이 종이 아껴 쓰기와 함께 종이를 종류별로 분리하여 배출하기, 그리고 재생종이나 재생 화장지 사용하기는 유아기 지속가능발전교육과 관련하여 매우 중요한 실천 항목이다. 다음으로는 '종이 안 쓰는 날'과 유아기 지속가능발전교육의 관계를 살펴보도록 하겠다.

2) '종이 안 쓰는 날'과 유아기 지속가능발전교육의 관계

종이는 우리 생활에 꼭 필요한 용품이라는 것, 그러나 종이를 만들기 위해서는 나무를 베어 내고 종이를 만드는 작업 과정에서 에너지와 물이 많이 사용되며 탄소와 폐수 등이 배출됨으로써 환경을 오염시키고 지구 온난화를 더한다는 점, 이것을 막는 방법은 종이 사용을 가능한 한 줄이고, 종이를 꼭 사용해야 하는 경우라면 아껴 쓰고 재생종이를 써야 한다는 점, 더 나아가 재생종이 사용 이전에 종이팩 분리배출을 실천하여야 한다는 점을 살펴보았다. 이렇게 함으로써 환경오염을 덜하게 하는 동시에 엄청난 경제적 효과까지 얻고 함께 환경을 지켜야 한다는 사회적 공감대도 넓혀갈 수 있다.

이와 같은 환경적 · 사회적 · 경제적 측면들을 고려하여 5가지 활동으로 풀어보면 다음과 같다. 먼저 1단계: 관심 갖고 생각 열기 활동으로는 '종이 만드는 곰 아저씨', 2단계: 종이와 우리 생활과의 관계 이해를 위한 활동으로는 "종이 아껴 쓰기 숫자송' 부르기'와 '종이팩을 모아요', 3단계의 알고 느낀 바를 주변과 공유하고 변화를 위한 실천하기 활동으로는 '종이팩을 재생휴지로 바꾸어요'와 '물휴지 사용도 줄여요'의 5가지이다.

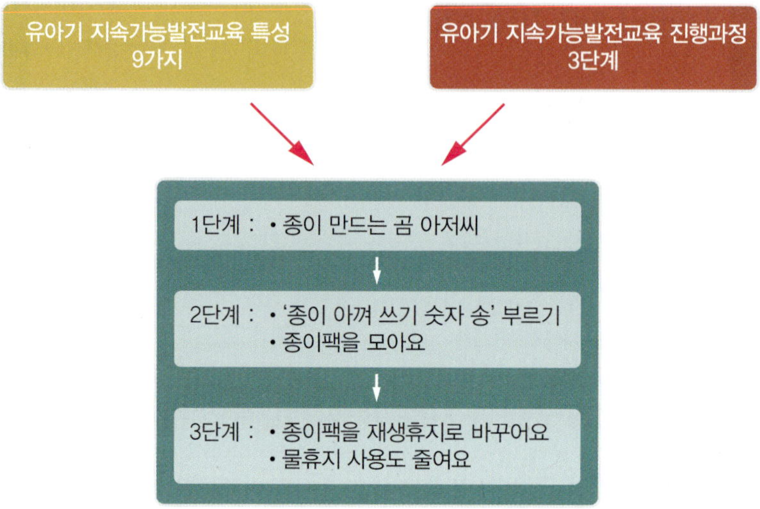

[그림 9-4] '종이 안 쓰는 날' 관련 활동 5가지

각 활동 유형과 주요 내용을 살펴보면 <표 9-1>과 같다.

〈표 9-1〉 '종이 안 쓰는 날' 관련 활동 5가지의 주요 내용 및 방법

단계	활동명	활동유형	주요 내용
1단계 관심 갖고 생각 열기	종이 만드는 곰 아저씨	동화	종이를 만드는 데 많은 나무와 물, 에너지 등이 필요하며, 거기서 나온 폐수가 환경을 오염시킨다는 것 알기
2단계 종이와 우리 생활 관계 이해를 위한 다양한 활동하기	'종이 아껴 쓰기 숫자 송' 부르기	노래	종이를 아껴 쓰고 재활용해야 한다는 것 알기
	종이팩을 모아요	작업	우유팩 씻어 말리기, 따로 모으기
3단계 알고 느낀 바를 주변과 공유하고 변화를 위한 실천하기	종이팩을 재생휴지로 바꾸어요	현장견학	주민센터(또는 구청 등)를 방문하여 모은 우유팩을 재생휴지로 바꾸기
	물휴지 사용도 줄여요	가정과의 연계	유아교육기관과 가정에서 물휴지 사용 줄이기

3. '종이 안 쓰는 날'을 위한 활동

1) 1단계 활동: 관심 갖고 생각 열기

활동 1 종이 만드는 곰 아저씨

<종이 만드는 곰 아저씨>는 유아들에게 종이가 어떻게 만들어지는지를 간단하게 소개하는 동화이다. 필자가 아는 5살 아이도 "엄마, 나무가 어떻게 종이가 돼? 나무는 딱딱하고 종이는 팔랑팔랑한데…."라고 궁금해하였다고 한다. 이 동화는 결말을 열어 놓았기 때문에 유아교육 현장에서 유아들과 동화의 후속편을 함께 지어 보는 등 재미있는 확장활동도 가능하다.

활동목표
- 종이를 만들려면 많은 나무와 물, 에너지, 화학약품이 필요함을 안다.
- 종이 만드는 과정에서 나오는 더러운 물이 환경을 오염시킴을 안다.

활동자료
- 곰 발바닥이 찍힌 종이 한 장
- 종이 만드는 곰 아저씨 동화 자료(테이블 동화)
- 종이 만드는 과정 그림 자료

[그림 9-5] 종이 만드는 과정

활동방법

1) 도입 교사는 접힌 종이를 유아들에게 보여 주며 이것을 펴 보면 누가 이 종이를 만들었는지 알 수 있는 단서가 있다고 말한다. 이때 수사관 같은 어투를 사용함으로써 유아들의 흥미를 유발한다. 유아들이 관심을 보이면 종이를 펴서 그 안에 찍힌 곰 발바닥 모양을 함께 확인한 후 '곰 아저씨 공장' 마크라고 말해 준다.

2) 전개 동화를 들려준다.

종이 만드는 곰 아저씨

지옥정 지음

해설: 여기는 평화롭고 아름다운 동물 나라에요. 개울가에는 맑은 물이 졸졸, 뒷산의 울창한 숲에서는 나무 향내가 바람에 솔솔 날아오네요. 그런데 이 끙끙거리는 소리는 무슨 소리일까요?

곰 아저씨: (종이공장에는 여러 가지 종이 만드는 기계가 들어 차 있음. 곰 아저씨가 기계 앞에서) 끙끙~ 나무를 잘게 쪼개서 이 약품을 섞어야지. 그런 다음 물을 넣어 부글부글 끓이자. 가만 있자… 종이를 하얗게 만들려면 표백제도 넣어야 하는데… 옳지, 옳지. 된다, 된다. 이제 물을 쪽 빼서 말린 다음에 자르기만 하면 되겠어.
(다 된 종이를 들어 보이며) 이야~! 정말 하얗고 예쁜 종이네. 내일 동물 친구들에게 보여 주면 얼마나 좋아할까?! 가만 있자. 종이 한 장 값을 얼마로 할까? 음~! 아~! 내가 좋아하는 산딸기 한 알로 해야겠다. 헤헤~

해설: 다음 날 아침, 숲속에는 우렁찬 곰 아저씨의 목소리가 확성기를 통해 들렸어요.

곰 아저씨: 여러분. 어서 우리 종이공장 앞으로 오세요. 어제 드디어 내가 종이 만들기에 성공했답니다. 산딸기 10개를 가져오시면 종이 10장을 드릴게요.

토끼 · 여우 · 호랑이 · 다람쥐: 와~! 아저씨가 종이를 만드셨대. 빨리 가 보자. 잠깐, 잠깐. 산딸기를 가져가야지.

해설: 동물 친구들은 모두 모두 산딸기를 따서 곰 아저씨네 집으로 달려갔어요. 그리고는 산딸기 10개씩을 주고 종이 10장씩을 받아왔지요.

토끼: 야~! 종이에다 그림을 그리니까 너무 좋다. 그치?! 이것 봐라. 나는 당근 그릴 거다. 어? 그런데 이게 뭐야? 당근이 꼭 고구마 같네. 에이 버려야지. 휘익~! (버린 종이들이 바람에 여기저기로 날아간다.)

여우: 나는 내가 좋아하는 포도 그릴 거다. 어? 잘못 그렸잖아. (부욱 찢는다.)

호랑이: 난 종이비행기 만들 거다. 한 개, 두 개(비행기를 아무 데로나 날려 버린다),… 벌써 종이 다 썼네.

다람쥐: (종이를 만지작거리다) 얘들아, 그런데 이상한 냄새가 나는 것 같지 않니?

토끼 · 여우 · 호랑이: 킁킁. 정말… 아유~! 난 머리도 아파지려고 해. 이런 고약한 냄새는 뭐지? 킁킁. 어디서 나는 거야?

해설: 동물 친구들은 어디서 이런 이상한 냄새가 나나 코를 킁킁거리며 찾아보았어요. 그랬더니 맙소사! 그 냄새는 시냇물에서 나는 것이었어요. 냄새뿐만이 아니에요. 시냇물에 시커먼 물이 섞여 내려오지 뭐예요! 동물 친구들이 버린 종이 쓰레기도 시냇가에 여기저기 널려 있었고요.

토끼: 어? 저건 우리들이 버린 종이네.

호랑이: 아유 지저분해. 이 더러운 물이 위에서부터 내려오는 것 같아. 우리, 냇가를 따라 올라가 보자. 으~ 냄새도 너무 나빠~!

토끼: 그래, 가 보자.

호랑이: 흠흠, 킁킁, 냄새는 내가 잘 맡아. 모두 나를 따라 와 봐.

해설: 동물 친구들은 호랑이 뒤를 따라 냄새가 나는 곳을 찾아갔어요. 그랬더니… 바로 바로 그곳은? 곰 아저씨의 종이 만드는 공장이었답니다. 공장 앞에는 숲에서 베어 온 나무들이 산처럼 쌓여 있었어요.

호랑이: 이렇게 나무를 모두 베어 오면 숲이 다 없어지겠어.

토끼: 그럼 이제 산딸기도 못 따잖아.

다람쥐: 아저씨한테 종이를 조금만 만드시라고 부탁해야겠어.

동물 친구들: 똑똑~! 아저씨. 계세요?

해설: 동물 친구들은 공장 안으로 들어갔어요. 그 안에서 곰 아저씨는 노래를 부르며 종이를 열심히 만들고 계셨지요.

곰 아저씨: 쭈르륵~ 나무껍질 벗겨. 척척, 잘게 자르자. 랄랄라!
이 약품, 저 약품 넣고 푹푹 끓이자. 랄랄라!
으랏차, 맑은 물 넣고 쓱쓱 저어야지. 랄랄라!
하얗게 하는 약도 넣어야지. 쪼르륵~ 랄랄라!

해설: 곰 아저씨는 동물 친구들이 공장 안으로 들어온 것도 모르고 신이 나서 종이를 만들었어요. 기계에서는 연신 더럽고 냄새나는 물이 나와 시냇물로 흘러 들어가고 있었고요. 동물 친구들은 모두 힘을 모아 큰 소리로 곰 아저씨께 소리쳤어요.

동물 친구들: 곰 아저씨, 그만~!

해설: 그 소리가 어찌나 컸던지 곰 아저씨는 깜짝 놀라 바닥에 엉덩이를 꽝 찧었어요.

곰 아저씨: 아유, 깜짝이야. 너희들 왔구나. 벌써 종이를 다 썼니?

해설: 동물 친구들은 아무 말도 하지 않은 채 곰 아저씨 손을 잡고 냄새가 나는 시냇가로 나왔어요. 곰 아저씨는 시냇물을 보고 깜짝 놀랐어요. 종이 만드는 데 너무 열심을 내는 바람에 시냇물이 그렇게 된 것도 몰랐던 거지요. 다시 공장으로 돌아온 곰 아저씨와 동물 친구들은 어떻게 할까 하다가 다음과 같은 약속표를 만들었대요. 한 번 볼까요?

약속표

★ 곰 아저씨가 지킬 것

1. 나무를 베어낼 때마다 나무를 심는다.
2. 더러운 물이 시내로 흘러 들어가지 않게 한다.
3. 약품을 조금만 사용한다.
4. 동물 친구들이 다 쓴 종이를 모아 오면 재생종이를 만든다.

★ 동물 친구들이 지킬 것

1. 종이를 아껴 사용한다.
2. 종이를 아무 데나 버리지 않는다.
3. 다 쓴 종이는 모아서 곰 아저씨께 가져다 드린다.

자, 그리고 난 후 숲속 마을은 어떻게 되었을까요?

3) 정리 종이를 만들기 위해서는 나무뿐만 아니라 물, 약품, 에너지가 많이 사용되니 우리도 동물 친구들이 지키기로 한 것을 함께 지키자고 하며 마무리한다.

현장 적용을 돕기 위해 두 원의 사례를 제시하면 다음과 같다. 먼저, 청주의 아이림유치원에서는 2014년 이 동화를 매체 없이 구연동화로 들려주고 난 후 유아들과 함께 폐품을 활용하여 등장인물 및 소품 제작을 하였다. 이때 동화에 나오는 곰 아저씨와 동물 친구들은 휴지심과 폐지를, 종이공장은 상자를, 그리고 확성기는 사용하였던 종이컵과 종이상자로 만들었다. 이어 교사와 유아들이 같이 역할을 맡아 구연해 보기도 하고, 후속 이야기도 만들어 보았으며 더 나아가 동극으로도 발전시켰다. 유아들이 만든 테이블 동화 자료는 사진과 같다.

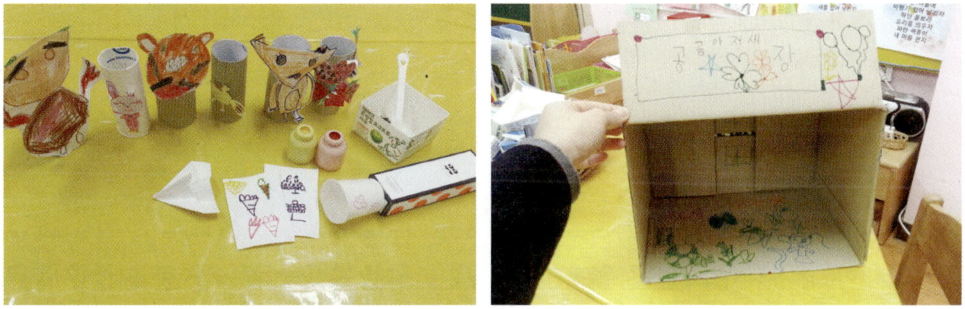

[그림 9-5] 유아들이 만든 동화 등장인물과 곰 아저씨 종이공장

자료: 아이림유치원

그런가 하면 2023년 청주 YWCA 어린이집에서는 교사가 폐품(종이상자, 망가진 스피드컵 등)을 활용해 만든 매체로 동화를 들려주고 난 후, 유아들이 그 매체를 놀이에 활용하도록 해 주었다. 왼쪽은 5세 반 임 교사가 폐품을 활용해 만든 동화 자료, 오른쪽은 4세 반 고 교사의 반에서 유아들이 놀이 후 유튜브를 찍는다며 "'좋아요.'와 '구독' 꾸욱~ 눌러 주세요."라고 외치는 모습이다.

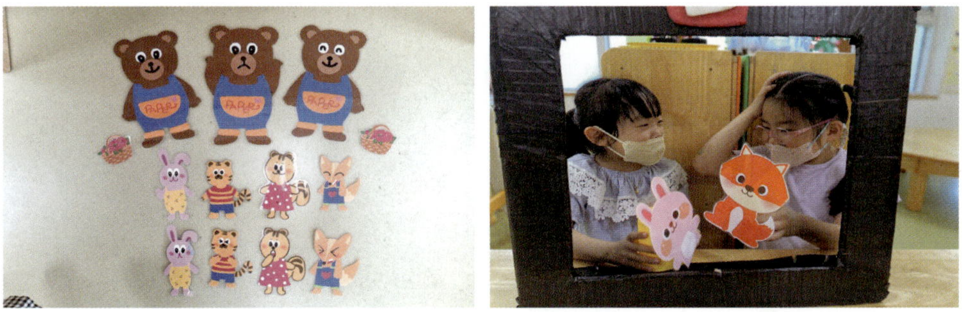

[그림 9-7] 교사가 제공해 준 동화 등장인물 / 유튜브 놀이로 확장

자료: 청주 YWCA 어린이집

확장활동 식목일과 관련하여 나무 심기를 한다. 또는 가까운 산에 가서 등산로에 있는 나무들 위에 물 한 모금 주기, 뿌리가 밖으로 드러나 있는 나무에 흙 한 줌 날라 덮어 주기를 한다(라주, 2009: 37).

2) 2단계: 종이와 우리 생활 간의 관계 이해를 위한 활동하기

활동 1 '종이 아껴쓰기 숫자 송' 부르기

종이 아껴쓰기 관련 노래 부르기를 하면서 유아들이 우리 일상생활 속에서 종이를 아껴 쓰면 나무를 구할 수 있다는 것을 느끼도록 한다. '오늘은 새 종이 안 쓰는 날'(교육과학기술부, 2012: 189)이나 또는 유아들이 좋아하는 숫자 송, 우유 송 곡조에 유아들이 그동안 교사와 함께 종이 관련하여 경험한 내용을 담아 개사하기를 한 후 불러본다. 여기서는 숫자 송을 가지고 개사한 노래 부르기 활동을 제시하였다.

활동목표
- 종이를 매일 아껴 쓴다.
- 노랫말의 뜻을 이해하고 노래를 즐겁게 부른다.

활동자료
- '종이 안 쓰는 날' 포스터 또는 그 날 활동을 보여 주는 사진

- '종이 아껴 쓰기 숫자 송' 가사판
- 노래 음원(숫자송: http://www.youtube.com/watch?v=D271NmAV_t0))

종이 아껴 쓰기 숫자 송

지옥정 개사

일! 일초만 생각해 봐.
이! 이면지 사용해요.
삼! 삼초만 생각해 봐 랄랄라, 종이팩만 따로 모아.
사! 사랑해, 나무들아.
오! 오늘도 종이 아껴.
육! 육일만 아끼냐고? 아냐, 아냐,
칠! 언제나~
랄랄라, 매일 매일 아껴야지. 우리 반 모두가.
랄랄라 랄랄랄라. 모두 모두 우리 함께 하죠. (당연하지!)
팔! 팔랑팔랑, 신이 나게
구! 구해요. 나무들을
십! 십 년이 가도 종이 아낄게~
언제나 우리 모두 행복해. 야!

활동방법

1) 도입 '종이 안 쓰는 날' 포스터 또는 그 날 사람들의 행사 참여 활동 사진을 보여 주며 오늘이 무슨 날인 것 같은지 추측해 보도록 한다.

2) 전개 ① '종이 아껴쓰기 숫자 송' 노랫말을 통해 종이를 아껴 쓰면 어떤 점이 좋은지 이야기 나누어 본 후 노래를 불러본다.

② 마지막 소절인 '언제나 우리 모두 행복해. 야!'를 다른 말로 바꾸어 불러본다.

예 종이를 아끼면 나무들 좋아해. 야!
종이를 아끼는 우리 반 만세. 야!

3) 정리 종이를 아껴 쓰는 방법을 정리해 보고 지키기로 한다.

예 종이는 뒷면까지도 꼭 사용해요.
지나간 달력이나 전단지를 미술활동 할 때 사용해요.
재생복사지, 재생휴지를 사용해요 등

잠깐!

재생 복사지 한 장으로 숲을 지킬 수 있어요

종이 생산을 위해 2초마다 축구장 면적 만한 원시림이 지구에서 사라지고 있다. 우리나라 복사지 하루 사용량은 5만 4천 상자로 63빌딩 약 53개 높이이다. 이 중 10%만 재생복사지로 바꿔도 하루 760그루, 1년에 27만 그루의 나무를 살릴 수 있다.

자료: 숲을 살리는 재생종이(https://www.green-paper.org/)

활동 1 종이팩을 모아요

활동목표

- 종이팩은 종이팩끼리 따로 모아야 함을 안다.
- 종이팩이 휴지로 교환될 수 있음을 안다.

활동자료

- 깨끗한 빈 우유팩: 앞에 예쁘게 웃는 얼굴을 붙여 놓음
- 다른 종이들이 붙은 우유팩(앞에 이런저런 종이 조각들을 지저분하게 붙여 만듦): 찡그리며 우는 얼굴을 붙여 놓음
- 한 유아당 작은 우유팩 한 개(간식으로 마신 후 활동에 활용)

- '종이팩'을 화장지와 교환해 준다는 주민센터의 안내문(예: 세종시), 분리배출을 장려하는 포스터

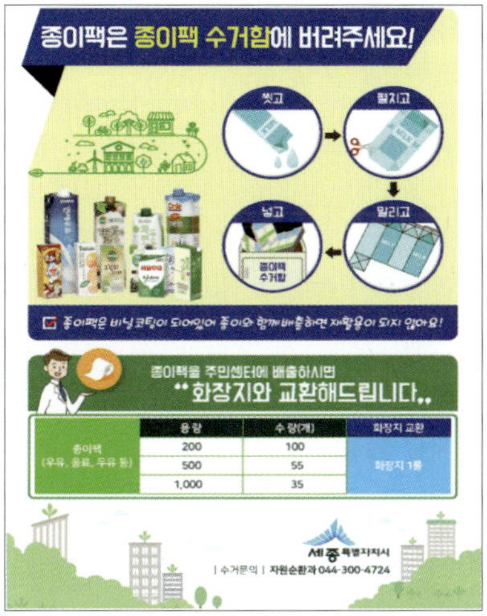

자료: 세종특별자치시 다정동 주민센터

활동방법

1) 도입

깨끗한 우유팩 인형: (깨끗한 우유팩 인형을 등장시키며) 샤랄라라라~! 아유, 상쾌해라. 깨끗하게 목욕하고 거기다 햇볕에 몸을 말리기까지 했더니 정말 기분이 좋은걸. 오호호호. 근데 넌 뭐니?

더러운 우유팩 인형: (다른 종이 조각들이 붙은 우유팩을 등장시키며) 말 마. 내 몸에 지저분하게 종이조각들 붙은 것 보이지? 우리 집 아영이는 나를 그냥 종이 버리는 데다 집어넣는 바람에 이렇게 종이조각들이 막 붙었지 뭐니?!

깨끗한 우유팩 인형: 에구~! 그럼 넌 나랑 같이 못 가겠구나. 나는 휴지 만드는 데로 가서 다시 두루마리 휴지로 변신할 거거든.

더러운 우유팩 인형: 글쎄 말이야. 지금이라도 내 몸에 붙어 있는 종이 조각들을 떼어내고 나를 깨끗이 씻어 주면 너와 같이 갈 수 있는데….

깨끗한 우유팩 인형: 아! 맞아. 그럼 우리 ㅇㅇ유치원의 ㅇㅇ반 아이들에게 부탁해 보자.

더러운 우유팩 인형: 너희들이 우리 우유팩들을 좀 도와줄 수 있니? 앞으로 너희들이 마신 우유팩은 꼭 씻어 말린 후 우리끼리만 따로 모아 줘.

2) 전개 ① '종이팩'을 두루마리 휴지와 교환해 준다는 주민센터의 안내문을 함께 보며 종이팩을 재생휴지와 바꿀 수 있음을 확인한다.

② 한 유아 당 우유팩 한 개씩을 씻어 햇볕에 말리도록 한다. 이때 햇볕에 잘 마를 수 있도록 우유팩을 씻은 후 가위로 잘라 펴서 말린다(단, 유아교육기관에서만 모은다면 휴지로 바꾸는 데 필요한 개수(또는 kg)를 채우기에 시간이 많이 걸릴 것이므로 가정과 연계하여 함께 모으도록 한다).

3) 정리 종이팩이 많이 모이면 이것을 주민센터(지역에 따라 차이가 있으니 먼저 확인할 것)에서 휴지로 바꾸어 쓰자고 하면서 정리한다.

3) 3단계: 알고 느낀 것을 공유하고 변화를 위한 실천하기

활동 1 종이팩을 재생휴지로 바꾸어요

활동목표 • 종이팩을 모으면 재생휴지로 바꿀 수 있음을 안다.

• 주민센터(군청, 구청 등 지자체에 따라 차이가 남)를 방문한다.

활동자료 • 모은 종이팩

활동방법

1) 도입 ① (미리 주민센터 직원의 양해를 구해 놓은 상태에서 유아들 보는 앞에서 스피커폰으로 전화를 한다) "오늘 ㅇㅇ반 친구들이 주민센터를 방문해도 좋은지요? 종이팩을 ㅇㅇkg(또는 몇 개)이나 모았거든요."

② 종이팩과 재생휴지 교환과 관련하여 주민센터에 가면 물어볼 궁금한 것들을 정리한다.

2) 전개 ① 모아 놓은 종이팩을 가지고 주민센터로 방문한다.

② 재생휴지로 바꾸면서 모인 종이팩이 어떤 과정을 거쳐 재생휴지가 되는지 관계자의 보충설명을 듣는다.

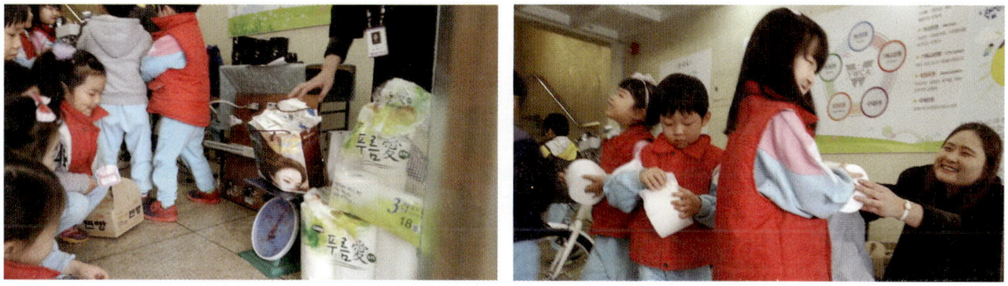

[그림 9-8] 청주YWCA에서 우유팩을 휴지로 교환(당시 시의 위탁사업)

자료: 청주YWCA, 아이림유치원

3) 정리 재생휴지를 들고 원으로 돌아와 종이팩 얼마큼이 휴지 얼마큼으로 바뀌었는지를 다시 한번 따져 본다. 그러면서 종이팩을 따로 모아 재활용하는 것은 우리 유치원, 우리 가정, 더 나아가 우리나라 전체가 잘 살도록 하는 데 도움 되는 일이라는 것을 확인한다.

확장활동 휴지를 다 사용하면 휴지심을 가지고 자연에 나가 확대경처럼 눈에 대고 작은 생물 관찰하기를 한다.

활동 1 물휴지 사용도 줄여요

활동목표
- 물휴지도 나무를 사용하여 만든다는 것을 안다.
- 물휴지의 사용을 줄인다.

활동자료
- 물휴지, 일반 두루마리 화장지

활동방법

1) 도입

두루마리 화장지: (두루마리 심 가운데에 처음 사용한 날짜가 꽂혀 있다. 앞에 눈, 입을 달아 인형 같은 느낌을 주도록 함) (자랑하는 말투로) 나 봐라, 예전에는 우리 반 친구들이 3일도 안 되어 나를 한 통씩 다 썼거든. 그런데 이것 봐, 우리 친구들이 나를 아껴 쓰니까 벌써 5일이나 되었는데 요렇게 남아 있다!

물휴지: 그래? 넌 좋겠다. 우리 반 친구들이 너만 아껴 쓰나 봐. 나는 우리 반 친구들이 아껴 주지를 않아. 나를 만들 때도 나무랑 여러 가지 약품들이 사용되는데 말이지. 나도 친구들이 좀 아껴 줬으면 좋겠어.

두루마리 화장지: 우리 ○○반 친구들에게 부탁하면 너도 물론 아껴줄 거야. 그렇지, 친구들?

2) 전개 물휴지를 어떻게 하면 아낄 수 있을지 유아들의 의견을 정리한 후 실천하기로 한다. 그런 방법들을 실천하면서 우리 반의 물휴지 1통의 사용 기간을 표시해 보기로 한다.

3) 정리　가정에서도 부모님과 함께 물휴지 사용을 줄이기로 한다. 가정에도 미리 공지하여 '물휴지 사용 줄이기'를 전개한다.

정·리·하·기

1 '종이 안 쓰는 날'이 들어 있는 달은 언제인가?

① 4월 ② 7월

③ 10월 ④ 12월

2 다음은 종이를 줄여 쓰고, 아껴 쓰고, 재사용하는 사례이다. 바람직하다고 보기 어려운 것은?

① 종이팩은 종이팩끼리 모았다.

② 종이상자를 사진틀로 이용하였다.

③ 달력 뒷면을 접어 간식 담는 접시로 접었다.

④ 종이에서 안 쓴 부분을 잘라내 포스트잇을 만들었다.

3 유아들과 우유팩 관련 활동을 하는 교사들이다. 바르게 하고 있는 교사는 누구인가?

① 김 교사: 우유팩은 씻어 말린 후 따로 모으고 있어요.

② 장 교사: 우유팩은 꼭 파지 모으는 곳에 함께 모으도록 하고 있어요.

③ 정 교사: 우유를 끝까지 다 마시도록 한 후 그냥 햇볕에 말리도록 해요.

④ 양 교사: 우유팩은 유아들이 마신 것만 모아야 교육 효과가 제대로 나요.

정답 및 풀이

1 ①

종이 안 쓰는 날은 4월 4일이다.

2 ③

종이를 만들 때는 화학약품을 사용하므로 음식이 직접 닿도록 하는 것은 바람직하지 못하다.

3 ①

우유팩은 씻어 햇볕에 말리면 재생휴지로 교환할 수 있다.

제 10 장

조화로운 생태계를 위한 '생물다양성의 날'

학습목표

1. '생물다양성의 날'(5월 22일)의 의미 및 유래를 안다.
2. '생물다양성의 날'과 유아기 지속가능발전교육의 관계를 이해한다.
3. '생물다양성의 날' 관련 유아기 지속가능발전교육 활동을 이해하고 적용할 수 있다.

이번 장에서는 '생물다양성의 날'을 다루고자 한다. 먼저 다음 사진을 한번 보자. 이것은 각각 무엇일까?

퀴즈 1 이 사진은 무엇일까?

① 허물벗기 전 매미

② 겉껍질이 벗겨지기 전 아주까리 열매

퀴즈 2 이 사진에서 암컷 메뚜기는 어느 것일까?

① 위의 작은 것

② 아래의 큰 것

퀴즈 3 이 사진에서 철쭉 안의 진한 작은 점들은 왜 있는 것일까?

① 나비와 벌에게 꿀이 있는 곳을 알려주기 위해

② 햇빛에 장시간 노출되면서 진한 점들이 생겨서

앞의 사진들은 우리 주변에서 볼 수 있는 흔한 동식물 몇 가지이다. 첫 번째 사진의 아주까리 열매는 겉모습을 마치 곤충처럼 보이도록 해서 자기 열매를 보호하려고 한다. 두 번째 사진의 메뚜기는 암컷이 수컷보다 훨씬 크다. 암컷의 경우 한꺼번에 많은 알을 낳기 위해 몸집을 키웠고, 수컷은 생식기관 쪽으로만 에너지를 모았기 때문이다. 그런가 하면 세 번째 사진의 철쭉 안쪽에 보이는 진한 점들은 일명 '꿀점(honey guide)'이다. 이 점들은 나비와 벌에게 꿀이 있는 곳을 안내하는 비행기 활주로와 같은 역할을 한다. 이런 오묘한 사실을 알면 알수록 어떻게 이 작은 동식물 하나하나에 이런 지혜가 숨어 있는지 놀랍고 신비한 느낌마저 든다. 생태계는 이런 각각의 특성을 가진 개체들이 서로서로 관계를 맺으며 이루어내는 아름답고 조화로운 공동체이다.

1. '생물다양성의 날'의 의미 및 유래

1) '생물다양성의 날'이 뭘까?

지구상에는 무수하게 많은 다양한 생물이 숲, 습지, 바다, 사막 등에서 살아가고 있다. 이들 생물 각각은 자신만의 고유한 유전자를 가지고 있다. 이러한 생물종, 생태계, 유전자의 다양성을 모두 포괄하여 생물다양성이라고 한다(국립생물지원관, https://www.nibr.go.kr/). 관련하여 우리나라의 「생물다양성 보전 및 이용에 관한 법률」(약칭: 생물다양성법, 시행 2020. 6. 11. 법률 제16806호, 2019. 12. 10., 일부개정)을 보면 제2조 정의에서 '"생물다양성"이란 '육상생태계 및 수생생태계와 이들의 복합생태계를 포함하는 모든 원천에서 발생한 생물체의 다양성을 말하며, 종내(種內)·종간(種間) 및 생태계의 다양성을 포함한다'라고 되어 있다(국가법령정보센터).

그런데 최근 우리 주변에서 많은 생물이 빠른 속도로 멸종되고 있다. 최근의 멸종 속도는 자연적인 멸종보다 무려 1,000배나 빠르다고 한다. 자연도 쉬지 않고 다양한 생물종을 만들고 있지만, 새로운 종이 탄생하려면 수십만 년이나 걸리니 이런 식으로 멸종이 계속된다면 생태계의 다양성은 매우 훼손될 것이다. 예를 들어 따오기는 우리나라에서 몇십 년 전까지만 해도 흔한 새였다. "따옥따옥 따오기, 숲에서 울고~"라는 동요에도 등장할 정도로 말이다. 황새목 따오기과에 속하는 이 새는 현재 우리나라뿐 아니라 전 세계적으로도 멸종 위기에 처한 희귀종이 되었다.

따오기

따오기뿐만이 아니다. 우리나라 국립생물자원관(https://species.nibr.go.kr, 2024년 1월 8일 검색)에서 밝힌 바에 따르면 멸종위기 야생동물 1급으로 지정한 것 중에는 늑대, 여우, 반달가슴곰, 수달 등 우리에게 친숙한 동물들이 여럿 포함되어 있다. 앞으로 코끼리, 고래, 원숭이도 모두 책에서만 볼 수 있는 동물이 될지도 모른다. 이런 문제의식이 확산되면서 나온 방안 중 하나가 '생물다양성 보존의 날'이다. 즉, 이날은 지구상에 존재하는 모든 생물이 어떤 이유에 의해서든 사라지지 않고 잘 보존되어야 한다는 의미(최재천, 2010)를 담고 있다. 생물의 멸종뿐 아니라 생물종의 유전적 다양성이 감소하고, 변종과 사육 품종의 종류가 줄고, 생태계와 경관이 단순화되는 등 생물다양성의 다른 측면도 악화되고 있다.

2) 언제, 왜 이런 날이 생겼을까?

'생물다양성의 날', 영어로는 International Day for Biological Diversity, 즉 IDB는 1992년 5월 22일에 케냐의 나이로비에서 열린 생물다양성협약 전권대표회의에서 채택한 '생물다양성 협약'을 기념하기 위하여 만든 날이다. 초기에는 생물다양성 협약 발효일이 1993년 12월 29일이었던 터라 '생물다양성의 날'을 12월 29일로 정하였었다. 그러나 2000년 12월의 유엔총회에서 생물다양성 협약이 채택된 원래 날짜인 5월 22일로 하기로 결정하면서 2001년부터 변경하여 기념하게 된 것이다. 한편, 이날과 관련하여 해마다 특정 주제를 정하는데, 예를 들어 2010년의 주제는 '생물다양성, 발전과 가난의 경감(Biodiversity, Development and Poverty Alleviation)'이었으며, 2019년의 주제는 '우리의 생물다양성, 우리의 음식, 우리의 건강(Our Biodiversity, Our Food, Our Health)'이었다. 참고로 2020~2023년의 '생물다양성의 해' 주제와 2020년과 2023년의 생물다양성의 해 포스터를 제시하면 다음과 같다.

2020~2023년 생물다양성의 날 주제

2023년: 합의에서 행동으로: 생물다양성 회복(From agreement to action: Build back biodiversity)
2022년: 모든 생명을 위한 미래 건설(Building a shared future for all life)
2021년: 우리는 해결의 한 부분이다(We're part of the solution)
2020년: 우리의 해결은 자연 안에 있다(Our solutions are in nature)

2020년 포스터

2023년 포스터

자료: 유넵 생물다양성협약 웹사이트(http://www.cbd.int/idb/)

우리나라는 1999년 10월 생물다양성협약에 가입하였고, 관련 법으로는「생물다양성 보전 및 이용에 관한 법률」(약칭: 생물다양성법, 시행 2020. 6. 11.] [법률 제16806호, 2019. 12. 10., 일부개정]),「야생동물 보호 및 관리에 관한 법률」(약칭: 야생생물법, [시행 2023. 12. 14.] [법률 제19088호, 2022. 12. 13., 일부개정])' 등이 있다. 이런 법들에 따라 환경부에서는 밀렵 · 밀거래를 신고하도록 하고 있다. 예를 들면「야생생물 보호 및 관리에 관한 법률」의 규정을 위반하여 야생생물을 밀렵 · 밀거래하는 모든 행위(멸종위기 야생생물을 포획 또는 채취 등을 한 자~수렵장 외의 장소에서 수렵한 자 등)에 대해 신고(환경부, 각 지방환경청 홈페이지에서 신고~특수전화인 환경신문고를 통해 신고)하도록 시스템을 구축하고 있다(https://www.me.go.kr/home/web/index.do?menuId=26).

한편, 생물다양성 당사국 총회는 우리나라에서도 개최된 바 있다. 제12차 총회가 2014년에 강원도 평창에서 열린 것이다. 당시 슬로건은 '지속가능발전을 위한 생물다양성(Biodiversity for Sustainable Development)'이었다(국가생물다양성 정보공유체계, https://www.kbr.go.kr/). 이후로도 우리나라에서는 생물다양성을 지키기 위한 다양한 노력을 기울이고 있다. 예를 들면 정부에서는 관계부처 합동(2023. 12.)으로 '제5차 국가생물다양성전략(2024~2028)'을 수립하였는데, 이 전략의 '2030년 비전'은 '현명하게 지키고 균형 있게 이용해 모두가 지속가능하게 자연의 혜택을 누리는 사회'이다.

2. '생물다양성의 날'과 유아기 지속가능발전교육의 관계

1) '생물다양성의 날'과 우리 생활의 관계

생물다양성이 지속가능발전에 그렇게 중요한 요인일까? 물론이다. 생물다양성의 파괴는 심각한 사회 · 경제 · 환경 문제를 야기시킬 수 있다. 왜 그런지 살펴보자. 제1장에서 제시한 바 있는 EBS의 '벌이 사라지고 있다'에서는 지후변화, 지나친 농약이나 살충제 과다 사용, 전자파 등 환경의 변화로 벌이 우리나라뿐 아니라 전 세계적으로 이미 그 개체 수가 상당히 줄었음을 보고한 바 있다.

관련하여 한번 생각해 보자. 만일 어떤 가난한 지역에 벌이 사라진다면 어떤 문제들이 발생할까? 꽃가루를 옮겨 주는 일을 벌이 못 하게 되니까 당장 수확량부터 떨어질 것이다. 그 문제 해결을 위해 힘이 약한 여자들, 특히 어린 아이들은 학교에 가지 못하고 벌이 하던 일, 즉 꽃가루를 묻히는 단순노동에 내몰릴 수 있다. 수확량이 줄면 식량 자립도가 떨어지면서 경제적으로도 위기가 닥칠 것이다. 그저 벌 하나의 예를 들었을 뿐인데 사회적 · 경제적 문제로도 연결되는 등 지속가능발전에 심각한 타격을 줄 수 있다. 벌 하나도 이런 문제를 일으키는데 생물학자들은 지금 수준의 환경 파괴가 계속된다면 2030년 무렵에는 현존하는 동식물의 2%가 절멸하거나 조기 절멸의 위험에 처할 것이며, 더 나아가 금세기 말에는 무려 절반 정도가 사라질 것이라고 경고(최재천, 2010)한다. 매우 심각한 상황인 것이다. 그런 상황을 막기 위해 유엔은 2011년부터 2020년까지를 한층 강도 높은 '생물다양성 10년'(http://www.cbd.int/2011-2020/)으로 정하고 다양한 노력을 기울인 바 있다.

2011-2020 United Nations Decade on Biodiversity

한편, 생물다양성의 가치를 종합적으로 정리하면 존재가치, 직접사용가치, 간접사용가치, 그리고 부가가치의 4가지로 볼 수 있다. 그 각각이 다 중요한 가치이나 '인간과 자연 존중' 관점에서 볼 때 이 중 가장 중요한 가치는 존재 그 자체에 의미를 부여하는 '존재가치'(환경부, 2009: 99)라고 할 수 있다.

생물다양성의 가치

- 존재가치: 유용성과 무관하게 존재 자체만으로 갖는 가치
- 직접사용가치: 식량, 연료, 목재, 섬유, 의약품 등의 상품가치
- 간접사용가치: 광합성, 기후 조절, 물 정화, 토양 보호, 여가 및 생태관광
- 부가가치: 미래에 신약으로 개발될 잠재성 등과 같은 미래의 가치

2) '생물다양성의 날'과 유아기 지속가능발전교육의 관계

젠가 게임을 한다고 해 보자. 아무리 조심조심해도 이쪽, 저쪽에서 하나씩 하나씩 조각들을 빼내다 보면 어느 순간 갑자기 전체가 와르르 무너져 버린다. 지구 생태계도 마찬가지이다. 따오기가 빠지고, 늑대가 빠지고, 고릴라가 빠지고 하다 보면 어느 순간 생태계 전체가 와르르 허물어질 것이다. 인간 중

심으로 자연을 마구 이용하다 보니 실제로 이런 사태가 벌어지고 있다.

2007 개정 유치원 교육과정부터 현재 운영 중인 2019 개정 누리과정에 이르기까지 '인간과 자연 존중'을 강조하는 주요 이유이다. 관련하여 2019 개정 누리과정에서는 추구하는 인간상 중 특히 '더불어 사는 사람' 관련하여 "누리과정을 통해 유아는 사람과 자연을 존중하고 배려하며 소통하는 태도를 기른다."(교육부, 보건복지부, 2019: 34)라고 밝혀 놓았다. 인간을 포함하여 생태계 구성원 모두를 상생의 관계로, 존중하는 마음으로 바라보아야 한다는 점이다. 따라서 생물다양성의 날 관련 활동도 이런 관점에 기초하여 선정되어야 할 것이다.

지금까지 살펴본 여러 사실을 정리해 보자. 우선은 유아들에게 지구에 얼마나 다양한 생물이 함께 살아가는지 느껴보도록 하는 것이 필요할 것이다. 그리고 다음으로는 이렇게 다양한 생물이 함께 사는 것이 왜 좋은 건지, 더불어 많은 생물들이 이 세상에서 없어진다면 왜 나쁜지 생각해 보도록 하여야 할 것이다. 마지막으로 지구상에서 다양한 생물이 인간의 잘못으로 더 이상 사라지지 않고 더불어 살아가도록 하기 위해 알고 느낀 바를 실천하도록 교육해야 할 것이다.

이런 내용을 5가지 활동으로 풀어보면 다음과 같다. 먼저 1단계: 관심 갖고 생각 열기 활동으로 '공원(산, 바다 등)에 가면 ~도 있고', 2단계: '생물다양성의 날'과 우리 생활과의 관계 이해를 위한 활동으로 '지렁이가 더럽다고?'와 '만일 이 세상에서 벌이 모두 사라진다면?', 3단계의 알고 느낀 바를 주변과 공유하고 변화를 위한 실천하기 활동으로 '동물들아, 모두 모두 같이 살자'와 '우리가 이 나무의 엄마(아빠)야'의 5가지이다.

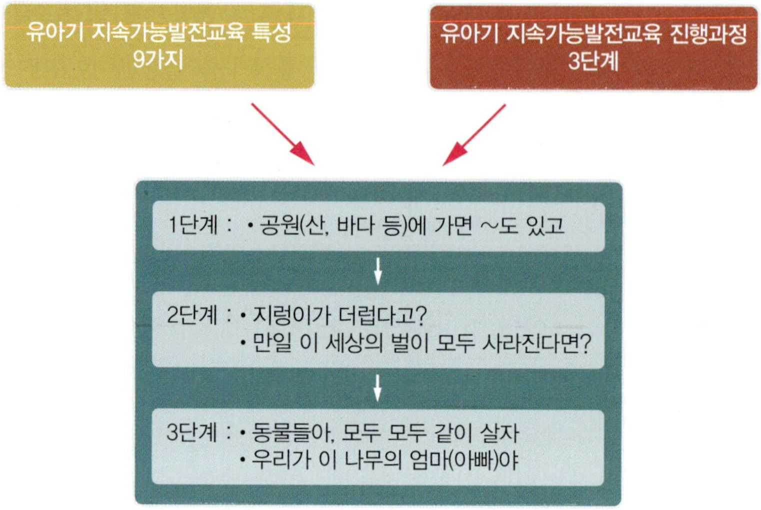

[그림 10-1] 생물다양성의 날 관련 활동 5가지

각 활동 유형과 주요 내용을 살펴보면 <표 10-1>과 같다.

〈표 10-1〉 '생물다양성의 날' 관련 활동 5가지의 주요 내용 및 방법

단계	활동명	활동유형	주요 내용
1단계 관심 갖고 생각 열기	공원(산, 바다 등)에 가면 ~도 있고	현장견학	가까운 공원이나 산 등 자연으로 나가서 많은 동식물이 있다는 것을 경험하기
2단계 생물다양성과 우리 생활 관계 이해를 위한 다양한 활동하기	지렁이가 더럽다고?	동화 듣기 및 실외활동	지렁이의 생태적 특성 알기, 지렁이와 다른 동식물과의 관계 알기
	만일 이 세상의 벌이 모두 사라진다면?	이야기 나누기 및 현장 견학	벌이 사라지면 어떤 일이 일어날까 생각해 보고 자연에 나가 보기
3단계 알고 느낀 바를 주변과 공유하고 변화를 위한 실천하기	동물들아, 모두 모두 같이 살자	이야기 나누기	동식물이 사라지지 않도록 하기 위해 실천해야 할 일 알고 실천하기
	우리가 이 나무의 엄마(아빠)야	실외활동	나무를 입양하고 보살피기

3. '생물다양성의 날'을 위한 활동

각 활동들을 구체적으로 기술하면 다음과 같다.

1) 1단계: 관심 갖고 생각 열기

우리 주변에서 볼 수 있는 동물들, 예를 들어 개, 고양이, 청설모, 개미 등… 어떤 동물은 귀엽고, 또 어떤 동물은 무서우며, 그런가 하면 어떤 동물은 보기만 해도 웃음이 나올 만큼 엉뚱해 보이기도 한다. 식물도 마찬가지이다. 아무리 작은 꽃이라도 그 모양과 색깔, 형체가 각각 참으로 신비할 만큼 아름답다. '생물다양성의 날' 관련한 첫 활동은 유아들에게 우리 주변에 얼마나 많은 동식물이 우리와 함께 살고 있는가를 느끼게 해 주는 것이다.

활동 1 **공원(산, 바다 등)에 가면 ~도 있고**

활동목표
- 우리 주변에 수많은 동식물이 함께 살고 있음을 안다.
- 규칙을 지키며 게임을 즐겁게 한다.
- 자연 속에서 여러 종류의 동식물을 찾아보고 관찰한다.

활동자료
- 유아들이 잘 알고 있는 동식물 사진들
- 두루마리 휴지심 또는 포일심

나비

도마뱀

민들레

장미

활동방법

1) 도입

① 자료 사진들을 한 장씩 보며 무엇인지 맞혀 보기를 한다.

② 유치원 주변의 공원(산, 냇가, 습지 등)에 나가면 무엇을 볼 수 있을지 추측해 본다.

③ 이후 'ㅇㅇ에 가면 ~도 있고' 게임을 설명해 준다. 원래 게임 규칙은 처음 시작한 사람부터 계속 하나씩 단어를 덧붙여 나가는 것이지만 유아들 발달 수준을 고려하여 각각 한 가지씩만 이야기해 보도록 한다.

예 교사: 공원에 가면
유아 1: 나비가 있고
유아 2: 도마뱀이 있고
유아 3: 민들레가 있고
유아 4: 장미꽃이 있고

2) 전개

① 가까운 공원에 나가 게임에서 말한 것들을 정말 찾아볼 수 있는지, 게임에 나오지 않았는데 공원에서 볼 수 있는 것에는 어떤 것들이 있는지 찾아보고 관찰한다. 이때 휴지심(또는 포일심)을 이용하면 더욱 집중적으로 특정 사물을 관찰할 수 있다. 한편, 공원 안의 나무라고 해도 여러 종류가 있다는 것을 느끼고 알도록 하기 위해 유아들마다 나뭇잎을 각자 1장씩만 줍거나 따서 돌아온다.

② '공원에 가면 ~도 있고' 게임을 다시 한번 해 본다. 이때는 유아들이 직접 보고 경험한 것을 말해 보도록 한다.

③ 공원에서 주워 온 나뭇잎을 입으로 불거나 손바닥으로 쳐서 뒤집는 '나뭇잎 딱지 뒤집기'를 2명씩 해 본다. 얇은 나뭇잎은 금방 마르고 시들어 버린다는 것, 두껍고 큰 나뭇잎은 잘 뒤집어지지 않는다는 것 등을 경험하다 보면 유아들은 나뭇잎의 종류가 다르다는 것을 느낄 수 있을 것이다. 이외 나뭇잎 모양을 기본으로 하면서 확장된 그림 그리기를 할 수도 있다.

[그림 10-2] 나뭇잎을 입으로 불어 넘기기 / 나뭇잎을 이용한 확장 그림

3) 정리 우리 주변에 참 많은 동식물이 함께 살고 있다는 것을 확인하며 마무리 한다.

잠깐!

코미디 야생동물 사진대회(Comedy Wildlife Photography awards)

야생동물의 보존과 지속가능성을 위해 야생동물의 재미있는 모습을 담아낸 사진 선정 대회가 2015년부터 매년 열리고 있다. 2023년에 출품된 작품 중 수상작 두 작품만 보면 다음과 같다. 유아 교육기관에서도 이런 식으로 '엄마, 아빠와 함께하는 재미있는 동물 사진전'을 개최해 보는 것은 어떨까?

우아한 발레

"널 다시 만나 너~무 행복해!"

자료: https://www.comedywildlifephoto.com/gallery/comedy-wildlife-2023-competition-winners.php.

2) 2단계: 생물다양성과 우리 생활 간의 관계 이해를 위한 활동하기

활동 1 지렁이가 더럽다고?

활동목표
- 지렁이의 특성을 이해한다.
- 지렁이와 주변 생물들의 관계를 이해한다.

활동자료
- 『지렁이다』(차보금, 2020) 또는 지렁이 관련 다른 그림책(예: 『아기 지렁이 꼬물이의 일기』
- 지렁이와 여러 동식물이 함께 나오는 그림 한 장

활동방법

1) 도입 수수께끼로 유아들의 호기심을 자극한다. 또는 지렁이에 관한 동영상(누리과정 '환경과 생활'의 '땅 지킴이')을 본다.

> **수수께끼**
>
> 내 이름은 꼬물이라고 해. 우리 집은 흙 속에 있지.
> 나는 비가 오면 땅 위로 슬슬 올라오길 잘 한단다. 내 이름이 뭐게?

2) 전개 ① 『지렁이다』 또는 비슷한 내용을 다루고 있는 그림 동화(예: 『아기 지렁이 꼬물이의 일기』)를 들려준다. 가능하면 비 오는 날이나 또는 비 온 다음 날도 좋다.

② 동화를 들려주고 유아들과 실외로 나가 흙 위에 지렁이가 올라와 있는지 둘러본다. 이때 비가 온 후 더 싱싱해진 나무와 풀들을 둘러보고

또 곤충들도 살펴본다. 여건이 안 되면 관련 동영상으로 대체한다.

③ 준비된 그림을 보며 지렁이가 흙 속에서 열심히 먹고 활동하면 주변의 누가 좋아할지 이야기 나누어 본다. 흙이 기름지고 공기도 잘 통하니까 주변 풀들, 나무들이 좋아하고, 그러면 주변 동물들도 먹을 것이 많아지고 살 곳도 좋아진다는 것을 알도록 한다.

3) 마무리 흙을 거름지게 하고 여러 동식물들을 더 잘 살게 하는 지렁이에게 하고 싶은 말을 돌아가며 한마디씩 해 본다.

예 지렁이야, 행복하게 살아라.

지렁이야, 사과가 많이 열리게 해 주어서 고마워.

확장활동 '지렁이 화분 만들기'를 해 보면서 지렁이의 특성 알기, 지렁이와 생태계의 관계 이해하기를 심화확장 활동으로 한다. 지렁이와 사육상자를 구입하여 활용할 수도 있다.

활동 1 만일 이 세상에서 벌이 모두 사라진다면?

우리 주변에서 많이 볼 수 있던 벌의 수가 크게 줄었음을 알고 그럴 때 어떤 일이 일어나는지 느끼는 데 목표를 둔 활동이다.

활동목표
- 벌은 열매를 맺는 데 꼭 필요한 존재임을 안다.
- 최근 환경문제 등으로 벌이 많이 줄었음을 안다.
- 벌이 사라지면 경제적으로도 큰 손실이 있음을 이해한다.

활동자료
- 벌 2마리(봉봉이, 쌩쌩이), 융판 동화 자료(꽃이 달린 배꽃 나무, 배가 몇 개 안 달린 나무)

나? 쌩쌩이

나? 봉봉이

융판 동화 자료

잠깐!

세계 벌의 날(World Bee Day)

세계 벌의 날'은 2017년에 UN이 전 세계의 식량 생산과 생태계 보호에 중요한 역할을 담당하는 벌의 가치를 알리기 위해 지정한 날이다. 벌의 감소는 곧 식량 감소로 이어지므로 이 문제는 SDGs 목표 2인 'Zero Hunger' 달성에 큰 영향을 미친다.

자료: https://sdg.iisd.org/events/world-bee-day-2024/

활동순서

1) 도입 벌에 관한 간단한 동화를 들려준다.

봉봉이: ('벌' 인형이 날다 앉은 것처럼 하면서) 아유, 힘들어! 꽃 찾기가 왜 이렇게 힘든 거야!
쌩쌩이: 누가 아니래. 나 오늘 진짜 많이 날아다녔거든. 근데 아직 꿀 한 모금도 못 구했어.
봉봉이: 우리 언니가 그러는데 요즘은 꿀 따기가 너무 어렵대. 꽃이 많이 없어서.
쌩쌩이: 맞아, 우리 언니도 그 이야기했어. 거기다 난 요즘 힘이 정말 없어.
봉봉이: 너도 그래? 나도 사실 그래. 내 친구들도 요즘 힘이 없대.
쌩쌩이: 우리 엄마가 그건 농약이랑 비료 때문이래. 그런 것들을 잔뜩 친 꽃의 꿀을 많이 먹으면 그렇대.
봉봉이: 너 그 이야기 들었어? 그래서 옆집 벌통 식구들은 다 죽었다잖아.
쌩쌩이: 정말? 아유, 무서워. 어쩐지 요즘 다른 벌통 친구들도 안 보이더라.
봉봉이: 아휴~! 아무래도 여긴 안 되겠어. 엄마한테 멀리 이사 가자고 해야겠어.
쌩쌩이: 그래, 우리 모두 이사 가자. 꽃은 많고 농약은 많이 사용하지 않는 곳으로~
봉봉이, 쌩쌩이: (붕 날아가다 말고 배나무 근처로 돌아온다.)
봉봉이: 에구~! 곧 배꽃이 필 텐데 어쩌지?
쌩쌩이: 우리가 모두 이사 가고 나면 누가 수술의 꽃가루를 암술한테 묻혀 준담?
봉봉이, 쌩쌩이: (한두 바퀴 더 돌며) 배나무야. 미안해. 우린 모두 떠난다. 안녕~(날아간다.)

2) 전개 동화를 들려주고 나서 봉봉이와 쌩쌩이가 식구들과 모두 다른 곳으로 이사를 갔는데 그럼 배나무에 달린 꽃들은 어떻게 될지 예측해 본다. 그런 다음 배나무 꽃이 열매를 맺지 못하게 되었다는 것을 알려 준다.

열매 맺지 못한 배나무: 벌들아, 모두 어디 갔니? 엉엉~! 벌들이 수술의 꽃가루를 암술에 묻혀 주어야 내가 열매를 맺을 수 있는데… 벌들이 올해는 거의 안 오는 바람에 난 배를 아주 조금밖에 맺지 못했단다. 농부 아저씨가 붓으로 다른 배나무들은 수술의 꽃가루를 암술에 발라 주셨는데 글쎄, 나는 잊어먹고 지나쳐 가셨단다. 이것 봐. 꽃은 다 떨어졌는데 나는 열매가 거의 없잖아. 이렇게 나처럼 배나무들이 열매를 맺지 못하게 된다면 뱃값이 엄청나게 비싸질 거야.

3) 마무리 배나무의 실제 꽃 사진을 보여 주며 배나무도, 벌도 모두 행복하게 잘 사는 세상이 되었으면 좋겠다고 하며 마무리한다. 그리고 그렇게 되려면 엄마, 아빠와 물건을 살 때 '친환경' 표시가 있는 제품을 사도록 하고, 과일 하나도 함부로 버리는 일이 없도록 하자고 약속한다.

잠깐!

꿀벌 집단 폐사를 막기 위해서는 최소 밀원면적 30만ha가 필요한 것으로 조사됐다. 이는 현재 국내 분포 밀원 면적 15만ha의 두 배 규모다. 2023년에 나온 보고서 <벌의 위기와 보호 정책 제안>에 의하면, 한국의 밀원(꿀, 꽃가루를 제공하는 식물) 면적은 지난 50여 년간 약 32.5만ha가 사라졌다. 밀원식물의 급감은 꿀벌의 영양 부족으로 인한 면역력 저하로 이어져 꿀벌은 기생충인 응애, 농약 및 살충제, 말벌 등의 피해에 더욱 취약해졌다. 이런 문제 해결을 위해 밀원식물을 많이 심어야 하며, 이때 최대한 많은 토종 식물을 심어 생물다양성을 강화해야 한다. 유아교육기관에서도 기관 내 꽃 심기, 동네에 손바닥 정원 만들기 등을 통해 문제 해결에 동참할 수 있다.

자료: 국제환경단체 그린피스, 안동대학교 산학협력단(2023. 5. 20.).

3) 3단계: 알고 느낀 것을 공유하고 변화를 위한 실천하기

활동 1 동물들아, 모두 모두 같이 살자

활동목표
- 사라져가는 동물들에 관심을 가진다.
- 동물들이 사라지지 않도록 하기 위해 해야 할 일들을 이해한다.

활동자료
- 생물다양성의 날 포스터나 행사 사진
- 세계 여러 나라의 사람들과 각 나라의 대표적인 동물들 사진 몇 장

예 한국의 연구원: 황제펭귄
러시아인: 시베리아 호랑이
케냐인: 코뿔소
중국인: 판다

자료: 서울그린트러스트 블로그(http://cfile5.uf.tistory.com)

황제펭귄 시베리아 호랑이 코뿔소 판다

활동순서

1) 도입 오늘은 여러 나라 사람들, 즉 러시아인, 중국인, 케냐인, 그리고 저 멀리 남극기지에서 연구 중이던 한국인 연구원도 그 나라의 특별한 동물들을 소개해 주러 왔다고 이야기하면서 주의를 집중시킨다. 각 나라 인형을 이용해도 좋다.

2) 전개 ① 동화를 통해 각 나라 사람들이 자기 나라에서, 또는 연구지에서 사라지는 동물들을 소개하면서 유아들에게 생활 속에서 실천할 것들을 부탁한다.

동물들이 사라지고 있어요

지옥정 지음

한국인 남극기지 연구원: (반팔옷을 입고) 난 남극에서 연구를 하고 있는 이상윤 박사야. 휴~ 더워. 이렇게 5월 말에 더운 것도 지구가 점점 따뜻해지기 때문이지. 참, 오늘 내가 소개할 동물은? 수수께끼! (노래 부르듯이 리듬을 넣어) 아빠 ㅇㅇ이 사냥을 간다. 뒤뚱 뒤뚱 뒤뚱 뒤~뚱! 눈 위 걸어 바닷속으로 사냥을 간다. (유아들의 '펭귄'이라는 답 듣고는 다시 본래대로) 맞아. 펭귄. 그중에서도 황제펭귄. 이 황제펭귄이 점점 줄고 있단다. 남극 얼음이 자꾸 녹고 먹을 것도 줄어들어서야. 너희들도 에어컨을 너무 많이 틀지 않았으면 좋겠어. 에어컨 틀 때 바깥으로 나오는 뜨거운 바람이 지구를 더 더워지게 하거든. (황제펭귄 사진을 자석 칠판에 붙임)

러시아인: (역시 반팔을 입고) 맞아, 더우면 부채질하면 되지. 내가 소개할 동물은 숲속 왕 중의 왕. 얼굴은 고양이와 비슷하게 생기긴 했지만… 호호호호~ 맞아. 호랑이야. 너희들 종이 안 쓰는 날 배웠지? 종이를 아껴 써 주면 좋겠다. 숲의 나무를 사람들이 베어내는 바람에 호랑이들도 거의 다 사라졌거든. (호랑이 사진을 자석 칠판에 붙임)

케냐인: (반팔, 반바지에 선글라스를 끼고) 케냐는 햇빛이 강해서 이렇게 선글라스를 끼고 왔단다. 내가 소개할 동물은 아주 특별해. 머리도 아니고, 엉덩이도 아니고 바로 코에 뿔을 달고 있거든. 그래서 이름도 코뿔소야. 문제는 코뿔소가 우리 케냐에도 몇 마리 안 남았다는 거지. 사람들이 몰래몰래 잡아가거든. 뿔이 비싸다고. 정말 걱정이야. 이제 멋진 코뿔소를 보기 힘들단다. 너희들도 어디 가서 예쁜 것 보게 될 때 막 가져오지 않았으면 좋겠어. (코뿔소 사진을 자석 칠판에 붙임)

중국인: (전통 중국 복장을 하고, 재미를 위해 좀 빠른 어조로) 말야, 말야, 말야, 말야. 내가 소개할 동물은 말야. 바로 바로 바로 바로 대나무 순과 나무뿌리 등을 먹고 사는 판다란다. 말도 마. 우리 중국에서도 사람들이 나무들을 마구 베어 내는 바람에 판다도 보기가 어려워졌어. 판다가 얼마나 귀여운데 말이지. (판다 사진을 붙임)

② '생물다양성의 날' 포스터를 보여 주며 무엇을 하자고 약속한 날일 것 같은지 추측해 보게 한다. 세계 모든 사람들이 '지구상의 모든 동물과 식물들을 보호하고 함께 잘 살자고 약속한 날'이라는 것을 알려준다.

3) 정리　주위의 동식물을 잘 돌보아 주기로 하고 마무리한다. 또 사라져 가는 동물들을 보호하기 위해 유아들이 생활 속에서 실천할 수 있는 것들을 다시 한번 확인한다.

① 쓰지 않는 전등불을 꺼요.

② 물을 아껴 써요.

③ 재생 종이를 사용해요.

④ 종이팩은 따로 모아요.

확장활동　고슴도치야, 지금 기분은 어때?

기관에서 키우고 있는 동물(예: 고슴도치, 이구아나, 거북이 등)의 상태나 기분을 고려하여 상황에 맞게 동물을 돌보도록 한다. 예를 들어 오송청사어린이집에서는 실내에서 키우는 거북이, 고슴도치, 이구아나 등을 유아들이 관찰하고 돌볼 때에 동물들의 상태나 기분을 고려하도록 하고 있다. 이를 위해 '운동을 해요', '밥을 먹고 있어요', '잠을 자고 있어요', '아파요'와 같이 4가지 내용의 카드를 만들어 놓고 있다. 즉, 그 동물의 상황에 맞는 카드를 끼워 유아들이 행동이나 말을 조심하도록 하는 것이다. 예를 들어 '잠자요' 카드가 꽂혀 있으면 건드리지 않고 조용히 두는 것이다. 더 나아가 유아들 스스로 동물의 상태를 보고 카드를 바꿔 끼운 후 그에 맞게 행동하도록 한다.

[그림 10-3] 고슴도치를 돌보아요

자료: 오송청사어린이집

활동 1 우리가 이 나무의 엄마(아빠)야

이 활동은 유아들이 직접 주변의 나무를 돌보면서 자연에 대한 감수성과 배려하는 마음을 키우도록 하는 데 있다. 단, 동식물 돌보기 관련 모든 활동이 그렇듯이 이 활동도 하루에 끝나는 것이 아니라 오랜 시간 지속해서 이루어지도록 하는 것이 필요하다.

활동목표
- 주변 나무의 특성을 안다.
- 나무의 특성에 맞게 직접 돌본다.

활동자료
- 유치원(어린이집)의 나무 또는 주변 가까운 공원의 나무(작은 나무면 더 좋음)
- 엄마, 아빠가 아이를 안아 주는 모습, 음식을 먹여 주는 모습, 동화를 들려주는 모습 사진, 함께 놀아 주는 모습

활동방법

1) 도입 우리를 가장 사랑하는 사람은 누구인지, 어떻게 사랑하는 것을 알고 느낄 수 있는지 이야기해 보도록 한다.

2) 전개 ① 엄마, 아빠가 아이를 사랑하며 함께 하는 사진을 보여 주며 어떻게 돌보는지 이야기 나눈다.

예 꼭 안아 주어요.
맛있는 것을 주어요.
함께 놀아요.
동화책을 읽어 주어요.

② 유치원(어린이집)의 나무들도 엄마, 아빠처럼 돌보아 주는 사람이 필요하다는 것을 이야기 나누고 우리가 나무의 엄마, 아빠가 되어 주자고 한다.

③ 유치원(어린이집) 마당(또는 공원)에 나가 유아 2~4명당 한 나무씩 정해 그 나무의 엄마, 아빠가 되기로 정한다.

④ 만일 아기에게 매운 김치를 주거나 더운데도 옷을 많이 입히면 아기가 싫어하는 것처럼 나무도 어떻게 해 주면 좋아할지, 또는 싫어할지 먼저 생각해 보기로 한다.

예 나무가 좋아할 거예요: 사랑한다고 말해 주어요. 일주일에 한 번씩 물을 듬뿍 주어요. 가볍게 안아 주어요. 이름표를 달아 주어요.

예 나무가 싫어할 거예요: 발로 차요. 나무껍질을 벗겨내요. 나무 밑에 쓰레기를 버려요.

3) 정리 나무가 어떻게 느낄지 말과 그림으로 표현해 보면서 정리한다.

정·리·하·기

1 환경기념일인 '생물다양성의 날'이 들어 있는 달은 언제인가?

① 1월 ② 3월
③ 5월 ④ 9월

2 '생물다양성의 날' 관련 설명으로 적합한 것은 무엇인가?

① 우리나라에서 정한 환경기념일이다.
② 생물다양성의 중요성을 알리기 위한 날이다.
③ 생물다양성이란 '생물종이 다양하다'로 한정되는 개념이다.
④ 생물다양성은 '새롭게 지구상에 출몰한 생물들을 보호하자'는 개념이다.

3 생물다양성의 가치로 보기 어려운 것은 무엇인가?

① 존재가치 ② 잉여가치
③ 직접사용가치 ④ 간접사용가치

정답 및 풀이

1 ③
생물다양성의 날은 매해 5월 22일이다.

2 ②
이 날은 전 세계적으로 생물다양성의 중요성을 알리기 위한 환경기념일로서, 생물종, 생태계, 유전자의 다양성을 모두 포괄하는 개념이다.

3 ②
생물다양성의 가치는 존재가치, 직접사용가치, 간접사용가치, 부가가치로 나누어 볼 수 있다.

제 11 장

하나뿐인 지구를 위한 '세계 환경의 날'

학습목표

1. '세계 환경의 날'(6월 5일)의 의미 및 유래를 안다.
2. '세계 환경의 날'과 유아기 지속가능발전교육의 관계를 이해한다.
3. '세계 환경의 날' 관련 유아기 지속가능발전교육 활동을 이해하고 적용할 수 있다.

1. '세계 환경의 날'의 의미 및 유래

1) '세계 환경의 날'이 뭘까?

지구 온난화로 인한 이상 기후 때문에 지구 곳곳이 심한 몸살을 앓고 있다. 다음과 같은 상황을 상상해 보자.

교사 1명이 최신 장비를 갖춘 방 안에서 기계들을 살펴보며 서 있다. 그 옆에는 안내 로봇 삐삐가 서 있다.

삐삐 로봇: (음의 고저 없는 목소리로) 대한유치원 김 선생님. 환경의 날을 맞아 여기 최신 장비를 갖춘 '세계 기후 체험실'에 오신 것을 환영합니다. 언제, 어떤 곳의 기후 체험을 하기 원하시는지 입력하신 후 '우르릉 와르릉 번쩍 쾅~!'이라고 주문을 외치세요. 삐삐.

김 교사: 우르릉 와르릉 번쩍 쾅?

삐삐 로봇: 그렇습니다. 그럼 선생님은 바로 그곳 현장의 기후를 영상과 함께 진짜처럼 체험하실 수 있습니다. 체험을 끝내고 싶을 때는 '딩동, 끝!' 하면 됩니다. 그럼, 삐삐 나갑니다. 삐삐.

김 교사: 와~! 재미있겠다. 언제, 어디로라도 갈 수 있단 말이지? 그럼 한 10년 전의 오스트레일리아 멜버른으로 가 볼까? 언니가 거기 날씨 진짜 좋다고 했는데... 주문, 주문 외워야지. '우르릉 와르릉 번쩍 쾅~!'

와~! 멜버른의 테니스 대회장인가 보네. 아니 그런데 이게 뭐야? 아유 더워. 저것 좀 봐. 경기장 바닥에서 물병이 녹아내리고 있잖아. 꼭 뜨거운 한증막 같네. 빨리 돌아가야겠어. 주문이 뭐였더라? '빠방. 끝!' 아니네. '꽤액. 끝!' 이것도 아니고… 맞아. '딩동, 끝!'이었지. '딩동, 끝!' 아휴~! 조금 더 있었으면 완전 군고구마처럼 익을 뻔했네. 이번에는 미국 뉴욕으로 가 볼까? 2022년 12월로 가면 좀 춥겠지? 크리스마스 기분도 나고. 2022년 12월 25일 뉴욕. 맨해튼 거리. 참, 주문! '우르릉 와르릉 번쩍 쾅~!'

오스트레일리아 멜버른 '40도 폭염' 속 오스트레일리아 오픈 테니스대회… "물병이 녹아내려"
- 머니투데이뉴스, 2014. 1. 14.

휴우~! 시원해!가 아니고 아이고 추워. 이건 또 뭐야? 뉴욕이 이렇게 추운 덴가? 덜덜덜. 이러다가 고드름 되겠어. 빠, 빠… 빨리 주문을 외우자. 그렇지, '딩동, 끝!' 에취, 에취. 아유~ 아무래도 따뜻한 나라 기후 체험이 낫겠는걸. 그럼 베트남? 라오까이성 쪽이 멋있다는데 그리로 가 보자. 2021년 1월 13일로 해 놓고. 주문을 외우면 '우르릉 와르릉 번쩍 쾅~!'

눈폭풍에 '크리스마스 악몽'… 체감온도 영하 50도 최소 46명 사망
- MBC 뉴스, 2022.12.26.

베트남의 라오까이성이라고 분명이 입력했는데… 여기 베트남 아닌가? 저건 뭐니? 웬 눈사람? 베트남 이쪽에 눈이 올 리 없는데… 에에에취. 안 되겠어. 빨리 돌아가자. '딩동딩동딩동, 끝!' 아, 아니지. '딩동, 끝!'

이상 저온에 눈쌓인 베트남, 가축 떼죽음. 600여 마리 폐사
- 중앙일보, 2021. 1. 13.

그런데 왜 나라마다 기후들이 이렇게 이상하지? 혹시 삐삐 로봇이 장난친 거 아니야?

삐삐 로봇: (로봇 재등장) 지구 온도 상승으로 세계 여러 나라의 기후가 점점 이상해지고 있어서 그렇습니다. 삐삐. 제가 장난친 것 아닙니다. 절대 절대 아닙니다. 삐삐.

인간들의 잘못으로 이렇게 지구에 병이 들었으니 이제 우리 모두 반성하면서 지구 환경 회복을 위해 노력해야 할 것이다. 매해 6월 5일 '세계 환경의 날(World Environment Day)'은 바로 이런 인식을 바탕으로 제정된 날이다. 즉, 전 세계적으로 환경 문제에 대한 경각심을 높이고 정치적 관심과 행동을 유도하는 중요한 기념일이다.

2) 언제, 왜 이런 날이 생겼을까?

지구 환경 악화에 대한 염려와 대처방안 모색은 1960년대부터 서서히 나타나기 시작했다. 그러다가 1972년 6월 5일부터 16일까지 스웨덴의 스톡홀름에서 열린 유엔인간환경회의(UNCHE, United Nations Conference of the Human Environment)에서 '인간환경선언'이 채택되었다. 인간환경선언은 지구 환경 문제를 해결하기 위해 국제사회가 채택한 최초의 선언이라는 점에서 중요한 의미를 갖는다. 그리고 바로 그해 제27회 유엔총회에서 스톡홀름회의 개막일이었던 6월 5일을 '세계 환경의 날'로 정하였다. 이어 1973년에 유엔은 환경전문기구인 유엔환경계획(UNEP, United Nations Enviroment Programme)을 설치하였다. '세계 환경의 날' 행사도 바로 이 UNEP에서 주관하고 있는데, 환경문제를 대중에게 알리는 동시에 지속가능하며 공정한 발전을 위해서는 우리의 노력과 책임이 필요하다는 점을 강조하고 있다.

지난 수년간의 '세계 환경의 날' 주제를 살펴보면 최근 전 세계적으로 크게 관심과 노력을 기울이는 환경문제가 무엇인지 짐작할 수 있다. 다음은 2019~2024년까지의 주제이다.

〈표 11-1〉 2019~2024년까지의 '세계 환경의 날' 주제와 행사 주최국

년도	주제	행사 주최국
2024	토지 복원, 사막화, 가뭄 회복력(land restoration, desertification, and drought resilience)	사우디아라비아
2023	플라스틱 오염 해결(Solutions to Plastic Pollution)	코트디부아르
2022	오직 하나뿐인 지구(Only One Earth)[1]	스웨덴
2021	생태계 복원(Ecosystem Restoration)	파키스탄
2020	생물다양성: 자연을 위한 시간(Time for Nature)	콜롬비아
2019	공기 오염 퇴치(Beat Air Pollution)	중국

자료: https://www.worldenvironmentday.global/about/history

참고로 2025년 '세계환경의 날' 주최국은 우리나라이다. 이는 1997년 6월 5일 서울에서 제28차 세계 환경의 날 기념식을 치르고 28년 만의 일이다. 특히 2025년 환경의 날 행사는 2024년 하반기 국내 유치가 확정된 플라스틱 협약 제5차 정부 간 협상에 이어 바로 다음 해에 개최되는 만큼, 플라스틱 오염 종식의 중요성을 국제사회에 널리 알리는 기회가 될 전망이다(환경부, 2023. 9. 21.).

자료: 환경부의 2019년, 2023년 '환경의 날' 포스터

1) 2022년 환경의 날은 1972년 세계 최초로 이루어진 환경 정상회담인 '유엔인간환경회의'의 50주년을 기념하는 날로서, 1972년의 회의 주제였던 '오직 하나뿐인 지구'와 같은 주제로 한 것이다.

한편, 우리나라는 '환경의 날'을 정부가 주관하는 각종 기념일로 정하기 전에는 6월 5일을 전후하여 민간환경단체들이 환경 행사를 벌였다. 그런데 1996년에 '환경의 날'이 정부 주관 각종 기념일로 정해진 후에는(윤성규, 2013. 6. 7.) 환경부가 국민의 환경보전의식 함양과 실천의 생활화를 위한 '환경의 날' 행사를 주관하고 있으며, 여기에 유엔환경계획한국위원회가 함께하고 있다.

잠깐!

정부 주관 각종 기념일이 뭘까요?

정부가 제정 · 주관하는 기념일(記念日)을 '국가기념일'이라고 한다. 일부 기념일은 공휴일(예: 어린이날, 현충일)로 지정되어 있으나, 환경의 날은 공휴일은 아니다. 관련하여 일부 개정된 「각종 기념일 등에 관한 규정」(약칭: 기념일규정 [시행 2023. 11. 21.] [대통령령 제33877호, 2023. 11. 21., 일부개정])에 의하면 2024년 1월 10일 기준, 총 54개의 각종 기념일이 정해져 있다. 이중 환경의 날은 29번째이고, 주관 부처는 환경부이다.

자료: 행정안전부, https://www.mois.go.kr/frt/sub/a06/b08/nationalHoliday_3/screen.do

2. '세계 환경의 날'과 유아기 지속가능발전교육과의 관계

1) '환경'과 우리 생활의 관계

이제 '세계 환경의 날'과 유아기 지속가능발전교육과의 관계를 구체적으로 알아보자. 먼저 '환경'과 '우리 생활'의 관계는 무엇일까? 그 관계는 '유엔인간환경선언'에 제시된 [선언 1]의 "우리 인간들은 환경의 지배를 받는 동시에 환경을 창조한다"에 잘 집약되어 있다. 더불어 26개의 원칙 중 제1원칙에 나타난 "현세대와 다음 세대를 위해 환경을 보호하고 개선시킬 엄중한 책임을 가지고 있다"라는 내용 속에서 인간은 환경을 보호하고 개선시킬 필요가 있음을, 즉 그렇게 환경을 만들어 가야 할 책임이 있음을 알 수 있다.

전술한 바를 구체적 사례 속에서 생각해 보자. 우리는 환경의 절대적인 영향을 받는다. 태풍과 해일이 몰아칠 때 그 지역에 사는 사람들은 고스란히 그 피해를 받을 수밖에 없다. 이런 피해는 당연히 경제적 · 사회적 문제를 야기하고 혼란을 초래한다. 자연재해가 일어난 지역에 방화와 약탈이 자행되는 것은 이런 사실을 잘 보여 준다. 이렇게 환경의 영향을 받지만 동시에 인간은 적극적으로 환경을 개선시킬 수도 있다. 황폐해진 지역에 나무를 심어 경제를 살리고 여성들의 삶을 변화시킨 왕가리 마타이(Wangari Muta Maathai)는 그 좋은 예이다.

왕가리 마타이는 아프리카 케냐의 작은 마을에 살았다. 그녀가 어렸을 때는 마을의 땅이 비옥하고 숲도 우거져 있었으나 장학금으로 미국에서 공부하고 돌아왔을 때는 산업화라는 미명하에 몰라볼 정도로 황폐하게 변한 상태였다. 마을 여자들은 땔감을 구하러 아주 먼 곳까지 다녀야만 하는 등 비참한 생활을 하고 있었다. 이에 왕가리 마타이는 자기가 먼저 토착나무를 심기 시작했고 절망에 빠진 여자들에게도 나무를 심도록 격려하였다. 벌목을 하는 사람들, 케냐 정부에서는 그녀를 눈엣가시처럼 여기며 감옥에 가두기도 했지만 결국 왕가리 마타이와 그녀와 함께한 여자들의 노력으로 척박했던 케냐 땅이 살아났고 국민들의 소득도 증가하였다. 그뿐만이 아니다. 그녀의 이런 그린벨트 운동은 서른 개 이상의 아프리카 다른 나라들로 퍼져 나가 아프리카 전역에 3천만 그루의 나무가 심겨졌고 케냐에는 6천 개에 달하는

나무들의 어머니 왕가리 마타이(1940. 4. 1.~2011. 9. 25.)

왕가리 마타이

"숲에 불이 났습니다. 도망 나온 동물들은 그냥 망연히 숲이 타는 것을 바라보고 있었지요. 그때 작은 벌새 한 마리가 냇가로 날아가더니 작은 부리로 물을 물어다 불이 난 숲 위에 뿌렸습니다. 다른 동물들은 그런 벌새를 비웃었지요. …(중략)… 점점 나빠져가는 지구를 그냥 바라만 보고 있을 수는 없습니다. 나는 벌새(hummingbird)가 될 거예요. 나는 내가 할 수 있는 최선을 다 할 것입니다."

자료: http://www.youtube.com/watch?v=GZnpPhoeb2o

화원이 생겨났다. 왕가리 마타이로부터 시작하여 아프리카 지역의 힘없는 여인들이 환경을 창조한 것이다. 이와 같이 그린벨트 운동을 통해 세계 평화에 기여한 공로를 인정받아 그녀는 2004년 노벨평화상을 수상하였다(Winter, 2009).

왕가리 마타이의 이야기에서 알 수 있듯이 황폐화된 환경은 여성들의 삶을 더욱 비참하게 만들었지만 그 여자들이 중심이 되어 나무를 꾸준히 심었을 때 환경이 변화되었고 여성들의 삶은 개선되었다. 경제도 살아났다. 왕가리 마타이가 비유로 든 '불이 난 숲 이야기'에 나오는 벌새처럼 지구를 위해 최선을 다해야겠다는 그녀의 적극적인 사고와 실천은 우리 모두가 본받아야 할 점이다.

인간이 환경을 개선시켜 나가는 다른 사례를 하나 더 살펴보자. 현재 여러 나라에서 시행 중인 탄소 라벨링 제도(탄소성적표지 제도)이다. 탄소 라벨링이란 탄소발자국(carbon footprint)과 라벨링(labeling)이 통합된 개념으로, 제품의 생산 · 유통 · 소비 등 전 과정에서 발생되는 이산화탄소 배출량을 제품 겉면에 표시하는 것을 말한다. 제품 생산 기업들이 자발적으로 인증을 신청하면 환경부 산하 '친환경상품진흥원'에서 인증해 준다. 저탄소 소비문화 확산을 유도하여 시장주도의 온실가스 감축을 도모한다는 취지로 도입되었으며, 2009년 4월 15일 22개 제품이 탄소성적표지를 부착하면서 시장에 첫선을 보였다. 탄소성적표지 인증 후 환경부가 제시하는 최소 감축목표를 달성하는 제품은 '저탄소 인증'을 받을 수 있다. 저탄소 인증 제품은 친환경상품에 포함하여 공공기관 우선구매 등의 인센티브가 주어진다. 탄소성적표지 인증 대상은 국내에서 판매되는 제품을 기준으로 하기 때문에 수입품도 대상에 포함된다(기획재정부, 2020. 11. 3.).

이 제도는 2007년 영국에서 시작해서 현재는 일본, 스위스, 캐나다, 우리나라 등 세계 많은 나라들이 운영하고 있으며, 이는 현재 기후 위기 현상[2]과 맞물려 전 세계

2) 미국해양대기청(NOAA)에서 매년 측정되는 탄소 배출량에 의하면 2022년 12월 측정 시 418.99ppm, 2023년 12월 측정 시 421.86ppm 이었다. 이런 식으로 탄소 배출량은 산업혁명 이후 계속 증가하고 있다. 참고로 400ppm 이상은 위험 수준이다(https://gml.noaa.gov/webdata/ccgg/trends/co2_data_mlo.png).

적 공동 목표로 선정된 '2050년까지의 탄소중립'(IPCC, 2021. 8.)과 맞물려 더욱 확대되고 있다. 참고로, 우리나라는 세계에서 14번째로 탄소중립에 관한 사항을 법제화한 나라이다. 「기후위기 대응을 위한 탄소중립 · 녹색성장 기본법」(약칭: 탄소중립기본법)(2021. 9. 24. 제정)이 그것이다. 이외 '탄소중립 녹색성장 기술 혁신 전략', '탄소중립 · 녹색성장 국가전략 및 제1차 국가 기본계획' 등을 토대로 기술 선도국에 비해 60~80%에 불과한 탄소중립 연관 기술력을 강화하고자 노력하고 있다(대외경제정책연구원, 2023. 12. 6.).

다음은 우리나라에서 시행 중인 탄소중립 노력으로 탄소 배출량 인증–저탄소 제품 인증–탄소중립 제품 인증의 3단계를 나타낸 것이다. 이외에도 각 개인과 가정은 물론, 아파트별 집단으로 등 일반 시민들의 탄소중립 노력을 촉진하고자 환경부와 한국환경공단 주도로 '탄소중립포인트제' 참여를 독려하고 있다.

1단계 탄소배출량 인증 | 2단계 저탄소제품 인증 | 3단계 탄소중립제품 인증

자료: 한국환경산업기술원

이제 이런 사실들을 유념하면서 '세계 환경의 날'이 유아기 지속가능발전교육과 어떻게 관계될 수 있는지 알아보기로 하자.

2) '세계 환경의 날'과 유아기 지속가능발전교육의 관계

여기서 '어린이 지구헌장'을 잠시 상기해 보자. 2000년에 발표된 어린이 지구헌장(LEC, Little Earth Charter)은 4~8세 어린이를 위한 것으로, '어린이 지구헌장'에서 제시하는 8가지 원칙(principle)을 보면 유아교육에서 환경의 날과 관련하여 무엇을 중시해야 할지 유추할 수 있다. 8가지 원칙이란 생명, 서로 연결, 가족, 과거, 지구, 평화, 사랑, 미래이다.

그럼, 이런 원칙들을 유아들에게 어떻게 소개할 수 있을까? '어린이 지구헌장' 웹사이트에서는 노래, 게임, 그림 그리기 등을 제안하고 있다. 예를 들어 제2원칙 '서로 연결'의 노래 가사(http://www.littleearthcharter.org/EC/en/LEC_interconnected_fla.html)를 보면 '지구상의 모든 것들은 서로 연결되어 있으며 존중하고 돌보아야 한다'는 내용이 담겨 있다.

자료: http://www.littleearthcharter.org

이제 왕가리 마타이의 이야기, 탄소 라벨링 제도, 어린이 지구헌장 등 앞에서 살펴본 여러 사실을 종합하여 '세계 환경의 날'과 관련하여 유아들과 다루어야 할 내용을 정리해 보도록 하겠다. 우선은 유아들에게 우리가 숨 쉬고, 먹고, 입는 이 모든 것은 자연에서 온다는 것, 그런 만큼 우리가 살아가는 자연환경은 소중하다는 것을 알고 느끼도록 하는 것이 필요하다. 다음으로 인간이 어떻게 하느냐에 따라 환경이 황폐해지기도 하고, 반대로 살기 좋은 환경이 될 수도 있으니 모두가 협력해서 환경을 지키는 것이 필요하다는 것, 그렇게 될 때에 모두가 경제적으로도 잘 살 수 있다는 것을 이해하도록 하는 것이 필요하다. 더불어 생태계 구성원 모두가 같이 잘 살기 위한 환경으로 만들어 나가기 위해서 알고 느낀 바를 실천하도록 교육해야 할 것이다.

이를 5가지 활동으로 풀어보면 다음과 같다. 먼저 1단계: 관심 갖고 생각 열기 활동으로 '어디에서 올까요?', 2단계: 환경과 우리 생활과의 관계 이해를 위한 활동으로 '벌새야, 나도 할게!'와 '환경마크를 찾아라!', 3단계의 알고 느낀 바를 주변과 공유하고 변화를 위한 실천하기 활동으로 '나는 환경 지킴이'와 '세계 환경의 날, 무엇을 할까요?'이다.

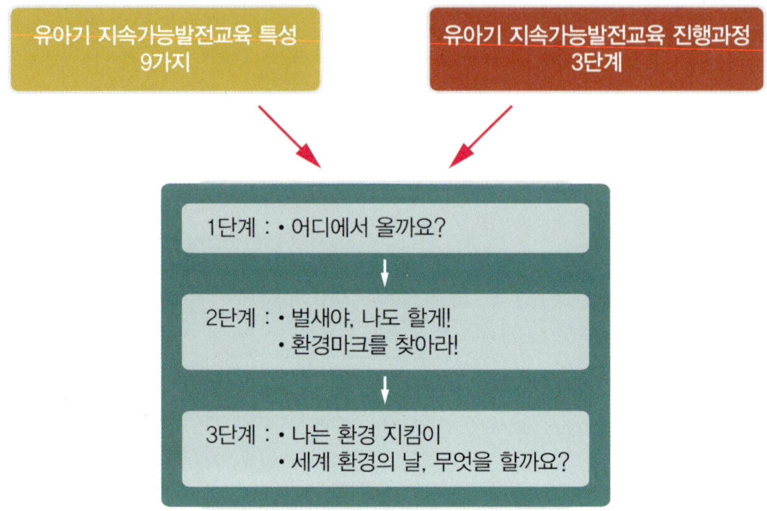

[그림 11-1] '세계 환경의 날' 관련 활동 5가지

각 활동 유형과 주요 내용을 살펴보면 <표 11-2>와 같다.

〈표 11-2〉 '세계 환경의 날' 관련 활동 5가지의 주요 내용 및 방법

단계	활동명	활동유형	주요 내용
1단계 관심 갖고 생각 열기	어디에서 올까요?	미술	우리가 살아가는 데 필요한 모든 먹거리는 자연에서 오는 것임을 알기
2단계 환경과 우리 생활 관계 이해를 위한 다양한 활동하기	벌새야, 나도 할게!	동화	숲에 난 불을 모두 힘 합쳐 끄기
	환경마크를 찾아라!	이야기 나누기	과자 봉지, 전기제품 등 우리 생활 주변에서 환경마크 찾아보기
3단계 알고 느낀 바를 주변과 공유하고 변화를 위한 실천하기	나는 환경 지킴이	가정연계활동	원과 가정, 지역사회에서 환경을 지키는 활동하기
	세계 환경의 날, 무엇을 할까요?	가정연계활동	'세계 환경의 날' 주변 환경을 살리는 활동하기

3. '세계 환경의 날'을 위한 활동

1) 1단계: 관심 갖고 생각 열기

활동 1 어디에서 올까요?

활동목표
- 우리가 살아가는 데 필요한 모든 먹거리는 자연으로부터 얻는 것임을 안다.
- 자연을 소중히 하는 마음을 갖는다.

활동자료
- 3~5세 정도의 어린아이 그림(무엇을 먹으려고 입을 딱 벌리고 있는 모습): 유아들 수만큼
- 먹을거리 실물: 쌀, 사과, 과자 등
- 보자기

활동방법

1) 도입 쌀을 보자기로 덮어 무엇인지 볼 수 없게 한 상태에서 수수께끼를 낸다. 이런 식으로 하여 사과와 과자 등도 소개한다.

> 교사: 나는 논에서 자라납니다. 사람들은 매일 나를 먹어야 삽니다. 옷을 벗기 전, 내 이름은 벼랍니다.
> 유아들: 쌀!
> 교사: 쌀로 만들 수 있는 음식은?
> 유아들: 밥, 떡, 과자 등등

2) 전개 ① 준비된 그림을 유아마다 한 장씩 나누어 주고 좋아하는 먹거리는 어떤 것이든 그려 보게 한다.

② 유아들이 그린 것을 하나씩 보며 그것이 어디에서 나는 것인지 생각해 본다.

③ 우리가 매일 먹는 음식 모두는 자연으로부터 왔음을 확인한다.

④ 자연이 망가지면 우리 먹을 것도 얻을 수 없다는 것을 이야기 나눈다.

3) 정리 자연이 망가져서 우리가 먹을 것을 얻지 못한다면 우리도 살아갈 수 없으니 자연을 소중히 생각하고 잘 돌보아야 한다고 마무리한다.

2) 2단계: 환경과 우리 생활 간의 관계 이해를 위한 활동하기

활동 1 벌새야, 나도 할게!

활동목표
- 동화를 듣고 이해한다.
- 함께 협력하면 어려운 일도 해 낼 수 있음을 안다.

활동자료
- 동화 <벌새야, 나도 할게!>

활동방법

1) 도입 벌새 울음소리를 들려주며 벌새 한 마리가 숲에서 일어난 일을 우리에게 들려주러 왔다고 말한다. 이때 벌새를 손가락 인형으로 만들어 손가락에 끼우고 날아다니는 흉내를 내도 좋다.

2) 전개 벌새가 사는 숲과 그 숲의 친구들 이야기를 듣는다.

벌새야, 나도 할게!

지옥정 재화

해설: 여기는 여러 동물이 함께 사는 평화로운 숲속입니다. 어느 날 밤이에요. 탁탁, 휙휙, 활활, 이게 무슨 소리일까요? 아이구! 불, 불이 났어요. 불길이 탁탁 소리까지 내며 솟구쳐 오르네요. 코끼리, 늑대, 여우, 토끼, 호랑이, 벌새까지 모두 깜짝 놀라 황급하게 숲속에서 튀어나왔어요. 그리고는 놀란 채로 불이 점점 번져가는 숲을 망연자실 쳐다보고만 있었어요.

토끼: 어쩌면 좋아. 우리 집이 다 타겠어.

늑대: 어쩌지? 아오오오, 힝힝~!

여우: (앞발로 땅을 치며) 캐앵~! 캐앵~! 무서워.

코끼리: (코를 밑으로 축 늘어뜨리며) 이번에는 큰불이네. 어휴~!

호랑이: 어흥! 맞아. 지난번엔 쪼끔만 조금 타고 꺼졌는데...에구! (맴맴 제 자리를 돈다.)

벌새: 아, 맞다, 맞아. 물~!

토끼, 여우: 물?

벌새: 응, 물로 끄면 되잖아.

코끼리: 우리가?

호랑이: 불이 크게 났는데?

벌새: 응, 저기 밑쪽에 냇물이 흐르잖아. 거기서 물을 가져오면 돼. (벌새 날아갔다 부리에 물을 머금고 돌아와 숲에 뿌린다.)

여우: 어? 벌새야?

벌새: (다시 날아갔다 온다.)

코끼리: 뿌우~ 야, 야~! 그만둬. 그 작은 부리로 언제 물을 날라 끄니?

호랑이: 흐헝~ 맞아, 그건 안 돼. 백번을 해 봐라! 아휴~

벌새: 그래도 난 해 볼래. 우리 숲이잖아. (다시 두 번쯤 더 한다.)

토끼: 깡총, 깡총! 나도 벌새 도울래! 내 털에 잔뜩 물을 묻혀다 털어 낼 거야.

여우: 어? 어? 토끼야. 너도? 그럼 나도 같이 갈래. 내 털에도 물을 잔뜩 묻혀 와야지.

호랑이: 어흥~! 털이라면 내가 제일 많지. 나도 같이 가. 빨라 가자.

코끼리: 무슨 소리야? 이 코끼리 코로 물을 쭈욱 빨아 당기면 말이지.

해설: 이렇게 해서 토끼가 깡충깡충 벌새를 따라갔고요, 그런 토끼 뒤를 여우가, 여우 뒤를 늑대, 늑대 뒤를 호랑이, 그리고 호랑이 뒤를 코끼리가 따라나섰어요.

토끼, 여우, 호랑이: (털에 물을 묻혀다 털어낸다.) 에잇~! 파바바박.

코끼리: 뿌우우우~~~뿌우우욱 어때, 나 잘하지?

벌새: 우와! 코끼리야. 대단~해. 이쪽 불이 많이 꺼졌어.

코끼리: 한번 더 갔다 올게.

토끼, 호랑이, 늑대, 여우: 나도 나도.

벌새: 나도 또 할래~!

해설: 이렇게 한참이나 동물들이 왔다 갔다 한 덕분에 숲의 불은 모두 꺼졌답니다.

벌새: 호이히~♬♪ 호이히~♬♪ 우리가 숲을 구했어. 그렇지?

호랑이: 맞아, 우리 모두 같이 숲을 구했어. 벌새야, 잘했어.

다른 동물 친구들: 우리 이제 이 숲을 잘 지키자.

벌새: 응, 그래, 그런 의미로 우리 노래 한번 부를까? 호이히~♬♪ 호이히~♬♪

다른 동물 친구들: 좋아, 좋아, 하하하!
해설: 동물들의 노랫소리 들리지요? 숲의 나무들도 기분이 좋은지 팔랑팔랑 나뭇잎들을 흔들어 주었답니다.

* http://www.youtube.com/watchv=GZnpPhoeb2o(A film by Bill Benenson & Gene Rosow)의 내용을 유아 수준에 맞도록 재화하고 행복한 결말로 만듦

3) 정리 동물들이 불이 난 숲을 그냥 바라만 보고 있었더라면 숲이 어떻게 되었을지 상상해 보고, 모두가 힘을 합치면 어려운 일도 잘 해낼 수 있다고 하며 정리한다.

확장활동 동물들이 숲의 불을 함께 끄고 어떤 노래를 불렀을지 유아들과 상상하며 지어 보기, 동화 내용을 동극으로 표현해 보기 등이 이루어질 수 있다. 노래의 예를 들면 다음과 같다.

우린 우린 숲 지킴이 / 불이 난 숲 구해냈죠.
눈 크게 뜨고 지켜요 / 멋지고 멋진 우리 숲

활동 2 환경마크를 찾아라!

활동목표
- 환경마크에 관심을 갖는다.
- 주변에서 환경마크를 찾아본다.

활동자료
- 아이 모습을 한 인형
- 환경마크
- 환경마크를 볼 수 있는 제품의 사진 또는 실물(이때 CO_2 관련 상품 사진을 최소한 2개는 마련하여 탄소 숫자를 비교해 볼 수 있도록 함)

활동방법

1) 도입 (인형과 CO_2 숫자가 보이는 제품을 앞으로 내놓으며) “어느 것을 사지?

탄소 숫자가 큰 것? 작은 것? 아이고, 모르겠다. ○○반 친구들에게 물어 보아야겠어."라고 한다.

2) 전개 여러 가지 환경마크를 보며 이런 마크가 있는 것이 지구 환경을 생각하는 제품이라는 것을 알려 준다. 이때 탄소 숫자를 비교하며 숫자가 적은 것일수록 지구 환경을 덜 해치는 것이라는 것도 알려 준다.

유아들이 흔히 접하는 저탄소 제품 음료수
(탄소발자국: 왼쪽– 101g, 오른쪽– 214g)

태양열에너지를 이용해 만든 과자

무항생제 · 동물복지 표시 달걀

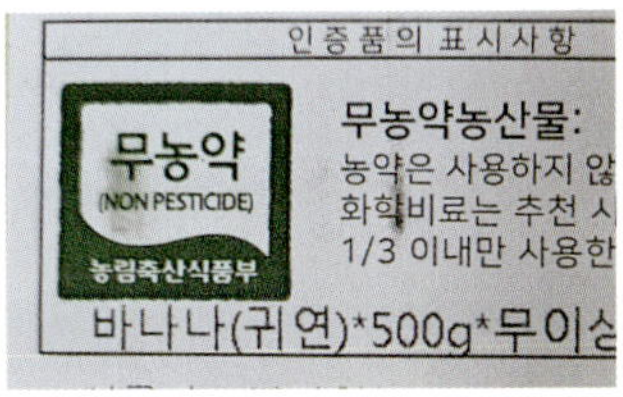

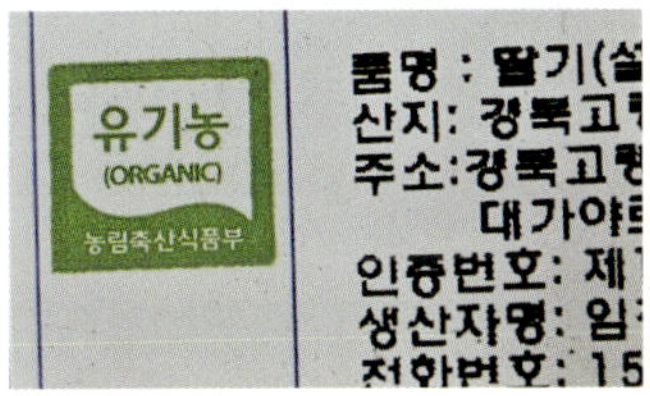

과일 포장에 표시된 무농약, 유기농 제품

3) 정리 우리 유치원이나 집, 또는 마트에 있는 물건 등에서도 환경마크를 찾아보고 주변 사람들에게도 알려 주기로 하며 정리한다.

3) 3단계: 알고 느낀 것을 공유하고 변화를 위한 실천하기

활동 1 나는 환경 지킴이

활동목표
- 환경 지킴이의 역할을 이해한다.
- 환경 지킴이로서 할 수 있는 일을 찾아 한다.

활동자료
- 쟁반/보자기

• 환경 지킴이 임명장

환경 지킴이

임 명 장

○○유치원 ○○반 ○○○

○○○는 '지구 환경 보호'를 앞장서 실천하는
멋진 어린이로 '세계 환경의 날'을 맞아 가족 중
「환경 지킴이」 대표로 임명합니다.

2024년 06월 05일

○○ 유치원장 ○○○

활동방법

1) 도입　환경 지킴이 임명장을 쟁반 위에 담고 그 위를 푸른 보자기로 덮은 것을 보여 주며 관심을 유발한다.

2) 전개　① 임명장은 '어떤 일을 하도록 책임을 맡기는 문서'라는 것을 알려 준 후 이제 우리 반 어린이 모두가 환경 지킴이로 임명될 것을 말해 준다.

② 원장이 유아 한 명, 한 명에게 임명장을 수여한다. 이 자리에 가족이 함께 할 수 있다면 더 좋다.

3) 정리　일주일 후에 환경 지킴이로 어떤 활동을 하였는지 이야기 나누기로 하고 정리한다.

확장활동　환경 지킴이 활동을 한 사진이나 동영상을 유아교육기관 홈페이지를 통해 공유한다.

활동 2　세계 환경의 날, 무엇을 할까요?

활동목표
- '세계 환경의 날'이 있다는 것을 안다.
- '세계 환경의 날'에 어떤 일을 해야 하는지 안다.

활동자료
- '세계 환경의 날' 포스터와 행사 사진
- 환경 지킴이 활동지

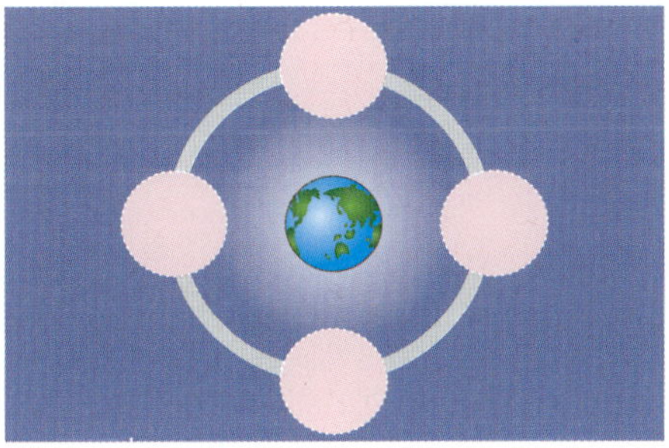

활동방법

1) 도입 세계 환경의 날 포스터와 행사 사진을 보며 '세계 환경의 날'은 무엇을 하는 날인 것 같은지 짐작해 보도록 한다.

자료: 환경부(2022. 6. 7.)

2) 전개

① 오늘은 '세계 환경의 날'이라는 것, '세계 환경의 날'에는 사람들이 살기 좋은 환경으로 만들기 위해 여러 가지 노력을 한다는 것에 대해 이야기 나눈다.

② 우리가 엄마, 아빠와 함께 환경 지킴이로서 생활 속에서 실천할 수 있는 것들을 정리해 본다.

예 샤워는 짧게 해요.
음식물 쓰레기를 만들지 않아요.

이면지를 사용해요.

더운 날은 옷을 가볍게 입고 에어컨 사용을 줄여요.

쓰지 않는 전기기구의 코드를 뽑아요.

일회용품 사용을 줄여요.

햄버거나 콜라 같은 패스트푸드를 적게 먹어요.

공원의 쓰레기를 주워요.

가까운 거리는 걸어 다녀요.

(물)휴지 사용을 줄여요. 등

③ 각자 엄마, 아빠와 함께 실천해 보고 싶은 것을 환경 지킴이 활동지에 4가지 정도씩 그림을 그리거나 써 본다.

3) 정리　그림 그린 것을 집에 가져가서 엄마, 아빠와 함께 실천해 보기로 한다. 일주일 후 무슨 일을 하였는지 공유한다.

정·리·하·기

1 '세계 환경의 날'은 매해 언제인가?

① 3월 5일 ② 6월 5일

③ 9월 5일 ④ 11월 5일

2 '세계 환경의 날'에 관한 설명으로 적합한 것은?

① 2000년에 제정되었다.

② 유엔총회에서 제정하였다.

③ 매년 같은 주제를 다루고 있다.

④ 유네스코가 세계 환경의 날 행사 주관부서이다.

3 왕가리 마타이에 대한 설명으로 적합한 것은?

① 생물학자이다.

② 노벨 평화상을 받은 훌륭한 남성이다.

③ 나무 심기를 통해 케냐 정부의 전폭적 지지를 받았다.

④ 나무 심기를 통해 여성과 아이들의 인권을 크게 향상시켰다.

정답 및 풀이

1 ②

세계 환경의 날은 매해 6월 5일이다.

2 ②

1972년 유엔총회에서 제정하였다. 해마다 특정 주제를 정해 다룬다. 유넵(UNEP)이 주관 부서이다.

3 ④

왕가리 마타이의 나무 심기 사업을 통해 여성과 아이들의 인권이 크게 향상되었다.

PART III

제 12 장

우리 모두 즐거운 '공원의 날'

학습목표

1. '공원의 날'(유아교육기관에서 정한 날)의 의미 및 유래를 안다.
2. '공원의 날'과 유아기 지속가능발전교육의 관계를 이해한다.
3. '공원의 날' 관련 유아기 지속가능발전교육 활동을 이해하고 적용할 수 있다.

다음은 공원의 다양한 모습이다. 보는 것만으로도 마음이 편안해지는 느낌이 든다. 왜 그럴까? 나무, 앉아 쉴 수 있는 벤치나 정자, 담소를 즐기는 사람들, 할아버지와 함께 도토리를 줍는 아이 등 바쁜 일상과 떨어져 쉼을 얻을 수 있는 곳이라는 느낌을 주기 때문일 것이다. 이번 장에서는 '공원의 날'을 다루어 보기로 하자.

[그림 12-1] 잠두봉 공원의 이곳저곳

1. '공원의 날'의 의미 및 유래

1) '공원의 날'이 뭘까?

'공원의 날'은 지금까지 앞에서 소개한 환경기념일과는 조금 성격이 다른 환경기념일이다. 우리 동네에 있는 '공원'을 사랑하는 마음으로 돌보자는 의미에서 특정 유아교육기관이 정한 환경기념일이기 때문이다. 즉, '공원의 날'은 세계적인 환경기념일도, 그렇다고 우리나라 정부나 환경단체에서 정한 공식적인 기념일도 아닌, 청주 소재 유아교육기관들에서 '공원' 프로젝트 중 자체적으로 정한 날이다.

여기서는 '공원의 날'을 제시하고 있지만 다른 유아교육기관에서는 그 유아교육기관이 위치한 지역의 대표적인 행사나 지리적 · 자연적 특성을 반영하여 다른 환경기념일을 유아들과 함께 정해 기념할 수 있다. 예를 들어 대추가 그 지역의 특산물이고, 이것이 교육 소재로 적합하다고 교사들이 판단하였다면 '대추의 날'을 정할 수 있다. 이때 대추가 잘 자라기 위한 환경에 대해 알아보고 지역사회에서 대추 관련 일을 하는 사람들은 누구인지 하는 사회적인 측면, 좋은 대추가 많이 생산되면 지역사회 주민들의 경제에 어떤 영향을 미치는지, 반대로 대추가 거의 열리지 않는다면 어떻게 될지 등 경제적 측면도 다루어 볼 수 있을 것이다. 이렇게 1년에 1~2회 정도 유아교육기관 자체의 환경기념일을 교사와 유아들이 함께 정하고 나름대로 활동해 보는 것도 재미있고 특별한 시간이 될 것이다.

이 장에서는 '공원의 날'이 어떤 과정을 거쳐 만들어졌는지, '공원의 날'과 관련하여 교사와 유아들은 무슨 활동을 했는지, 만일 '공원'을 주제로 활동을 전개하게 된다면 어떤 활동들을 하면 좋은지 제시하고자 한다.

2) 언제, 왜 이런 날이 생겼을까?

'공원의 날'은 '충북자연사랑유아교육연구회'의 5개 유치원과 3개 어린이집이 2011년 가을에 '공원'을 주제로 프로젝트를 하면서 정하게 된 환경기념일이다. 8개의 유아교육기관은 위치한 곳이 각각 달랐기 때문에 프로젝트 주제로 정한 공원도 각각 달랐다. 예를 들어 가경동에 위치한 가경유치원은 그 동네에 있는 발산공원, 수곡동에 위치한 수림유치원은 찻길 하나 건너에 있는 매봉공원, 율량동의 영광어린이집은 어린이집에서 몇 발짝 거리에 있는 소리공원과 같은 식이었다.

이렇게 하여 각 원별로 공원 하나씩을 주제로 정해 프로젝트를 하는 약 5주 동안 8개 기관에서 프로젝트를 진행하는 각 원별 2명씩의 교사 총 16명과 필자는 1주일에 1회씩 학습공동체 모임을 가졌다. 모임의 주목적은 프로젝트 진행 과정에서 발생하는 문제점에 대해 논의하고 좋은 아이디어와 자원은 공유하면서 바르게 지속가능발전교육을 시행하기 위함이었다. 지역사회와의 효과적인 연계를 위해 5번의 학습공동체 모임 중 1번은 청주시의회 도시건설분과위원회 위원인 시의원도 초청하여 의견을 나누었다. 시의원은 공원 프로젝트 중 이루어진 활동들, 특히 유아들로부터 나온 공원 관련 개선사항을 전해 듣고 문제가 잘 해결될 수 있도록 공원 담당 관리부서와의 연결에 직접적인 도움을 주었으며, 이후 관련 내용을 시의회 조례 제정에 포함시키기도 하였다.

다음 해인 2012년 2월 14일에는 청주시와 충북자연사랑유아교육연구회가 '1사 1공원 돌보기' 협약을 맺었다. 공식적으로 1유아교육기관이 1공원 돌보기를 할 수 있는 발판을 마련한 것이다. 이 협약을 맺은 후 8개 기관은 주기적으로 공원에 나가 공원 돌보기를 하였으며, 그해 가을에도 만 4, 5세 반에서 '공원' 프로젝트를 실시하였다. 이때 8개 기관의 프로젝트 진행 내용에 따라 어떤 공원에는 새로운 꽃밭이 만들어졌고, 어떤 공원에는 부서진 운동기구나 설비가 고쳐지기도 하였다. 그런가 하면 다른 공원의 경우 냄새나고 더럽게 방치되어 있던 구조물이 교사와 유아들, 지역사회 화가까지 협력한 결과 깨끗이 청소된 후 멋진 그림이 그려졌으며, 또 다른 공원은 폐타이어와 쓰레기로 제 기능을 못 하던 생태연못이 교사와 유아, 부모, 자연 안내자의 협력 덕분에 수생식물로 가꾸어진 진짜 생태연못으로 거듭났다.

이렇게 원별로 공원이 바뀌는 과정에서 각 유아교육기관의 교사와 유아들은 원장님이나 기사 아저씨의 도움은 물론이고 옆에 위치한 초등학교의 선생님과 학생들, 공원에 자주 나오는 지역사회 주민들, 시청 관계자, 지역사회 전문가들과도 이런저런 협력을 하였다.

프로젝트 전의 모습	프로젝트 후 변화된 모습

안뜸공원 내 구조물: 공원의 더러웠던 구조물을 청소하고 유아들이 그림을 그림

자료: 미평어린이집

프로젝트 전의 모습	프로젝트 후 변화된 모습

달맞이 공원의 귀퉁이: 주변의 쓰레기를 정리하고 꽃밭을 만듦

자료: 무궁화유치원

프로젝트 마무리 시점에서 교사와 유아들은 각 기관별로 '공원의 날'을 정하고 그 날 공원에 나가 지역사회 주민 및 부모들을 대상으로 작은 행사를 하였다. 이때 프로젝트 과정 중 만든 노래 부르기, '공원'에 대한 퀴즈대회(예: 매봉공원에 사마귀가 살까요?), 깨끗하게 변한 공원을 돌아보며 공원의 나무들, 바뀐 연못, 구조물 등에게 사랑의 말 해 주기 등을 하였다.

결과적으로 프로젝트가 끝나는 시점에서 유아들은 프로젝트 시작 시점과는 많이 달라진 공원의 모습을 눈으로, 또 사진으로도 확인할 수 있었다. 이와 같이 '공원' 프로젝트를 통해 지역사회의 환경이 개선되면서 유아들은 물론 교사, 부모, 지역사회 관계자 등 모든 이들의 '우리가 함께 사는 지역'에 대한 관심이 더욱 높아졌으며, 공원 관리에 드는 비용도 절감되는 효과를 가져왔다. 충북자연사랑유아교육연구회의 '지역사회와 연계한 공원 프로젝트'가 2012년 '유네스코 지속가능발전교육 공식 프로젝트'로 인증을 받은 것은 그런 연유에서이다. 공원 프로젝트는 각 유아교육기관에서 코로나 사태가 심해지기 전인 2020년까지 매해 수행되었으며, 그로 인해 유네스코 한국위원회로부터 2021년까지 계속 재인증을 받았다. 다음은 2019~2021년까지 마지막으로 재인증받은 문서이다.

[그림 12-2] 유네스코 한국위원회의 ESD 공식 프로젝트 인증서

2. '공원의 날'과 유아기 지속가능발전교육의 관계

1) 공원과 우리 생활

우리나라의 공원은 현재 자연공원과 도시공원의 두 종류로 나뉜다. '자연공원'의 법적 근거는 「자연공원법」[시행 2023. 7. 19., 법률 제19361호, 2023. 4. 18., 일부개정)으로 이 법 제2조(정의) 1항을 보면 "자연공원이란 국립공원 · 도립공원 · 군립공원 및 지질공원"을 지칭한다. 이에 비해 '도시공원'의 법적 근거는 「도시공원 및 녹지 등에 관한 법률」(약칭: 공원녹지법)([시행 2022. 1. 13., 법률 제17893호, 2021. 1. 12., 타법개정)로서, 이 법 제2조(정의) 3항을 보면 "도시공원이란 도시지역에서 도시자연

경관을 보호하고 시민의 건강 · 휴양 및 정서생활을 향상시키는 데에 이바지하기 위하여 설치 또는 지정된 다음 각 목의 것을 말한다"라고 되어 있다. <표 12-1>에서 볼 수 있듯이 '공원'은 자연공원, 도시공원 안에서도 다시 여러 가지로 나뉜다.

〈표 12-1〉 우리나라 공원의 종류

<table>
<tr><th colspan="2">종류</th><th>세부 구분</th><th>법적 근거</th></tr>
<tr><td>자연
공원</td><td colspan="2">• 국립공원: 우리나라의 자연생태계나 자연 및 문화경관을 대표할 만한 지역으로서 「자연공원법」 제4조 및 제4조의2에 따라 지정된 공원
• 도립공원: 도립공원, 광역 시립공원
• 군립공원(郡立公園) 및 지질공원: 군립공원, 시립공원, 구립공원, 지질공원</td><td>「자연공원법」 제2조</td></tr>
<tr><td rowspan="3">도시
공원</td><td colspan="2">• 국가도시공원: 도시공원 중 국가가 지정하는 공원</td><td rowspan="3">「도시공원 및 녹지 등에 관한 법률」 제15조</td></tr>
<tr><td>• 생활권공원: 도시생활권의 기반이 되는 공원의 성격으로 설치 · 관리하는 공원</td><td>• 소공원
• 어린이공원
• 근린공원</td></tr>
<tr><td>• 주제공원: 생활권공원 외에 다양한 목적으로 설치하는 공원[1]</td><td>• 역사공원
• 문화공원
• 수변공원
• 묘지공원
• 체육공원
• 도시농업공원
• 방재공원
• 그 밖에 특별시 · 광역시 · 특별자치시 · 도 · 특별자치도 또는 「지방자치법」 제198조에 따른 서울특별시 · 광역시 및 특별자치시를 제외한 인구 50만 이상 대도시의 조례로 정하는 공원</td></tr>
</table>

1) 수변공원이란 도시의 하천가·호숫가 등 수변공간을 활용하여 도시민의 여가·휴식을 목적으로 설치하는 공원'이고, 도시농업공원이란 '도시민의 정서 순화 및 공동체 의식 함양을 위하여 도시농업을 주된 목적으로 설치하는 공원'이다. 그런가 하면 방재공원이란 '지진 등 재난발생 시 도시민 대피 및 구호 거점으로 활용될 수 있도록 설치하는 공원'을 말한다.

그럼 공원은 우리 삶에서 어떤 역할을 할까? 자연공원은 물론이고 도시공원에 가 보면 운동을 하는 사람, 조용히 앉아 책을 보는 사람, 아이를 데리고 나와 노는 사람, 다른 사람들과 만나 이야기를 나누는 사람 등 놀고, 쉬고, 에너지를 충전한다. 유아들도 공원에 나가면 자연을 접하고, 운동도 하며 지역사회 주민들을 만날 수도 있다. 즉, 공원은 도시화 · 산업화되면서 점점 자연과 접할 기회를 잃어가는 현대인들에게 좋은 휴식처가 되어 준다.

공원에는 신기한 것이 많아요

우리가 설치한 팻말을 보고 칭찬해 주셨어요

공원 가꾸는 분들도 볼 수 있어요

우리도 공원을 청소했어요

[그림 12-3] 공원에 가면 우리가 할 수 있는 것들

2) '공원의 날'과 유아기 지속가능발전교육의 관계

(1) 유아기 지속가능발전교육 소재로서의 '공원'

공원은 유아기 지속가능발전교육을 위한 바람직한 소재가 될 수 있다. 특히 도시공원은 지역 어디에나 한두 곳은 있어 모든 유아교육기관에서 편리하게 어린 유아들이라도 쉽게 접근할 수 있는 장소라는 점, 인공적으로 가꾸어진 장소이기 때문에 어떤 면에서는 자연 숲보다 더 안전하게 활동할 수 있다는 장점을 가진 곳이다. 실제로 환경부에서는 공원의 기능 중 하나로 '교육적 기능'을 들고 있고(박인규, 2006), 그런 맥락에서 최근에는 도시공원의 자연교육기능 향상 관련 연구(왕샤오샤오, 권오성, 김진효, 나정화, 2023)도 이루어진 바 있다. 동일 관점에서 2024년 2월 현재 시점에서 서울시 '서울의 공원'(https://parks.seoul.go.kr/program/list.do)에서는 공원을 유아와 그 가족 및 전 연령층 대상 교육의 장으로 활용하고 있다. 예를 들면 '우리 가족 공원 탐사대'는 5~7세 유아와 그 가족을 위한 교육 프로그램이다. 연계하여 온라인 교육 프로그램도 운영한다. 예를 들면 '화살촉의 비밀! 화살나무'의 경우 공원에서 자라는 화살나무의 성장 과정, 나뭇잎에서부터 열매에 이르기까지의 생태적 특성을 사진과 함께 학습할 수 있게 되어 있다.

이외에도 산림청은 2008년부터 전국의 휴양림과 수목원, 공원 등에 '유아숲체험원'을 조성하여 유아들의 체험활동을 돕고 있는데, 2022년 12월 말 기준으로 산림청에 등록된 유아숲체험원은 모두 426개소(국립 79, 공립 331, 사립 16)에 이른다(산림청, 2023. 2. 27.) 이와 같은 각 정부 부처의 다양한 노력에 비추어 볼 때 유아교육과 관련하여 공원의 교육적 기능은 향후 더욱 높아질 것으로 예상된다.

공원과 유아기 지속가능발전교육의 관계를 생각해 보면 다음과 같다. 우선 환경적 측면에서 유아들이 공원에서 동식물과 같은 자연환경뿐 아니라 공원 내 조각물, 운동시설 등과 같은 공공시설을 접할 수 있고, 쓰레기 문제도 다룰 수 있다. 사회적 측면에서 공공질서 내지는 공중도덕에 대해 알 수 있고 무엇보다 지역사회 주민들과 교류할 수 있다. 특히 공원 내 문제점을 지역사회 관계자들과 함께 해결하는 과정을 통해 '나도 우리 동네의 공원을 지키는 사람'과 같이 유아들의 지역사회 주민의식 증진에 도움을 줄 수 있다. 그런가 하면 공원 내에서 발견된 망가진 운동시설, 칠이 벗겨지고 부식된 설비, 앞면이 깨진 채 위험하게 방치되어 있는 전기장치 등이 고쳐지거나 제거되는 것을 경험하면서 공원의 효과적 관리와 경제적인 측면을 연계시켜 볼 수 있다.

(2) '공원' 프로젝트를 통한 유아기 지속가능발전교육

여기서는 프로젝트 접근법에 근거하여 수행된 수림유치원의 '매봉공원' 프로젝트를 유아기 지속가능발전교육 차원에서 살펴보도록 하겠다.

① 프로젝트 준비단계

원장과 5세 반 교사들은 9월 말~10월 말 정도까지 약 4~5주간의 장기 프로젝트를 예상하면서 9월 초에 미리 매봉공원에 나가 공원의 입구 및 주변 환경, 자연생태적 조건, 시설 및 설비 등을 둘러보며 가능한 활동들을 예상해 보았다. 이어 원으로 돌아와 '매봉공원'에 대한 주제망을 작성하고, 지식 · 정보적 측면, 정서 · 감성적 측면, 태도 · 실천적 측면에서 교육목표를 대략적으로 설정하였다. 그리고 지속가능발전교육 관점에서 환경적 · 경제적 · 사회적 측면을 점검해 보았다. 연관하여 활동예상안을 구성해 보는 한편, 누리과정과의 연계도 살펴보았다. 또한 자원목록 작성 및 준비, 필요한 환경구성을 하였다. 마지막으로 부모들에게 매봉공원 프로젝트의 목표 및 예상활동에 대해 알리면서 협조를 부탁하였다. 다음은 그런 과정을 거쳐 나온 활동예상안 및 자원목록표이다.

매봉공원

동작 · 음률

〈노래〉
- 도토리
- 놀이공원
- 소나무
- 나무야 나무야
- 네잎클로버
- 숲속을 걸어요

〈신체표현〉
- 소나무가 되어 보아요
- 떨어지는 나뭇잎 표현하기
- 매봉공원에 사는 곤충, 동물 흉내
- 내기
- 나뭇잎으로 소리 내 보기

게임
- 보물찾기
- 나무 뒤 숨박꼭질
- 솔방울 돌리기(수건 돌리기)
- 같은 모양, 색깔 찾기
- 솔방울 옮기기
- 공원 미션 경기
- 같은 잎 찾아오기
- 공원탐정(사진 보고 공원에서 찾아내기)

창의성
- 밴다이어그램
  - 도토리와 솔방울
- 상상하기
  - 내가 공원을 만든다면?
  - 만일 매봉공원이 사라진다면?
  - 매봉공원 나무들이 말을 한다면?
  - 서로 다른 나무 잎사귀들에게 별명을 지어줄까?
  - 매봉공원의 다른 이름 짓기
  - 소나무 잎이 다른 모양이라면?
- 문제해결
  - 공원에 부서진 운동기구가 있어요. 어떻게 할까요?
  - 공원에 담배꽁초가 많네요. 어쩌면 좋을까요?
  - 더 좋은 공원이 되려면? 우리는 무엇을 하면 좋을까요?
- 브레인스토밍
  - '매봉공원' 하면 생각나는 것

현장학습
- 매봉공원
- 문암생태공원
- 두꺼비생태공원

동화 · 동시
- 동화
  - 단풍잎
  - 나무와 친구가 되었어요.
  - 나무들이 아파요.
  - 솔이와 친구들
  - 깨끗한 공원이 좋아요
- 동시
  - 나무가 무슨 생각을 하는지
  - 씨 하나가 땅에 묻히어
  - 아무도 안 본다고

가정학습과제
- 매봉공원 산책하기
- 집 주변에 공원이 있다면 돌아보기
- 공원에서 발견한 동식물에 대한 이야기 나누기, 사진 찍기(재미있는 사진 가져오기)
- 매봉공원 외에 갈 수 있는 공원이 있다면 가 보기

미술
- 이전 경험 그리기
- 자연물 액자
- 매봉공원 안내도 만들기
- 식물들 이름표 만들기
- 나뭇잎 책갈피
- 나뭇잎 스크래치
- 공원 모습 그리기
- 나뭇잎 도장
- 공원 홍보 포스터 만들기

요리
- 도시락 싸기
- 화전 만들기

관찰 · 실험
- 자연물 관찰하기
- 자연의 소리 듣기
- 우리나라 소나무와 외래 소나무 비교 관찰
- 단풍나무 씨 관찰하고 날려 보기
- 곤충 관찰
- 소나무 껍질 관찰하기
- 송진 관찰하기
- 다양한 낙엽의 모양, 색, 크기(길이와 폭) 비교 관찰하기
  –게임, 창의성 활동에 활용하기

이야기 나누기/토의
- 매봉공원에서 볼 수 있는 것
- 매봉공원은 언제 생겨났을까?
- 매봉공원에서 무엇을 할까?
- 공원에서 지켜야 할 예절
- 매봉공원을 더 멋진 공원으로 만들려면?
- 계절 변화에 따른 매봉공원 모습
- 매봉공원의 동식물과 인터뷰하기

VTR
- 공원 홍보 동영상
- 매봉공원에서 볼 수 있는 동물과 식물
- 공원 재조성 VTR

[그림 12-4] 활동예상안

* 밑줄 그은 것은 프로젝트 첫 주에 다루게 될 것으로 예상되는 활동이고, 그 외에는 유아들의 반응, 상황의 변화, 교사의 교육적 판단에 따라 활동이 전개될 예정임

〈표 12-2〉 자원목록표[2)]

1차적 자원	실물	선캡, 팔토시, 장갑, 운동화, 공원에 있는 자연물(풀 · 나뭇가지 · 도토리 · 밤 등)			
	사람	수곡동 주민, 청주 생태전문가, 공원녹지과 관계자, 공원 관리소 관계자, 공원을 자주 찾는 사람, 시청 관계자, 주민센터 관계자, 환경미화원, 곤충전문가, 과학 선생님, 숲 해설가, 산림녹지과 교수, 한솔초등학교 재원생			
	현장견학 장소	수곡1동 주민센터, 매봉공원, 문암생태공원, 두꺼비 생태공원			
2차적 자원	종류	책	저자	출판사	출판 연도
	그림 동화책	가을에는 모두 바쁜가 봐	줄리아나 그레고리 (김은재 역)	에듀앤테크	2021
		공원에서	앤서니 브라운 (공경희 역)	웅진주니어	2021
		공원에서 일어난 이야기	앤서니 브라운 (김향금 역)	삼성출판사	2016
		공원을 헤엄치는 붉은 물고기	곤살로 모우레 (이순영 역)	북극곰	2016
		꼬맹이 소나무에게	손혜진	느림보	2022
		깨끗한 공원이 좋아요	찰스 기냐	공상공장	2013
		놀이공원 가는 길	크리스토퍼 워멀	웅진주니어	2008
		도토리 모자	임시은	북극곰	2017
		도토리 마을 그림책 세트	나카야 미와 (김난주 역)	웅진주니어	2020
		도형 마법사의 놀이공원	한태희	한림출판사	2018
		마르그리트의 공원	사라 스테파니니 (정혜경 역)	사계절	2022
		은행나무 열매	미야자와 겐지 (박종진 역)	여유당	2020
		할아버지와 소나무	이명환	계수나무	2019
	정보책	가을 열매는 맛있어	이명숙	엔이키즈 (NE Kids)	2015
		가을 열매 산책	신수인	개똥이	2022
		봄 · 여름 · 가을 · 겨울 나무도감	윤주복	진선아이	2018

2) 자원목록표는 원래의 것에서 필자가 최신 자료로 일부 대체함.

	종류	책	저자	출판사	출판 연도
2차적 자원	정보책	처음 만나는 야생화 그림책: 가을	마에다 마유미 (김정화 역)	길벗스쿨	2018
		층층이와 함께하는 지질공원 그림책	부안군청	부안군청[3]	2022
		한국의 국립공원 (제19회 국립공원 사진공모전)	국립공원공단	국립공원 관리공단	2020
	사진 및 그림 자료	다양한 공원 사진, 매봉공원에 있는 열매 · 식물 · 곤충 사진, 매봉공원의 운동기구 사진과 주민들의 운동하는 모습, 공원 관련 포스터 등			
	팸플릿, 지도, 관련 기사	공원 안내 팸플릿, 공원 지도, 공원 관련 기사			
	유튜브	• 노랑노랑 나뭇잎은 은행나무! 빨강빨강 나뭇잎은 단풍나무! | 알록달록 가을 숲 | 숲 속 대장 나르고 | KBSKids(https://www.youtube.com/watch?v=fuZpZR-8U5U) • 아기 다람쥐 또미(*노래)(https://www.youtube.com/watch?v=laQxLi0wT2s) • 유아 숲 놀이: 3편 토실토실 가을열매(https://www.youtube.com/watch?v=NklEZB0jVrc) • 선우유아숲체험원/참나무와 가을놀이(https://www.youtube.com/watch?v=tWSpfwBmahw) • 행복도시 어린이들을 위한 공원! 해적선 놀이터가 있는 새나루뜰 근린공원! 우리 신나게 놀아봐요(https://www.youtube.com/watch?v=oHs3-_VHvUQ)			
	웹사이트	• 국립공원 관리공단: www.main.knps.or.kr • 산림청(www.forest.go.kr) • 서울의 공원(https://parks.seoul.go.kr/) • 숲 자라미(www.supzarami.com) • 한국 숲 해설가 협회(www.foresto.org)			

② 프로젝트 시작단계

총 5주 정도의 프로젝트 기간 중 시작 단계에 소요된 기간은 약 1주 정도였다. 이 기간에 교사는 유아들이 공원을 어떤 곳으로 생각하는지, 얼마나 친숙하게 여기는지를 파악하기 위해 이전 경험 나누기, 함께 주제망 그리기, 궁금한 것 찾기 등을 해나갔다. 시작 단계 때 나타난 유아들의 매봉공원에 대한 개념은 대체로 '김밥 먹는

3) 부안군청에서 2022년에 자체 제작하여 군내 유아교육기관에 배부하였다고 한다. 필자도 담당자로부터 1부 받아 보았다. 이런 시도들이 전국적으로 확산될 필요가 있다고 보아 여기에 소개한다.

곳', '노는 곳' 정도였으며, 공원의 관리나 보호 등에는 거의 관심이 없는 것으로 보였다. 심지어는 집에서 가까운 곳에 위치한 공원임에도 불구하고 공원에 가 보지 못했다고 하는 유아들도 있을 만큼 공원에 대한 관심 자체가 부족하였다.

그런 상황이니만큼 교사는 유아들을 데리고 프로젝트 시작 첫 주부터 공원에 여러 차례 나가 공원 안의 흙, 바위, 나무, 풀, 거미, 새 등의 자연물과 운동기구, 미끄럼틀, 야외무대 등 여러 시설물을 탐색하고 즐기도록 하였다. 우선 공원에 익숙해지도록 하기 위함이었다. 여러 차례 공원에 나가 놀기도 하고 둘러보기도 하는 동안 유아들은 공원 내 여러 가지 문제점도 발견하였다. 예를 들면 파손되어 위험해 보이는 운동기구, 담배꽁초 등 쓰레기, 폐타이어와 쓰레기가 빠져 있는 생태연못 등이다. 문제점뿐 아니라 흥미를 끄는 새로운 것도 발견하였다. 그중의 하나가 QR 코드이다. 그러면서 프로젝트 전개단계에서는 QR 코드를 중심으로 한 다양한 조사 · 탐구활동이 이루어지게 되었다.

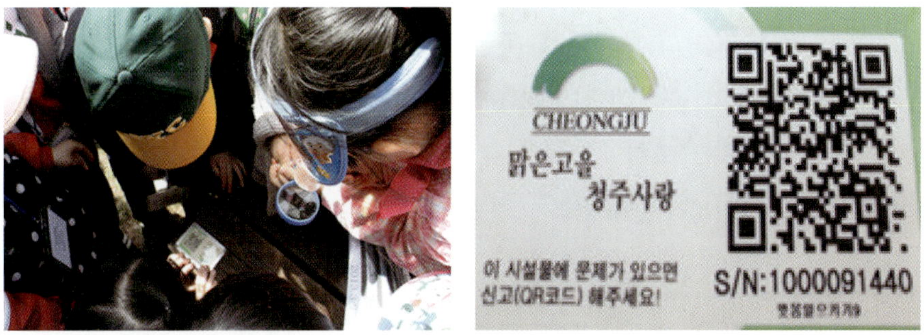

[그림 12-5] QR 코드 자세히 살피기 / 시설물에 부착된 QR 코드

③ 프로젝트 전개단계

전개단계에 소요된 기간은 약 3주 정도이다. 전개단계 초기에 교사와 유아들은 QR 코드가 무엇인지 알아보기, 다음번 공원에 나갔을 때 교사의 스마트폰으로 QR 코드 검색하기, 그렇게 해서 알게 된 청주시청 관리부서로 위험하게 보이는 운동기구 신고하기 등을 하였다. 그 결과, 유아들의 신고는 바로 효력을 나타내어 며칠 후 위험해 보이던 그 운동기구는 바로 철거되었다.

[그림 12-6] 신고된 운동기구 / 신고내용 / 시청 답변

이렇게 자신들의 건의가 바로 효과를 나타내자 유아들은 공원에 나가기만 하면 이제 또 공원 내에 다른 문제는 없는지 찾아보게 되었고, 동시에 QR 코드에 대한 탐구 활동도 더욱 활발히 일어나게 되었다. 이런 과정을 거치면서 QR 코드를 직접 만들 수 있다는 것도 알게 되어 교사와 그 반 유아들은 자기 반만의 QR 코드도 제작하였다. 그리고 이 QR 코드를 붙인 완장을 공원에 나갈 때나 또는 집에서 외출할 때에도 꼭 차고 다녔다. 그러다 보니 부모들은 물론이고 지역사회 주민들도 유아들의 공원 활동에 더 관심을 기울이게 되었다. 특히 부모들은 자녀와 함께 몇 번이고 반복해서 스마트폰으로 QR 코드를 검색해 보는 등 공원과 관련된 유아들의 활동에 많은 관심을 보였다.

[그림 12-7] 보라반의 QR 코드 / 검색 내용 / QR 코드를 넣은 완장

이후 교사와 유아들은 중요한 활동들을 모두 QR 코드로 연결시켰다. 예를 들어 공원 내 생태연못과 관련된 활동의 경우, 더럽게 방치된 생태연못을 새롭게 해 달라

는 건의문을 사진과 함께 시청의 공원 녹지과에 편지와 공문으로 보내는 한편, 그렇게 한 것을 QR 코드로 만들어 유치원뿐 아니라 스마트폰을 쓸 수 있는 곳이면 어디서나 볼 수 있도록 하였다.

이런 과정을 거쳐 전술한 것처럼 매봉공원 내 생태연못은 유아, 교사, 부모, 지역사회 자연안내자, 시청의 공원녹지과 담당자까지 함께하는 '생태연못 새롭게 만들기' 활동이 되었고 그 결과가 사진과 같은 생태연못의 변모로 나타났다.

④ 프로젝트 마무리단계

프로젝트 마무리단계는 약 1주 정도의 기간이 소요되었다. 이 기간에 교사와 유아들은 공원을 계속 깨끗하게 관리하고, 특히 생태연못이 잘 유지될 수 있도록 '공원을 잘 돌보는 방법' 전단지를 만들어 지역사회 주민들이 볼 수 있도록 주민센터에 가져다 놓기, 공원 관리를 부탁하는 내용을 동영상으로 찍어 유치원 홈페이지에 올리기 및 이를 QR 코드로 만들었다.

폐타이어와 쓰레기가 빠져 있던 생태연못(전), 청소 후 수생식물을 심음(후)

[그림 12-8] 매봉공원 내 생태연못의 변모

이렇게 공원 프로젝트를 하는 동안 유아들의 공원에 대한 인식은 대략 약 5단계를 거치면서 변화 · 발전하였다. 그것은 단계 1: 공원에 별 관심이 없거나 공원을 단순히 김밥 먹거나 놀이하는 장소 정도로 인식 → 단계 2: 공원은 놀이도 할 수 있고, 또 여러 동식물도 살아가는 곳이라는 인식 → 단계 3: 공원은 지역사회 주민들을 위한 공공장소라는 것까지 인식 → 단계 4: 공공의 장소이기 때문에 쓰레기 줍기, 설비 보수 등 누군가의 관리가 필요하다는 것까지 인식 → 단계 5: 다른 사람들과 함께 유아 자신들도 지속적으로 공원을 돌보고 사랑해 주어야 한다는 인식으로 변화해 갔다. 이런 결과를 볼 때 '공원'은 유아를 위한 지속가능발전교육의 소재로 충분한 의미가 있음을 알 수 있다.

다음으로, 주변 공원을 활용하여 유아기 지속가능발전교육을 전개한다는 가정하에 유아교육기관에서 적용 가능한 활동을 제시하면 [그림 12-9]와 같다. 먼저, 1단계: 관심 갖고 생각 열기 활동으로는 '우리는 공원 탐정', 2단계: 공원과 우리 생활 관계 이해를 위한 다양한 활동으로는 '공원에서 무엇을 하고 놀까?'와 '더 좋은 공원이 되려면?', 3단계: 알고 느낀 바를 주변과 공유하고 변화를 위한 실천하기 활동으로는 '함께 공원을 가꾸어요'와 "'공원의 날'이에요'이다.

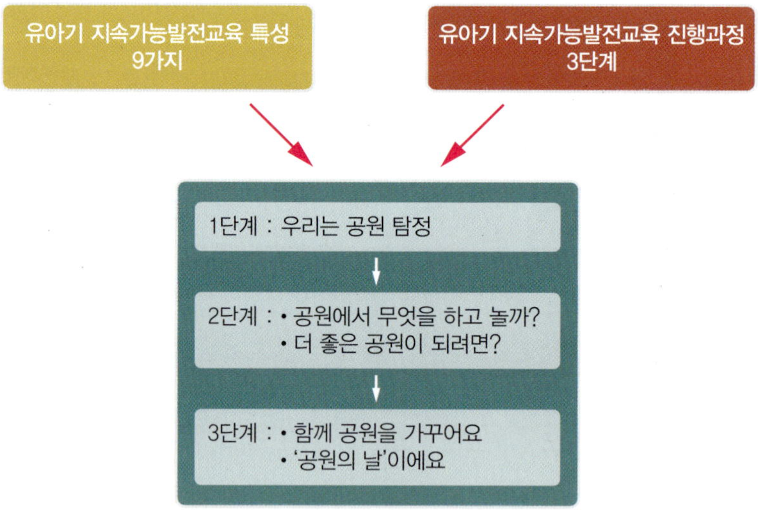

[그림 12-9] '공원의 날' 관련 활동 5가지

각 활동의 유형과 주요 내용을 살펴보면 <표 12-3>과 같다.

〈표 12-3〉 '공원의 날' 관련 활동 5가지의 주요 내용 및 방법

단계	활동명	활동 유형	주요 내용
1단계 관심 갖고 생각 열기	우리는 공원 탐정	바깥활동	사진을 보면서 공원에 있는 사물이나 장소 찾기
2단계 공원과 우리 생활 관계 이해를 위한 다양한 활동하기	공원에서 무엇을 하고 놀까?	바깥활동	공원의 여건에 따라 적합한 방법으로 놀기
	더 좋은 공원이 되려면?	바깥활동	공원의 문제점 발견하기
3단계 알고 느낀 바를 주변과 공유하고 변화를 위한 실천하기	함께 공원을 가꾸어요	지역사회와의 연계	공원의 잘못된 부분 중 유아가 할 것은 유아가 하고 관리 관청에 건의할 것은 건의하여 함께 더 좋은 공원으로 가꾸어 나가기
	'공원의 날' 이에요	바깥활동	깨끗해진 공원에서 공원의 날 기념하기

3. '공원의 날'을 위한 활동

앞에서 소개한 활동들에 대해 구체적으로 활동목표, 활동자료, 활동과정 등을 살펴보면 다음과 같다.

1) 1단계: 관심 갖고 생각 열기

활동 1 우리는 공원 탐정

활동목표
- 유치원(어린이집) 주변에 있는 공원에 관심을 가진다.
- 공원 내 특정 사물 및 장소를 찾아본다.

활동자료
- 가까운 공원 내 곳곳의 사진(유아들 수를 고려하여 2명당 두 번 정도를 찾을 수 있도록 준비한다. 사진의 난이도를 2단계 정도로 나누어 첫 번째 찾기 활동을 위한 사진은 간단하고 쉬운 것으로, 두 번째 찾기 활동을 위한 사진은 조금 더 찾기 어려운 것으로 준비한다.)

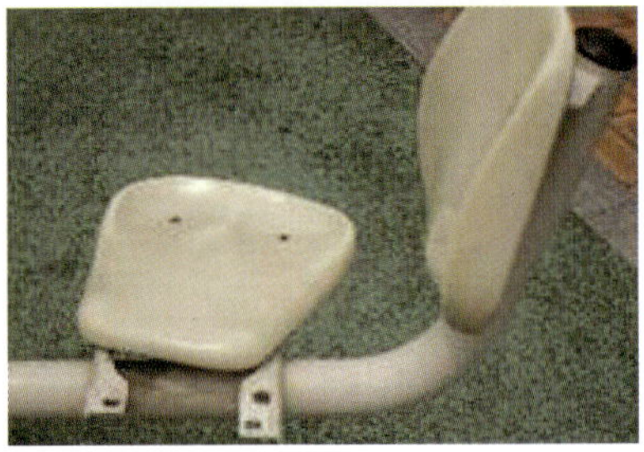

활동방법

1) 도입 사전에 선생님이 유치원(또는 어린이집)에서 가까운 공원을 가서 찍어 온 사진들을 PPT 화면으로 보여 준다. 이제 우리가 공원 탐정이 되어 그곳이 어디인지 찾아보자고 한다.

2) 전개 ① 공원 입구에서 유아 2명당 사진 한 장씩을 나누어 준다. 처음의 '사진 보고 찾기' 활동을 위한 사진은 난도가 낮은 사진을 주어 유아들이 쉽게 찾을 수 있도록 한다. 2명의 친구들이 협력하여 사진 속 장소가 어디인지 찾으면 교사가 확인한 후 사진을 찍는다.

② 사진 속 장소나 사물을 찾은 유아들에게는 두 번째로 조금 더 난도가 높은 사진을 주어 찾아보게 한다. 이 과정을 통해 유아들은 공원에 관심을 갖게 되는 동시에 다양한 동식물이 살고 있다는 것도 경험하게 된다. 단, 사진으로 장소 찾기를 할 때는 공원 안에서도 장소를 제한해 주어 유아들이 찾는 데 어려움을 느끼지 않도록 한다.

3) 정리　교실에 돌아와서 유아들과 같이 찍어 온 사진, 공원에서 들은 소리, 본 것 등에 대해 이야기 나눈다.

2) 2단계: 공원과 우리 생활 간의 관계 이해를 위한 활동하기

활동 1　공원에서 무엇을 하고 놀까?

활동목표
- 공원에서 재미있게 논다.
- 여러 가지 자연물을 접한다.

활동자료
- 공원 안의 솔방울, 나뭇잎 등 자연물

활동방법

1) 도입　공원에 나가기 전 공원에 가면 지켜야 할 공중도덕 및 질서에 대해 이야기 나눈다.

2) 전개　공원에서 볼 수 있는 자연물, 양지와 음지 등 조건에 따라 재미있는 놀이를 한다.

예 • 솔방울 던져 넣기: 정해진 구간에 솔방울 던져 넣기 놀이를 한다.

- 나무뿌리처럼 뻗어 보기: 유아 여러 명이 함께 다리를 벌리고 서서 길게 뻗은 나무뿌리를 표현해 본다.
- 특정물(예:시설물) 찍고 돌아오기: 몇 명씩 정해 뛰어가서 특정물을 찍고 돌아오기를 한다.
- 음지, 양지 놀이: 술래가 "음지" 하면 유아들이 그늘진 곳을 찾아 뛰어 들어가고, "양지" 하면 얼른 햇빛이 비치는 곳으로 뛰어나와야 한다.

솔방울 던져 넣기

나무뿌리처럼 뻗어 보기

특정물 찍고 돌아오기

음지, 양지 놀이

[그림 12-10] 공원의 여건과 상황에 따라 창의적으로 놀이하기

3) 정리　재미있게 노는 동안 공원을 어지럽히지는 않았는지 둘러보고 정리한다.

활동 2 더 좋은 공원이 되려면?

활동목표
- 더 좋은 공원이 되려면 어떤 점을 고쳐야 하는지 찾아본다.
- 지역사회의 여러 사람들과 협력하여 공원의 문제점을 해결한다.

활동자료
- 사진기

활동방법

1) 도입
오늘 우리는 공원의 탐정이 될 것이라고 이야기해 준다. 오늘의 미션은 '공원에서 고칠 점' 찾기라고 한다.

2) 전개
① 먼저 교사와 유아 전체가 함께 공원을 돌며 공원의 문제점을 찾는다. 찾으면 사진을 찍어둔다.
② 유아 2명씩 짝이 되어 공원의 문제점이라고 생각되는 것을 찾아본다. 교사는 유아들이 문제점을 찾았다고 하면 사진을 찍어 준다. 유아들의 발달 정도나 원의 상황에 따라 유아들이 직접 사진을 찍을 수도 있다.
③ 교실에 돌아오면 문제점으로 찍은 사진들을 화면으로 함께 보며 왜 문제라고 생각했는지, 정말 문제인지, 문제라면 어떻게 해결하면 좋을지 정리해 본다.

울퉁불퉁 공원 바닥이 위험해요

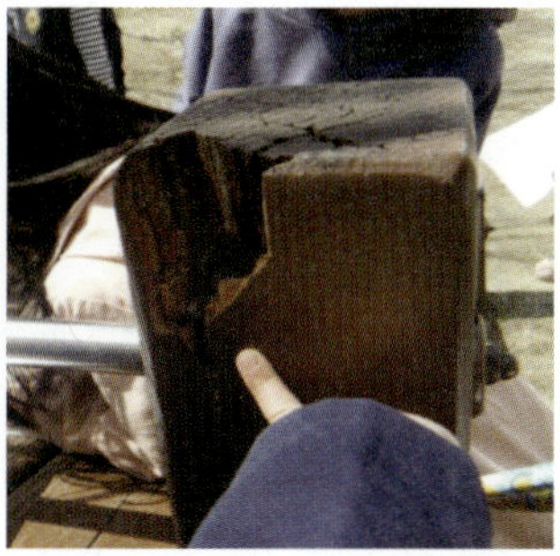
한쪽이 부서져서 위험해 보여요

구멍 난 나무가 불쌍해요

3) 정리 유아들이 해결할 수 있는 것, 공원 관리 담당자에게 부탁할 것을 나누어 정리한 이후 해결해 나가기로 한다. 이런 활동이 환경적 · 경제적 · 사회적으로 더 좋은 지역사회로 만들어 나가는 데 꼭 필요한 일임을 확인한다.

3) 3단계: 알고 느낀 것을 공유하고 변화를 위한 실천하기

활동 1 함께 공원을 가꾸어요

활동목표
- 공원을 더 좋게 가꾸는 것에 동참한다.
- 지역사회 주민의식을 갖는다.

활동자료
- 청소도구
- 쓰레기봉투

활동방법

1) 도입 지난 활동 시간에 정리한 '더 좋은 공원이 되려면?' 표를 보고 유아들이 할 수 있는 것을 해 보기로 한다. 얼굴이 더러워지면 세수하는 것처럼 공원을 우리가 깨끗이 하기로 한다. 미리 사진 찍어 온 공원의 더러운 곳을 살펴보며 어디를 누가 맡아서 할 것인지 구역을 나누어 본다.

2) 전개 ① 구역을 나눈 곳에서 공원을 깨끗이 하는 활동을 진행한다. 이때 공원 관리담당자가 함께 할 수 있다면 더 효과적이다.

② 청소 시작 전과 청소 시작 후의 상태를 사진 찍어 둔다.

공원 곳곳의 낙서를 지워요

쓰레기를 주워요

낙서를 지우기 전의 의자

낙서를 지운 후의 의자

자료: 영광어린이집

3) 정리 돌아와서 청소를 하고 난 후 공원의 달라진 모습을 사진으로 확인하면서 서로의 느낌을 나눈다.

활동 2 '공원의 날'이에요

활동목표
- 우리 동네 공원을 사랑하는 마음을 갖는다.
- 즐겁게 행사에 참여한다.

활동자료
- 공원 관련 활동을 하기 전 찍었던 사진 몇 장과 유아들과의 활동 후 깨끗해진 공원 사진 몇 장
- 유아들이 공원 또는 공원 내 어떤 특정 동식물이나 바위 등을 위해 지은 시, 노래, 편지글 등

활동방법

1) 도입 유아들과 공원 관련 활동을 하기 전 찍은 사진 몇 장과 활동 후 깨끗하게 바뀐 사진 몇 장을 비교해 보며 유아들의 활동으로 공원의 상태가 어떻게 바뀌었는지 확인한다. 이제 그 공원에 나가 '공원의 날' 행사를 하기로 한다.

2) 전개 ① '공원의 날'인데 공원에 나가 무엇을 하면 좋을지 정한다.

예 나무에게 사랑한다고 말해 주기 / 공원 안의 동식물이 즐겁게 듣도록

노래 불러 주기 / 공원 안의 새들에게 먹이 주기 / 공원의 꽃나무에 물 주기 / 도마뱀을 밟지 말라는 표지판 세우기 등

② 공원에 나가 하기로 한 것을 하면서 공원의 날 행사를 가진다. 지역사회 관계자, 부모들도 동참할 수 있다면 더 효과적이다.

3) 정리 계속해서 공원을 돌보기로 하고 마무리한다.

솔방울에 견과류를 넣은 후
나무 사이에 끼워 새의 먹이 주기

도마뱀을 밟지 말라는 표지판 세우기

자료: 아이림유치원

정·리·하·기

1 다음 중 '공원의 날'에 관한 설명으로 적합한 것은?

① 우리나라 환경기념일이다.
② 유엔에서 정한 환경기념일이다.
③ 유넵에서 정한 환경기념일이다.
④ 유아교육기관에서 자체적으로 정한 환경기념일이다.

2 우리나라 공원에 대한 설명으로 적합한 것은?

① 도시공원은 자연공원에 속해 있다.
② 자연공원의 법적 근거는 「자연공원법」이다.
③ 우리나라에 아직 어린이공원은 설치되지 않은 상태이다.
④ 크게 자연공원, 인공공원, 도시공원, 시군공원의 네 종류로 나뉜다.

3 유아기 지속가능발전교육 소재로서의 '공원'에 대한 설명으로 적절한 것은?

① 자연공원이 위치상 도시공원보다 교육 소재로 항상 더 적합하다.
② 지역사회와의 연계는 공원에 나온 지역사회 주민들하고만 가능하다.
③ 공원 프로젝트를 통해 환경적 · 사회적 · 경제적 측면을 함께 다룰 수 있다.
④ 공원에서의 활동은 위험하므로 교사가 사전에 계획한 대로만 하는 것이 바람직하다.

정답 및 풀이

1 ④
'공원의 날'은 유아교육기관에서 '공원' 프로젝트 중 자체적으로 정한 환경기념일이다.

2 ②
우리나라의 공원은 현재 자연공원과 도시공원의 두 종류로 나뉜다. '자연공원'의 법적 근거는 「자연공원법」이다. 이에 비해 '도시공원'의 법적 근거는 「도시공원 및 녹지 등에 관한 법률」이다.

3 ③
유아들이 쉽게 접근할 수 있는 곳이 더 적합하다. 대부분 도시공원이 그렇다. 지역사회와의 연계는 지역사회 주민들뿐 아니라 공원 관리 담당자, 자연안내자, 화가 등 지역사회 다양한 대상과 연계가 가능하다. 어떤 활동도 교사가 계획한 대로만 하는 것은 바람직하다고 할 수 없다.

제 13 장

건강한 삶을 위한 '화학조미료 안 먹는 날'

학습목표

1. '화학조미료 안 먹는 날'(10월 16일)의 의미 및 유래를 안다.
2. '화학조미료 안 먹는 날'과 유아기 지속가능발전교육의 관계를 이해한다.
3. '화학조미료 안 먹는 날' 관련 유아기 지속가능발전교육 활동을 이해하고 적용할 수 있다.

1. '화학조미료 안 먹는 날'의 의미 및 유래

1) '화학조미료 안 먹는 날'의 의미

우리는 매일 먹어야 산다. 무엇을 먹었느냐는 곧 지금 우리 몸 상태가 어떠한가와 직결되어 있다. 우리가 먹은 음식이 우리 몸을 매일 만들기 때문이다. 문제는 현대 초스피드 시대를 살아가는 사람들이 바쁜 일상에서 허덕대며 화학조미료로 범벅이 된 패스트푸드와 인스턴트식품에 많이 의지하고 있으며, 그런 바람에 서서히 병들어가고 있다는 사실이다. 이런 가공식품의 대부분에는 우리 몸에 좋지 않은 화학조미료를 비롯하여 여러 가지 식품첨가물이 들어가 있기 때문이다.

만일 우리 혈액과 소변을 지금 검사해 본다면 어느 정도로 깨끗하다고 나올까? 다른 나라 사람들의 경우는 또 어떨까? 지구상에서 부자 나라에 속하는 미국인, 캐나다인, 유럽인, 그리고 호주인의 혈액과 소변을 검사한 결과, 거주지와 나이를 불문하고 중금속과 살충제, 착색제, 방충제 등이 발견되었다. 심지어 미국에서 태어난 신생아의 탯줄 혈액에서는 200종 이상의 공업약품이 발견됐다는 사실이 이미 오래전에 뉴스로 나온 바 있다(David & David, 2011). 그런 맥락에서 뱀파이어에 관한 영화 '오

자료: Daum 영화(http://movie.daum.net/moviedetail/moviedetailMain.do?movieId=77953&t__nil_upper_mini=thumbnail)

직 사랑하는 이들만이 살아남는다(Only lovers left alive)'에서 중요한 메시지를 얻을 수 있다. 이 영화에서 21세기 뱀파이어들은 그저 인간의 피를 구하는 것이 아니라 농약이나 각종 화학물질에 오염되지 않은 신선하고 검증된 유기농 피를 원한다. 즉, 이 영화에서 풍자하고 있는 중요한 점은 바로 21세기를 살아가는 우리들의 먹거리가 조미료라는 미명하에 온갖 화학첨가물로 범벅이 되어 있다는 사실이다.

화학조미료가 도대체 뭐기에 '화학조미료 안 먹는 날'이 세계적인 환경기념일까지 되었을까? 위키백과(2023. 6. 30. 편집)에서는 화학조미료(化學調味料, chemical seasoning, 문화어: 맛내기)를 "천연식품 속에 들어있는 맛 성분을 화학적으로 합성, 또는 분해 및 추출에 의해 순수한 형태로 뽑아낸 것이다. 일반적으로 식품의 조미료로 널리 사용된다. 시중에 판매되고 있는 것 중 주요한 것으로는 글루탐산나트륨(다시마의 맛, MSG, MonoSodium Glutamate), 이노신산나트륨(가다랑어포, 육류의 맛), 구아닐산나트륨(표고버섯의 맛), 숙신산나트륨(어패류의 맛) 등이고, 또 이것들의 혼합물이 있다"라고 정의하고 있다. 간단히 말하면 화학조미료란 맛내기를 위한 화학물질이라고 할 수 있다.

화학조미료에 대해 조금 더 알아보자. 화학조미료의 주성분인 MSG 자체는 이렇다 할 맛을 지니고 있지 않지만, 음식에 들어가면 맛을 좋게 만들어 주는 역할을 한다. 그러다 보니 라면, 소시지, 과자, 이온 음료, 과일 통조림, 케첩, 마요네즈 등 유아들이 좋아하는 모든 음식에 광범위하게 사용되고 있는 실정이다. 문제는 MSG를 많이 먹으면 뇌에 장애를 가져오고, 우리 몸에 중요한 소금, 단백질의 생성을 억제시킨다는 점이다. 특히 유아의 경우 소량으로도 대뇌의 뇌하수체가 파괴돼 성장은 물론 대사에도 이상을 초래할 수 있다.

또 다른 문제점으로는 화학조미료에 한 번 길들여지면 맛을 느끼는 능력이 떨어지게 된다는 점이다. 화학조미료가 혀에 있는 미각신경의 기능에 혼란을 일으키기 때문이다. 혀는 단맛, 쓴맛, 신맛, 짠맛 등을 느끼는데, 그중 특히 쓴맛을 잘 느껴야 미각도 뛰어나게 되고 먹거리의 위험으로부터 몸을 지킬 수 있는 능력을 높일 수 있다. 그런데 걱정스럽게도 요즘 아이들은 단맛과 화학조미료의 맛에 어려서부터 길들여지면서 그런 능력을 점점 상실해 가고 있다(서울여성노조, 2004). 이런 위해성에 대한 염려에서 생긴 '화학조미료 안 먹는 날'은 말 그대로 단 하루만이라도 화학조미료를 먹지 않도록 하자는 날이고, 더 나아가서는 우리 식색활 전반에 대한 점검과 반성을 촉구하는 날이다.

요즘 시판되는 컵라면이나 먹을거리 제품을 보면 "MSG 無첨가"라고 표시된 제품이 많이 있는데, 과연 안심할 수 있을까? 아니, 그렇지 못하다. 그 외에 식품첨가물이 여럿 들어 있을 수 있기 때문이다. 그렇다면 도대체 무엇 때문에 식품첨가물들을 집어넣는 것일까? 우선 색소는 음식을 맛있어 보이게 한다. 소시지 등 고기류에 붉은색을 넣는 이유이다. 오랫동안 썩지 말라고 방부제도 넣는다. 이외에도 감미료, 착향료, 안정제, 결착제, 유화제, 화학조미료 등이 들어간다. 다음을 보면 식품에 들어가는 화학첨가물이 참 많기도 하다는 것을 알 수 있다.

다양한 식품첨가물

- 색소: 음식을 맛있어 보이게 한다.
- 방부제: 오랫동안 썩지 않게 한다.
- 감미료: 단맛을 낸다.
- 착향료: 음식 향을 강하게 한다.
- 안정제: 쉽게 녹지 않게 한다.
- 결착제: 고기의 끈기를 좋게 한다.
- 유화제: 물과 기름이 잘 섞이게 한다.
- 화학조미료: 입에 당기는 맛을 낸다.

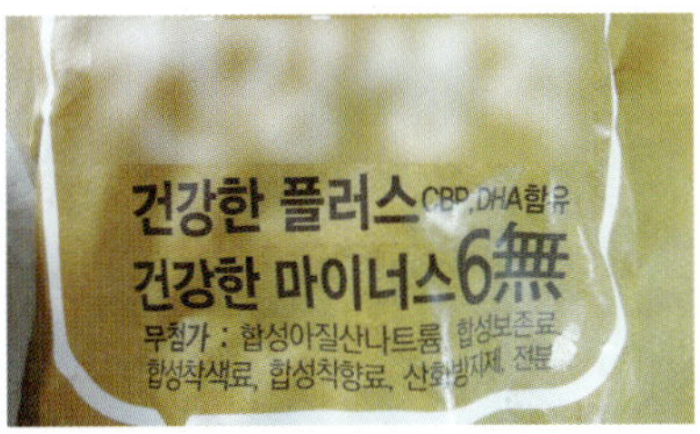

가공식품

2) '화학조미료 안 먹는 날'의 유래

화학조미료는 언제, 누구에 의해 만들어진 것일까? 1909년 일본의 도쿄제국대학 교수였던 이케다 기쿠나에(池田菊苗)가 다시마 국물 맛을 인공적으로 합성하여 개발했으며, 이후 일본에서 아지노모토(味元)라는 상표를 붙여 시판하기 시작했다. 이 화학조미료는 미국, 중국, 우리나라 등 전 세계로 퍼져 나가기 시작하였는데 그 인기가 어찌나 높았는지 그 맛을 본 사람은 대부분 모든 음식에 꼭 들어가야 하는 감초처럼 생각하게 되었다. 그러다 보니 시판되고 20년 정도 지난 시점에서는 1인당 사용량이 수십 배에 달하는 지경까지 이르렀었다고 한다. 최근에는 화학조미료의 폐해가 어느 정도 알려지면서 그 사용량이 줄어들고 있기는 하지만 여전히 화학조미료는 식당이나 가정에서 즐겨 사용하는 것 중 하나이다.

그렇다면 '화학조미료 안 먹는 날'은 누가 만든 것일까? 국제소비자기구(CI, Consumers International)가 식생활의 중요성을 알리기 위해 1985년에 제정하였다. 참고로 국제소비자기구는 소비자문제 해결을 위해 범세계적인 국제협력 실현을 목적으로 1960년에 설립된 국제소비자단체(e-유통 용어사전)이다. 이 단체에서 나섰다는 것은 그만큼 화학조미료가 소비자들의 건강에 위해를 끼친다고 판단하였기 때문이다. 이렇게 되면 결론은 무엇일까? 간단하다. 음식을 만들 때는 가능한 한 제 지역에서 제철에 난 재료를 사용하고 화학조미료는 꼭 필요한 때 최소한으로만 사용하도록 한다. 대신 정성과 사랑을 담아 조리하고, 먹는 사람은 그런 재료가 생산되기까지 수고한 이들과 조리한 이들에게 감사하는 마음으로 먹으며, 음식을 남기는 일이 없도록 하여야 한다.

여기서 한 가지 점검해 보자. 가공식품, 패스트푸드, 인스턴트식품의 차이가 무엇일까? 간단히 말하면 패스트푸드(속성음식)나 인스턴트식품(즉석식품 또는 반조리식품)은 모두 가공식품에 속한다. 가공식품이란 식품원료(농 · 임 · 축 · 수산물 등)에 식품 또는 식품첨가물을 가하거나 그 원형을 알아볼 수 없을 정도로 변형(분쇄, 절단 등)시키거나 이와 같이 변형시킨 것을 서로 혼합 또는 이 혼합물에 식품 또는 식품첨가물을 사용하여 제조 · 가공 · 포장한 식품을 총칭한다(식품의약품안전처 고시 제2023-72호). 단, 여기서 한 가지 짚고 갈 것은 모든 가공식품을 다 나쁘다고 말할 수는 없다는 사실이다. 청국장, 된장과 같이 우리 몸에 좋은 것도 있고 최근에는 마늘, 현미 등을 이용한 가공 기능식품 연구를 통해 우리 몸의 건강을 도우려는 시도들도 있기 때문이다. 그렇기는 하나 대부분의 패스트푸드, 인스턴트식품에는 많은 화학첨가물이 들어가 있고, 그럴 때에 앞에서 설명한 바대로 우리 몸, 특히 유아들의 성장 발육에 좋지 않은 영향을 미칠 수 있다는 점에 유의하여야 한다.

2. '화학조미료 안 먹는 날'과 유아기 지속가능발전교육의 관계

1) '화학조미료'와 우리 생활의 관계

누구나 맛있는 것을 원하는 만큼 먹으면서 살고 싶어한다. 문제는 전술한 바와 같이 입에 달다고 그것이 다 몸에 좋은 음식은 아니라는 사실이다. 특히 화학조미료가 잔뜩 들어간 고열량의 음식들은 영양가는 별로 먹으면서 비만만 더한다.

이제 비만 문제는 서구의 몇몇 잘 사는 나라에 국한되는 걱정거리가 아니라 전 세계적인 관심 대상이 되었다. 우리나라에서도 비만은 큰 사회 문제이다. 한국인의 비만율은 1998년 26.0%에서 계속 상승하여 2016년 34.8%가 되었고 2020년에는 38.3%로 급격히 높아졌다(통계청, 2022: 104)[1]. 관련하여 국민건강보험공단(2018)은 <비만의 사회경제적 영향>에서 비만으로 인한 사회경제적 비용이 한 해 11조 4,679억 원을 상회한다고 밝힌 바 있다. 비만의 주된 원인은 TV 시청, 컴퓨터 게임, 스마트폰 게임 등과 이외 비활동적인 생활 등이다. 이렇게 하여 열량 소모는 줄어든 반면, 온갖 화학조미료가 첨가된 고지방, 고열량 음식, 저섬유식, 당분이 많이 든 간식이나 탄산음료 섭취량 증가, 불규칙한 식사, 잦은 외식 등으로 열량 섭취는 증가했기 때문이

1) 이는 OECD 평균 비만율보다는 훨씬 낮은 수치이다. 그러나 성인의 당뇨병 유병률은 2019년 기준으로 OECD 평균보다 약간 높다(통계청, 2022). 이런 상황이니 '화학조미료 안 먹는 날'을 통해 유아교육기관에서 바른 식생활 지도를 하는 것은 그 무엇보다도 중요한 일이 되어야 할 것이다.

다. 거기다 아이들이 햄버거나 피자와 함께 즐겨 마시는 콜라에는 2잔만 마셔도 불면증이나 심리적 불안 상태를 초래할 만큼 카페인(콜라 100mL 기준 카페인 함량은 13.7mg)이 많이 들어 있다. 초콜릿, 과자, 아이스크림, 껌 등에도 카페인은 들어 있다(이해나, 이유림, 2023. 9. 21.).

이런 상황이다 보니 최근에는 성인 비만 문제 못지않게 소아 비만도 전 세계적으로 중요한 문제로 부상하고 있다. 소아비만은 70% 이상의 비율로 성인 비만으로 이어지며, 소아 비만이었던 아이가 성인이 됐을 때 대사증후군에 걸릴 위험은 정상인보다 30배나 높다(이도경, 2019. 8. 20.).

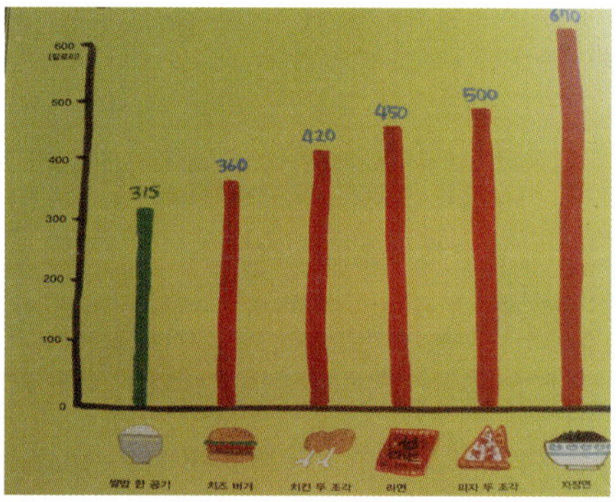

- 쌀밥 1공기: 315kcal
- 치즈버거 1개: 360kcal
- 치킨 2조각: 420kcal
- 라면 1그릇: 450kcal
- 피자 2조각: 500kcal
- 자장면 1그릇: 670kcal

자료: 허은실(2010: 18)

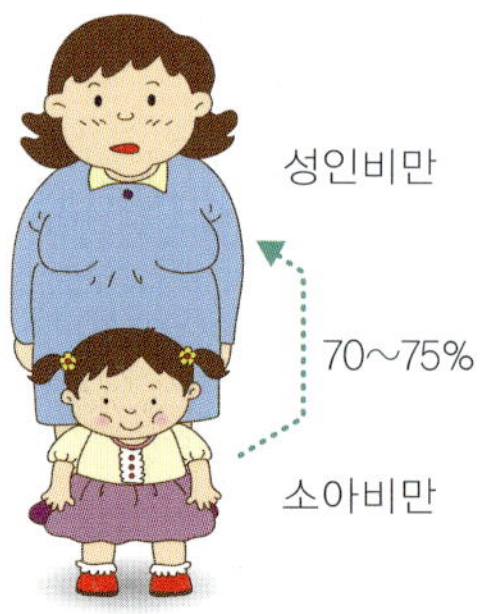

비만이 갖는 문제점은 크게 두 가지다. 첫째, 신체적 건강 문제이다. 우리가 잘 알고 있듯이 우선 비만은 성인기 각종 질환(고지혈증, 지방간, 당뇨, 고혈압 등)의 주요 원인이다(식품의약품안전처, 2017. 4. 3.), 둘째, 사회 · 심리적 발달 장애이다. 이와 관련하여 일본의 저명한 교수 오사와 히로시(大澤博, 2017)는 그의 저서 『먹고 싶은 대로 먹인 음식이 당신 아이의 머리를 망친다』를 통해 '균형 잡힌 식생활'이 무너지고 소당류나 카페인의 과잉섭취, 패스트푸드(즉석식)나 인스턴트식품(간편식)과 같은 가공식품 위주의 식사를 하게 되면 은둔형 외톨이(사회성 저하), 주의산만, 폭력성, 범죄, 더 나아가 정신분열을 일으킬 확률까지 있다고 하였다.

[그림 13-1] 잘못된 식습관의 영향: 치주 질환, 비만, 과잉행동장애 등 증가

'화학조미료 안 먹는 날'과 관련하여 '좋은 먹거리'와 함께 중요하게 다루어야 할 교육내용은 '음식물 쓰레기' 문제이다. 화학조미료가 많이 들어간 음식은 일차적으로 우리 인간을 병들게 하지만, 음식물 쓰레기는 지구를 병들게 하기 때문이다. 음식물 쓰레기는 조리과정에서 발생하는 농 · 수 · 축산물 쓰레기와 먹고 남은 음식 찌꺼기 등을 합쳐 말한다. 우리나라의 경우, 2021년 기준으로 음식물 쓰레기양은 생활 쓰레기 전체 발생량의 약 29% 정도이며, 이에 따른 경제적 낭비, 환경부담 및 처리 비용이 계속 증가하고 있다. 예를 들면 국민 1인당 음식물 폐기량(식품 제조 단계 포함)이 10년 사이에 하루 338g(2009년)에서 407g(2019년)으로 20.4%나 늘었다. 나라 전체적으로 보면 우리나라 식품 폐기량은 연간 548만 톤에 이르고 그 처리 비용은 1조 960억 원에 달한다(김문성, 2021. 12. 22.). 이런 음식물 쓰레기 중 약 70%는 각 가정과 소형 음식점에서 발생하고 있다(음식물 쓰레기 관리시스템, https://www.citywaste.or.kr/). 각 개인과 가정의 실천이 얼마나 중요한 요인인지 알 수 있는 대목이다.

전체 쓰레기 중 29% 차지
그 양은 하루 1만 4천여 톤

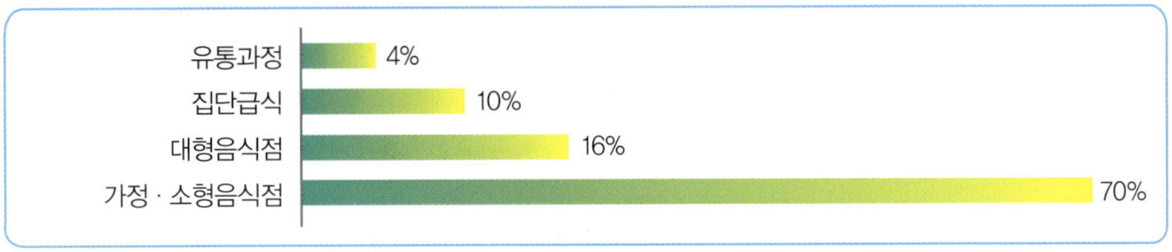

전 세계적으로도 음식물 쓰레기 문제는 중요 이슈이다. UNEP(2021) 보고서인 'UNEP Food Waste Index Report 2021'을 보면 음식물 쓰레기 문제는 인류의 지속가능성에 매우 큰 걸림돌이다. 이 보고서에 의하면 2019년 배출된 음식물 쓰레기양은 무려 약 9억 3,100만 톤인데, 이는 전 세계 음식 생산량의 약 17%에 해당하는 양이다. 그 배출원은 우리나라와 비슷하게 일반 가정의 비율이 가장 높다. 관련하여 유엔은 SDGs 목표 12(책임 있는 생산과 소비)의 하위목표 3과 관련하여 2030년까지 음식물 폐기물을 절반으로 줄이고자 하는 목표를 갖고 있다. 하위목표 3은 '식품의 생산 · 유통 과정에서 발생하는 식품 손실과 소비과정에서 발생하는 식품폐기물을 감소시킨다'이다. 이외 SDGs 목표 2인 '기아 종식(Zero Hunger)'과 관련해서도 음식 손실이나 낭비가 없을 것(Zero loss or waste of food)을 강조하고 있다. 이런 국내외적 상황에 비추어 볼 때 유아기부터 우리 건강에 좋은 음식을 알뜰하게 준비하고, 잘 먹도록 교육하는 것은 중요한 일이 아닐 수 없다.

정리해 볼 때, 음식물 쓰레기는 무엇보다도 에너지 낭비와 온실가스[2]를 배출시키며 고농도 폐수로 수질 오염, 토양 오염, 부패로 인한 공기 오염을 유발시켜 지구 환

2) UNEP(2021) 보고서에 따르면 '음식물 쓰레기'가 하나의 국가라면 미국, 중국에 이어 세계 3위 온실가스 배출국가로 분석될 정도이다.

경을 병들게 한다. 최근에는 음식물 쓰레기 해양 배출 금지로 처리에 더 많은 어려움을 겪고 있다. 경제적으로는 음식물 쓰레기로 인한 자원 및 에너지 낭비 등 경제가치 손실이 전술한 바와 같이 매우 크다. 사회적으로는 가장 직접적으로 유아를 포함한 사람들의 절약정신을 훼손시키고, 나라 전체로 볼 때는 농수산물 수입 확대로 우리나라 식량 안보에 위협 요인이 된다. 또 세계적으로 볼 때 다른 지역의 굶주리는 사람들과 음식을 둘러싼 지역 내 · 지역 간 갈등이 더 심화될 수 있다. 즉, Foer(2020)가 『우리가 날씨다』에서 주장한 바와 같이 우리가 매일 무엇을, 얼마나, 어떤 자세로 먹는가는 곧바로 지구 환경과 기후 위기에 영향을 미치며, 타인의 삶에도 큰 영향을 미치는 것이다.

2) '화학조미료 안 먹는 날'과 유아기 지속가능발전교육의 관계

자동차에 좋은 기름을 넣어야 고장 나지 않고 오래 잘 달릴 수 있는 것처럼 우리 몸 역시 화학조미료로 맛을 낸 인스턴트식품, 패스트푸드보다 좋은 재료에 정성과 사랑으로 만든 음식을 먹어야 건강이 오래 유지될 수 있음은 두말할 필요도 없다. 실제로 필자가 관계하고 있던 유아교육기관의 경우 유아들의 점심과 오전 · 오후 간식 재료 모두를 지역에서 생산되는 무농약, 유기농 농산물로 바꾼 후 불과 1년도 못 되어 아토피 피부병을 가지고 있던 유아들의 수가 크게 줄고, 또 전체적으로도 활동 몰입도와 주의집중력이 높아지는 결과가 나타났다. 물론 무농약이나 유기농 식재료 가격이 일반 재료보다 좀 더 비쌌는데 그 당시 유아들이나 교사, 조리사 모두가 무농약, 유기농 식재료는 더 비싸고 좋은 것이라는 것을 알고 난 후 밥알 한 톨도 허투루 버리지 않도록 스스로 주의를 기울였다. 결과적으로 유아들의 건강 증진에 도움을 받았을 뿐 아니라 음식을 소중히 대하는 태도, 감사하는 마음 등 식사지도까지 저절로 이루어질 수 있었다.

이런 모든 사실들을 전제할 때 '화학조미료 안 먹는 날'과 관련하여 유아들에게 교육해야 할 주요 내용은 첫째, 햄버거나 자장면 등의 패스트푸드, 라면 같은 인스턴트 식품, 주스와 단 과자 등 각종 가공식품을 많이 먹으면 우리 몸에 좋지 않다는 것을 알도록 하는 것, 둘째, 그 대안으로 우리 몸에 좋은 음식은 어떤 것인지 알고 잘 먹도록 하는 것, 셋째, 음식을 먹을 때 재료를 생산하는 사람과 만든 사람, 또 다른 지역에서 굶주림에 고통당하는 사람들을 생각하며 버려지는 음식이 없도록 노력하는 것, 넷째, 이렇게 알고 느낀 바를 가족을 비롯한 주변에 널리 알려 함께 실천하도록 하는 것이 되어야 할 것이다.

한편, '화학조미료 안 먹는 날'을 다룰 때는 다른 어떤 환경기념일보다도 유아교육기관 관계자들의 자체적 노력과 더불어 가정과의 연계, 지역사회와의 효율적인 연계가 있어야 한다. 화학조미료 안 먹기나 친환경 음식 먹기는 유아들보다 먼저 각 가정의 부모 또는 급식을 책임지는 유아교육기관의 관계자가 노력을 기울여야 할 부분이기 때문이다.

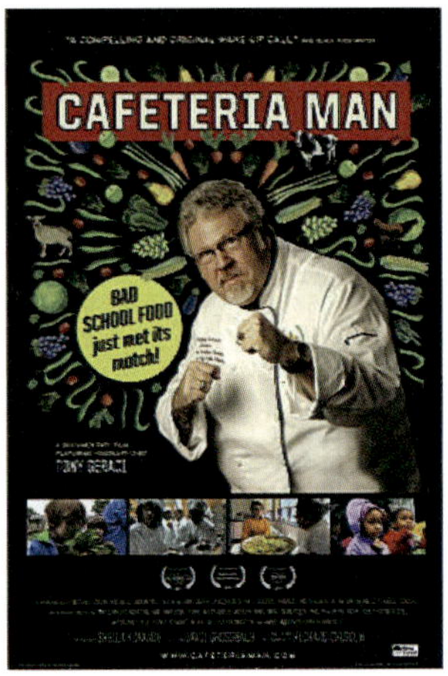

자료: https://www.imdb.com/title/tt1723741/

그런 맥락에서 친환경급식 프로젝트를 담은 영화인 '카페테리아 맨'을 잠시 살펴보자. 2012년 제9회 서울환경영화제에서도 소개된 바 있는 이 다큐멘터리 영화는 볼티모어시 공립학교 급식의 영양설계를 맡고 있는 토니 제라시(Tony Geraci) 를 중심으로 한 이야기이다. 그는 여기서 학생들의 급식을 육류와 인스턴트식품 대신 지역에서 난 채소 위주의 식단으로 바꾸고, 아이들에게 직접 메뉴를 고르게 하면서 먹을거리에 대한 관심과 책임감을 높이는 등 구체적인 실천방안들을 제시하고 있다. 결과적으로 이렇게 영양사와 농부, 시민단체와 정부가 협력한 볼티모어시 친환경 급식프로젝트는 미국 전역의 학교 급식에까지 커다란 변화를 일으키는 계기가 되었다.

유아교육기관의 급식 문화가 바뀌고, 그런 문화가 가정과 지역으로 확산되면서 아이들을 위한 모든 먹거리가 친환경적으로 바뀌는 장면, 음식물 쓰레기가 하나도 나오지 않는 유아교육기관을 상상해 보라! 건강한 대한민국의 미래가 보이는 것 같지 않은가?!

다음으로 '화학조미료 안 먹는 날'을 유아교육활동으로 풀어보면 다음과 같다. 1단계: 관심 갖고 생각 열기 활동으로 '오늘은 유치원 체육대회 날', 2단계: 화학조미료와 우리 생활과의 관계 이해를 위한 활동으로 '천연조미료를 만들어요'와 '호박? 오예~ 맛있네!', 3단계: 알고 느낀 바를 주변과 공유하고 변화를 위한 실천하기 활동으로 '음식물 쓰레기를 줄여요'와 '우리집 외식 줄이기'로 총 5가지 활동이다.

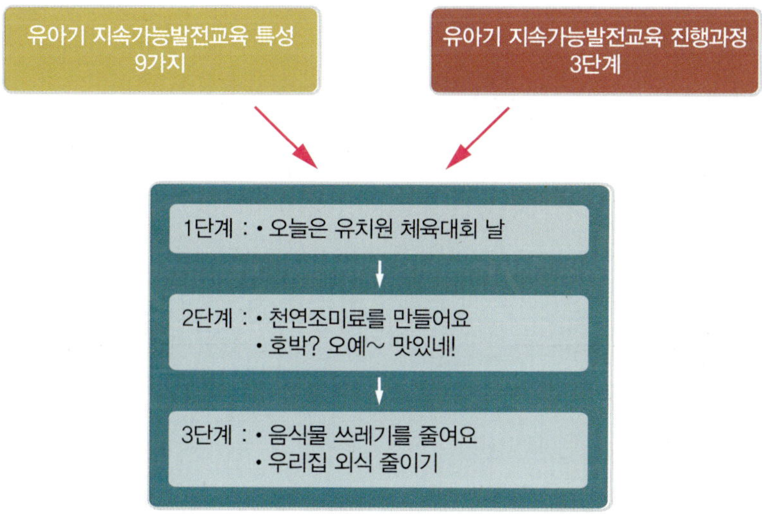

[그림 13-2] '화학조미료 안 먹는 날' 관련 활동 5가지

각 활동의 유형과 주요 내용을 살펴보면 <표 13-1>과 같다.

〈표 13-1〉 '화학조미료 안 먹는 날' 관련 활동 5가지의 주요 내용 및 방법

단계	활동명	활동유형	주요 내용
1단계 관심 갖고 생각 열기	오늘은 유치원 체육대회 날	동화 듣기	패스트푸드가 우리 몸에 좋지 않음을 알기
2단계 화학조미료와 우리 생활 관계 이해를 위한 다양한 활동하기	천연조미료를 만들어요	요리활동	멸치, 새우 등 천연 재료를 이용한 요리활동
	호박? 오예~ 맛있네!	요리활동	가을에 수확되는 단호박, 늙은 호박으로 케이크와 죽 만들기
3단계 알고 느낀 바를 주변과 공유하고 변화를 위한 실천하기	음식물 쓰레기를 줄여요	동영상 보기 및 실천하기	감사한 마음으로 음식을 싹싹 먹기
	우리 집 외식 줄이기	가정연계활동	외식 줄이기, 음식물 쓰레기를 각 가정과 연계하여 실천한 후 굶주리는 다른 지역 친구들 돕기

3. '화학조미료 안 먹는 날'을 위한 활동

앞에서 소개한 5가지 활동에 대해 구체적인 활동목표, 활동자료, 활동과정 등을 살펴보면 다음과 같다.

1) 1단계: 관심 갖고 생각 열기

활동 1 오늘은 유치원 체육대회 날

활동목표 • 패스트푸드가 우리 몸에 좋지 않음을 안다.
• 매일 바른 먹거리를 먹고 운동도 잘 하면 튼튼해진다는 것을 이해한다.

활동자료 • '오늘은 유치원 체육대회 날' 테이블 동화 자료
-허당이: 몸은 크나 부실. 패스트푸드를 좋아하는 아이
- 충실이: 몸은 작아 보이나 충실. 된장국에 잡곡밥을 잘 먹는 아이

달리기하는 허당이와 충실이

씨름하는 허당이와 충실이

철봉하는 허당이와 충실이

참고 허당이와 충실이 만드는 법

1. 달리기할 때의 허당이와 충실이

1) 허당이: 요구르트병(또는 휴지심 등) 앞면에 뚱뚱한 허당이의 모습을 그려 붙인다.

2) 충실이: 요구르트병(또는 휴지심 등) 앞면에 허당이보다 작지만 야무져 보이는 충실이의 모습을 그려 붙인다.

허당이와 충실이의 달리기 모습

2. 철봉할 때의 허당이와 충실이

1) 주름빨대 2개를 준비한다.

2) 두 개의 주름빨대를 직각으로 꺾은 후 가운데에 스카치테이프로 붙여 고정한다.

3) 허당이와 충실이의 모양을 만든 후 주름빨대에 스카치테이프로 붙여 준다.

4) 완성된 것은 다음과 같이 활용한다.

허당이와 충실이의 철봉 모습

- 체육대회 종목들을 적은 종이 한 장(유아들의 호기심 유발을 위해 체육 대회 종목을 적은 종이는 말아 놓았다가 유아들에게 보여 줄 때 펴도록 할 것)

1. 달리기 2. 씨름 3. 철봉

오늘의 체육대회

활동방법

1) 도입 "오늘은 ㅇㅇ유치원 체육대회 날이에요." 하면서 두 명의 아이(허당이와 충실이 테이블 인형)를 소개한다.

허당이: 내 이름은 허당이야. 꽈당이가 아니고 허당이니까 잊지 마. 매일 아이스크림, 콜라, 햄버거 뭐 이런 것들을 잔뜩 먹었더니 살이 좀 쪘지. 그렇지만 체육대회에서야 내가 일등이지. 헤헤.

충실이: 내 이름은 충실이야. 난 매일 잡곡밥에 된장찌개, 채소를 잘 먹고 음식을 남기지 않는단다. 그래서 충실이야. 언제나 알차게 자라라고 엄마, 아빠가 특별히 지으신 이름이래. 얍얍!

2) 전개 테이블 동화 자료를 활용하여 동화를 들려준다.

오늘은 유치원 체육대회 날

지옥정 지음

해설: 오늘은 ㅇㅇ유치원 체육대회 날이에요. 오늘의 주인공인 허당이와 충실이도 잔뜩 기대에 부푼 눈치네요. 쉿! 선생님의 호루라기 소리가 호로로로~ 하고 들리네요. 빨리 가 봅시다. (허당이, 충실이를 테이블 위로 내놓는다) 첫 번째 시합은 달리기래요. 허당이, 충실이가 달리는 것을 볼까요?

허당이: 달리기? 물론 내가 이기지. 이것 봐. 내가 키도 크고 헷헷. 몸도 더 크잖아.

충실이: 헹? 무슨 소리? 나도 달리기는 자신 있다 뭐.

해설: 자, 여러분들이 함께 "시작~!" 하고 출발신호를 주세요. 하나, 둘, 셋. "시작~!" (허당이와 충실이를 앞으로 이동시키며) 저런, 저런. 허당이가 조금 앞서 나가나 했더니 곧 바로 충실이가 허당이를 따라잡네요. 만세~! 충실이가 달리기를 이겼어요.

허당이: 아이구, 헉헉~! 너무 힘들어. 그렇지만 두고 봐. 씨름은 내가 이길걸.

충실이: 헹? 두고 봐. 씨름의 천하장사는 바로 나 충실이라고~!

해설: 다시 선생님의 호루라기가 호로로로. 이번에는 씨름이에요. 허당이 이겨라~! 충실이 이겨라~! 친구들이 응원 소리에 허당이와 충실이가 더 열심히 씨름을 하네요. (허당이와 충실이를 붙여 씨름하는 것처럼 하며) 어? 어? 충실이가 밀리는가 싶었는데 이게 웬일이에요? 모래밭에 나가떨어진 아이는…. 충실이가 아니라 허당이에요!

허당이: 칫! 내가 왜 이러지? 오늘 아침에도 햄버거랑 콜라랑 배부르게 잔뜩 먹었는데…. 어제저녁에도 자장면 먹고…. 에이, 씨. 하지만 철봉은 어림없어.

충실이: (아이들 쪽으로 작은 소리로) 철봉은 내가 정말 잘해. 몸이 가볍거든. 크크.

해설: 오늘의 마지막 시합. 철봉입니다. 허당 선수와 충실 선수가 벌써 철봉에 매달려 있군요. (허당이를 내놓으며) 그럼, 먼저 허당 선수의 철봉 시합 모습입니다. (아나운서가 중계하듯이) 네, 지금 허당 선수가 철봉을 시작했습니다. 하~나, 두~울, 세에에에에~엣. (아주 천천히 힘들게 허당이가 철봉을 하는 것으로 표현한다)

허당이: 아우! 더 이상은 못 해. 헥헥~

해설: 다음은 충실 선수입니다. 충실 선수는 철봉을 과연 잘할 수 있을까요? (충실이를 내놓으며)

충실이: 물론이죠. 저는요. 매일 잡곡밥에 된장찌개, 그리고 두부와 채소를 꼭꼭 씹어 먹는걸요. 호홍~

해설: 그럼 시작합니다. 아니 이런, 이런! 충실 선수 철봉 하는 것이 정말 빠른데요. (빠르게) 하나, 둘, 셋, 넷, 다섯, 여섯, 일곱, 여덟, 아홉, 열. 와~! 열 개를 다 했습니다. 누가 이겼냐고요? 모든 시합에서 충실이가 허당이를 이겼답니다. 그런데 선생님은 잡곡밥에 된장찌개가 패스트푸드를 이겼다고도 말해 주고 싶군요. 충실이는 잡곡밥에 된장찌개를, 허당이는 햄버거에 콜라를 주로 먹었으니까요.

3) 정리

① 모든 시합에서 누가 이겼는지, 왜 이겼는지 생각해 본다.

② 어떤 음식을 먹어야 할지 정리하고, 실천할 것도 약속한다.

2) 2단계: 화학조미료와 우리 생활과의 관계 이해를 위한 활동하기

이 활동은 '화학조미료 안 먹는 날'이 어떤 날인지 알고 직접 천연조미료를 만들어 보는 것이다. 가정에서 천연조미료를 사용하고 있다고 해도 아이들은 잘 보지 못했거나 보았다고 해도 주로 가루 형태로만 보았을 테니 이 활동을 통해 천연조미료에는 우리 몸에 좋은 재료들이 들어간다는 것을 직접 눈으로 보고 그 재료들을 갈아보면서 물리적 변화를 관찰하도록 하는 것이다.

활동 1 천연조미료를 만들어요

활동목표

- '화학조미료 안 먹는 날'이 어떤 날인지 안다.
- 화학조미료보다 천연조미료가 우리 몸에 좋음을 안다.
- 천연조미료를 만들어 본다.

활동자료

- '화학조미료 안 먹는 날' 관련 사진이나 포스터

- 화학조미료(시중에서 파는 것)
- 블렌더 또는 분쇄기
- 천연조미료 만드는 재료(마른 멸치, 새우, 표고버섯 말린 것, 다시마 말린 것 등: 각각 작은 종이 상자 안에 따로 담고 상자 뚜껑에는 작은 구멍을 뚫어 놓아 유아들이 냄새를 맡을 수 있도록 한다.)

- 천연조미료 만드는 순서도
- 천연조미료를 담을 통(각 가정에서 작은 통을 가져오도록 하거나 유치원에서 간식 먹고 난 작은 통을 씻어 재활용함)

① 말린 멸치, 다시마, 버섯, 새우 등을 늘어놓은 후 보고 만져 보고 냄새 맡아보고 느낌을 이야기하는 등 경험한다.

② 각 재료별로 블렌더에 간다.

③ 갈기 전 재료와 갈아진 후 재료들의 모습 변화, 냄새 변화 등을 확인한다.

④ 갈아진 재료들을 작은 수저로 멸치 5, 새우 2, 다시마 1, 표고버섯 1 정도의 비율로 각 유아마다 준비된 통에 담아 섞는다. (비율은 달라질 수 있음)

활동방법

1) 도입 '화학조미료 안 먹는 날' 관련 사진 또는 포스터를 보여 주며 오늘이 무슨 날인지 추측해 보도록 한다. 유아들이 추측해 내면 화학조미료를 보여 주며 이것이 많이 들어간 음식을 먹으면 우리 몸에 안 좋을 수 있어 '하루만이라도 화학조미료를 먹지 말자고 세계 여러 나라 사람들이 함께 약속한 날'이라는 것을 알려 준다.

2) 전개 ① 수수께끼로 천연조미료 재료가 무엇인지 추측해 보도록 한다. 추측을 하면 정말 그런지 재료가 담긴 상자에서 냄새를 맡아보도록 한 후 뚜껑을 열어 확인시킨다.

예 수수께끼: (멸치) 난 바다를 빠르게 헤엄쳐 다닌단다. 사실 지금은 햇빛에 말려서 이런 모습이 되었지만 바닷속을 헤엄치고 다닐 때는 날씬하고 비늘은 반짝반짝 빛나고 얼마나 멋있었다고. 나는 뼈를 튼튼하게 해 줘. 그래서 사람들이 나를 좋아하나 봐. 헤헤.

② 각 재료를 유아들이 보는 앞에서 블렌더로 갈아 각각 투명한 통에 담는다. 원래 재료가 어떻게 변했는지 관찰하도록 한다.

③ 천연조미료 비율에 따라 유아마다 멸치, 다시마, 버섯, 새우 같은 것을 흘리지 않도록 조심하면서 담아 섞도록 한다.

3) 정리 가정에 돌아가 엄마, 아빠와 천연조미료를 이용하여 요리를 해 보자고 하면서 마무리한다.

확장활동 엄마, 아빠와 '우리 가정 건강요리' 하기

'우리가 만든 천연조미료'를 각 유아마다 가정으로 가져가서 '우리 가족 건강음식 만들기'에 활용해 보도록 한다. 그리고 '온 가족이 천연조미료로 만든 음식' 사진을 선생님과 친구들과 함께 보며 이야기 나눈다.

활동 2 호박? 오예~ 맛있네!

'화학조미료 안 먹는 날'과 우리 생활과의 관계 이해를 위한 두 번째 활동은 가을에 많이 나오는 호박을 이용하여 유아들이 직접 요리해 보기이다. '호박'을 싫어하는 유아들도 이 활동을 통해 편식하는 습관이 없어지고 직접 요리하는 재미, 우리 농산물을 좋아하고 맛있게 먹는 태도를 길러 주기 위함이다. 단호박케이크 만들기는 '화학조미료 안 먹는 날'이 들어 있는 10월 중순에 활동 가능하지만 늙은 호박은 11월에나 나올 것이므로 호박죽 끓이기는 11월에 가능한 활동이다.

활동목표
- 단호박으로 건강한 음식을 직접 만들어 본다.
- 단호박으로 만든 음식이 우리 건강에 도움 되는 것을 알고 즐겨 먹는다.
- 단호박 요리과정에서 식재료의 변화에 관심을 갖는다.

활동자료
- 단호박 만드는 식재료: 단호박, 카스텔라 가루, 견과류 다진 것(호두, 아몬드), 대추, 호박씨, 누르개
- 단호박케이크 요리 순서표

① 단호박을 전자레인지에 1~2분 돌리기(껍질이 물렁해져서 빵칼로도 잘 깎임)

② 숟가락으로 단호박 속을 퍼낸 후 누르개로 으깨기

③ ②의 단호박에 견과류 다진 것 넣고 버무리기

④ 카스텔라 가루 넣고 섞어 반죽 만들기

⑤ 경단 만들어 카스텔라 가루 묻히기

⑥ 완성된 경단 위에 대추와 호박씨로 예쁘게 장식하기

활동방법

1) 도입 '나는 누구일까?' 수수께끼를 통해 단호박에 대해 이야기 나눈다.
- "나는 작고 둥글둥글해요."
- "겉은 초록색이지만 속은 노란색이에요."
- "내 이름은 3자고요. 'ㅇ호박'이라고 한답니다."

2) 전개 ① 단호박 겉을 관찰해 본 후 잘라서 속도 본다.

단호박 겉모습

단호박 속 모습

② 요리 순서도를 보며 단호박케이크를 만든다.
③ 완성된 단호박케이크를 맛있게 먹는다.
④ 먹은 후 주변을 깨끗이 정리한다.

3) 정리 ① 단호박케이크를 만들면서 즐거웠던 점과 어려웠던 점에 대해 이야기 나눈다.
② 단호박케이크에는 화학조미료가 들어가지 않았음을 상기해 본다.

확장활동 I 호박죽 만들기

11월 무렵 늙은 호박이 나오면 호박죽 만들기를 해 본다. 껍질 벗겨 자른 늙은 호박에 물을 넉넉히 붓고 끓여 호박이 물러지면 불을 줄이고 쌀가루, 찹쌀가루, 소금, 설탕을 넣고 저으면 된다.

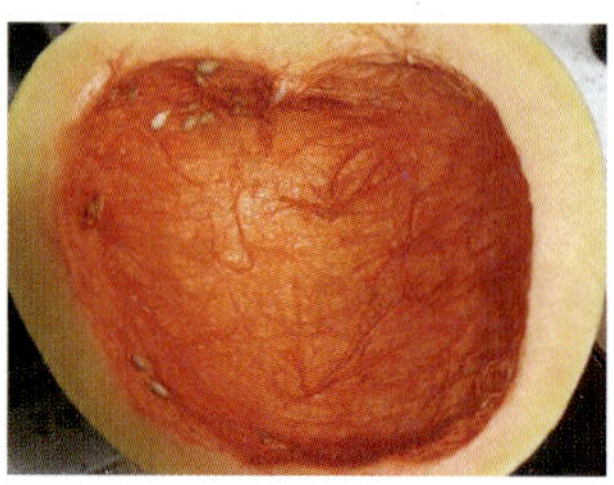

확장활동 2 호박씨 가지고 하나, 둘, 셋

늙은 호박에서 나온 씨를 햇빛에 잘 말려 활용해 보도록 한다.

예 말린 호박씨 까서 먹어 보기, 호박씨 숫자 세기, 호박씨로 패턴 만들기 등

3) 3단계: 알고 느낀 것을 공유하고 변화를 위한 실천하기

2단계까지의 활동을 통해 유아들은 화학조미료가 많이 들어간 음식은 우리 몸에 좋지 않다는 사실, 음식을 직접 만드는 것의 즐거움, 직접 만든 음식의 소중함 등에 대해 알고 느끼게 되었을 것이다. 3단계에서는 우리 삶 속에서 매일 노력할 필요가 있는 실천 위주의 활동을 다룬다.

활동 1 음식물 쓰레기를 줄여요

활동목표
- 먹을 만큼만 음식을 받는다.
- 식사 예절을 지키며 먹는다.
- 음식을 남기지 않고 싹싹 다 먹는다.

활동자료
- 먹기 전, 후 식판 모습 사진
- 구리구리 왕자 동영상(https://blog.naver.com/tnekf2011/100135522413)

활동방법

1) 도입 구리구리 왕자(막대인형, 양말인형, 테이블 인형 등 모두 가능)로 주의를 집중시킨다.

"안녕하세요? 선생님, 안녕, 친구들! 여기 ㅇㅇ유치원(어린이집) ㅇㅇ반 맞지? 나는 누구냐고? 나는 왕자야. 그냥 왕자가 아니고 구리구리 왕자. 내 몸에서 구리구리한 냄새가 난다고 사람들이 그렇게 부르더라. 나도 그 이름이 좋아. 구리구리. 히힛! 너희들 내가 너희 반에 왜 왔는지 궁금하지? 이제부터 보여 줄게. 잘 봐."

2) 전개 ① 구리구리 왕자 동영상을 함께 시청한다. 동영상 줄거리는 다음과 같다.

- 햇살반 친구들이 교실에서 점심 식사 후 많은 양의 음식을 남기자 그 음식물 쓰레기에서 구리구리 왕자가 나타난다. 구리구리 왕자 냄새가 너무 심해 햇살반 친구들과 선생님은 교실에서 운동장으로 모두 쫓겨 나가게 된다. 다음 날, 밖에서 밥을 먹을 수밖에 없게 된 아이들은 이제 딱 먹을 만큼만 담아 싹싹 먹고 음식물 쓰레기를 하나도 만들지 않는다. 이에 구리구리 왕자는 점점 작아지더니 그만 땅으로 뿅~! 하고 사라지게 되었다.

② 구리구리 왕자 이야기 줄거리를 함께 회상해 본다.

③ 영상에 나오는 노래 가사를 같이 읽어본다.

먹을 만큼 받아요. 욕심내지 말아요.
아무리 맛있어도 배부르면 그만
골라내지 말아요. 골고루 먹어요.
이상해 보여도 먹어보면 좋아 좋아.

맛 좋은 간식도 밥보다는 못해요.
아무리 달콤해도 밥 대신엔 안 돼.
식판이 깨끗깨끗 마음도 깨끗깨끗
다 함께 줄여요. 음식물 쓰레기!

3) 정리 구리구리 왕자가 나타나지 않게 우리가 식사 시 해야 할 일을 정하고 지키기로 다짐한다.

확장활동 I 음식을 싹싹 먹어요

약속한 대로 음식물 쓰레기 남기지 않기를 실천해 본다. 청주 YWCA 어린이집의 경우 2023년 6월에 '구리구리 왕자' 시청 후 음식물 쓰레기 남기지 않기를 실천하면서 음식물 쓰레기의 양을 매일매일 점검해 보았다. 이때 '구리구리 왕자와 대결표'를 만들어서 시합처럼 해 보기도 하였다. 유아들 대부분이 싫어하는 야채인 '오이'에 대해서는 조리사님께 '오이를 줄여 주세요.'라는 편지를 써서 가져다드렸다. 또 '오이', '당근' 등 야채송 개사하기를 하였다. 다음은 그 관련 내용이다.

1절) 길쭉길쭉 오이는 먹기 싫어.
오톨도톨 보기에도 질색!
제발 제발 맛없는 오이만은
이제 그만!
오톨도톨 맛없는 오이만은
빼 주세요!

2절) 길쭉길쭉 오이를 소개할게.
영양 만점 멋~ 진 오이는
야채나라 일등가는 번개 맨!
오이! 오이!
오톨도톨 시원한 오이지요.
맛 좋아요!

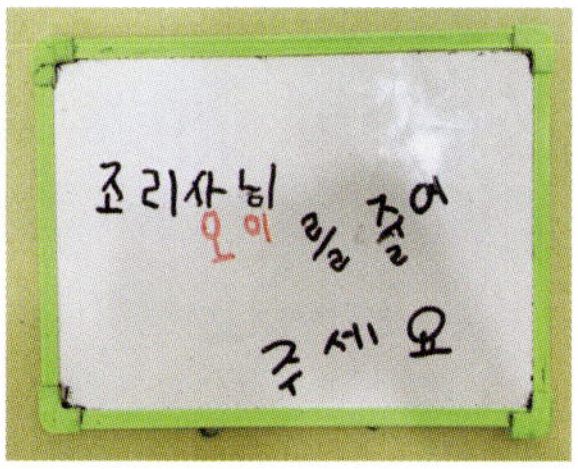

활동 2 우리집 외식 줄이기

마지막 활동은 외식 줄이기, 음식물 쓰레기 줄이기를 실천하는 데 초점을 둔다. 또 그런 실천과 함께 다른 지역의 배고픈 친구들을 생각하며 기부하는 활동도 함께 해 본다. 이 활동은 하루에 끝나는 것이 아니라 적어도 2주 이상 진행하는 것이 좋으며, 부모들이 취지를 잘 알고 협조할 필요가 있다.

활동목표
- 외식 줄이기를 온 가족이 실천한다.
- 배고픔으로 고생하는 다른 지역 친구들을 돕는다.

활동자료
- 배고픔으로 고생하는 다른 지역 친구들 사진, 기아대책본부 등에서 그런 지역 사람들을 돕는 사진이나 포스터

[그림 13-3] 영양개선 및 교육 지원, 염소 지원 통해 생계 돕기

자료: 기아대책본부(https://www.kfhi.or.kr/business/aid)

활동방법

1) 도입 배고픔으로 고생하는 다른 지역 친구들 사진을 보여 주며 상황이 어떤지에 대해 이야기 나눈다.

2) 전개 ① 이런 친구들을 돕기 위해 우리 가족 외식 줄이기, 음식물 쓰레기 줄이기를 약속한다.

② 일주일 동안 '우리 가족 외식 줄이기', '음식물 쓰레기 줄이기'를 실천한다. 예를 들어 지난주에 비해 얼마나 외식 횟수가 줄었는지 각 가족별로 스티커를 붙여 보도록 한다.

외식 횟수	★★★	★	★★★	★★	★★★★	★★★	★		★★	
	지난 주	이번 주	지난 주	이번 주	지난 주	이번 주	지난 주	이번 주	지난 주	이번 주
이름	윤아람		이상윤		이상준		이진우		임이준	

외식 횟수, 얼마나 줄었나요?

3) 마무리 음식물 쓰레기 줄이기, 외식 줄이기로 각 가정마다 절약된 돈(예: 각 가정당 1,000원 정도)을 모아 기아대책 본부 등에 보내 다른 지역 친구들을 돕도록 한다.

유아교육기관의 경우 아직 기부가 그렇게 익숙하지 않지만 그런 작은 시도들이 차츰차츰 모인다면 점차 지속가능한 세상을 위한 큰 물결로 일어날 수 있을 것이다.

확장활동 『천 원으로 무엇을 할까?』 책을 보면서 1,000원으로 할 수 있는 가치 있는 일을 더 찾아본다.

정·리·하·기

1 '화학조미료 안 먹는 날'에 대한 설명으로 적합한 것은?

① 2023년에 제정되었다.
② 우리나라만의 환경기념일이다.
③ 식생활의 중요성을 인식시키기 위해 국제소비자기구에서 만들었다.
④ 유네스코에서 음식의 중요성에 대한 인식을 높이기 위해 만들었다.

2 화학조미료에 대한 설명으로 적합한 것은?

① 화학조미료는 미각을 더욱 예민하게 한다.
② 화학조미료는 성분들의 화학작용을 통해 음식의 영양을 높여 준다.
③ 화학조미료의 주성분인 MSG 자체는 이렇다 할 맛을 지니고 있지 않다.
④ 유아의 경우 신진대사가 왕성하므로 화학조미료 소량 정도는 별 영향을 미치지 않는다.

3 음식물 쓰레기와 관련된 설명으로 맞지 않는 것은?

① 음식물 쓰레기는 공기 오염도 유발한다.
② 음식물 쓰레기는 식량 안보에도 문제가 된다.
③ 우리나라에서 버려지는 음식물 쓰레기양은 전체 쓰레기의 5% 정도이다.
④ 우리나라에서 음식물 쓰레기가 가장 많이 나오는 곳은 가정과 소형 음식점이다.

정답 및 풀이

1 ③
식생활의 중요성을 알리기 위해 국제소비자기구에서 만든 날이다.

2 ③
화학조미료는 맛을 느끼는 능력을 떨어트린다. 또 음식의 맛은 좋게 하지만 영양을 높여 주지는 않는다. 화학조미료의 주성분인 MSG 자체는 이렇다 할 맛을 지니고 있지 않다. 유아의 경우 성인보다 화학조미료에 더 치명적으로 나쁜 영향을 받을 수 있다.

3 ③
우리나라에서 버려지는 음식물 쓰레기 양은 전체 쓰레기의 20% 이상이다.

PART Ⅲ

제 14 장

No shopping, Yes reuse
‘아무것도 사지 않는 날’

학습목표

1. ‘아무것도 사지 않는 날’(11월 26일)의 의미 및 유래를 안다.
2. ‘아무것도 사지 않는 날’과 유아기 지속가능발전교육의 관계를 이해한다.
3. ‘아무것도 사지 않는 날’ 관련 유아기 지속가능발전교육 활동을 이해하고 적용할 수 있다.

1. ‘아무것도 사지 않는 날’의 의미 및 유래

1) ‘아무것도 사지 않는 날’이 뭘까?

‘아무것도 사지 않는 날(BND, Buy Nothing Day)’이란, 이날 하루 동안은 아무 구매도 하지 말자는 과소비 반대 캠페인의 날이다. 먼저 이런 장면을 상상해 보자.

To buy, or not to buy, that is the question.

이날의 깊은 의미는 이날뿐 아니라 다른 날에 구매를 할 때도 올바른 구매를 해야 한다는 것이다. 먼저 미스 짠순씨의 경우를 살펴보자.

28세 미스 짠순씨의 이야기

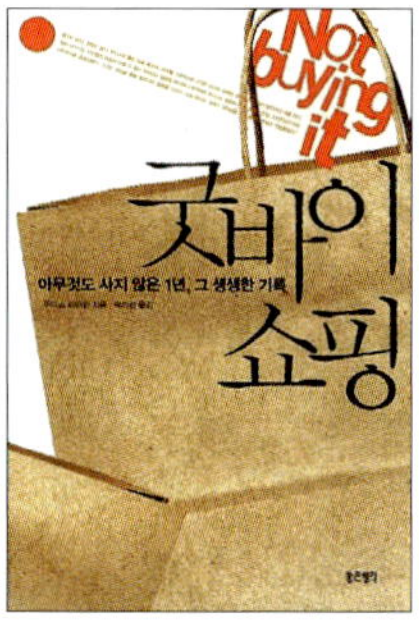

저는 사실 제 이름보다 '짠순이'란 제 별명을 더 좋아한답니다. 그런 별명이 붙은 이유는 제가 필요한 것이 아니면 절대 충동구매를 하는 법이 없어서이니까요. 쇼핑은 그저 한 달에 한 번 정도, 그것도 꼭 필요한 물건 리스트를 만든 후에나 간답니다. 그런데 하아~! 오늘 저는 '짠순이'란 제 멋진 별명을 미스 주디스 러바인(Judith Levine)에게 기꺼이 넘겨주기로 했어요. 그녀는 미국의 저널리스트이자 작가인데 2004년 1월 1일을 기점으로 일상생활에 꼭 필요한 생필품만 구입하면서 무려 1년 동안이나 쇼핑 없이 살아냈대요. 대단하지요? 1년 후 그녀가 어떻게 되었냐고요? 카드 빚을 모두 상환했고, 몸은 더욱 건강해졌대요. 거기다 소비에 대한 욕구까지 줄었다고 합니다. 그 경험을『굿바이 쇼핑』이라는 책에 담았어요. 러바인은 그렇다 치고 여러분은 쇼핑 없이 어느 정도나 지낼 수 있을 것 같으세요?

2) 언제, 왜 이런 날이 생겼을까?

'아무것도 사지 않는 날'은 캐나다의 광고인 테드 데이브(Ted Dave)에 의해 1992년에 처음 시작되었다. 자신이 만든 광고가 사람들로 하여금 끊임없이 무엇인가를 사고 소비하게 만든다는 문제의식을 갖게 된 그는 이 캠페인을 통해 사람들이 소비주의(Consumerism)에 경각심을 갖도록 하고자 하였다. 이후 비영리단체인 에드버스터스미디어재단(The Adbusters Media Foundation)이 반소비주의(Anti-consumerist), 친환경(Pro-environment)을 옹호하며 이 운동 확산에 크게 기여하였다.

이 캠페인은 세계적으로 해마다 11월 마지막 주에 열린다. 그 이유는 미국, 캐나다 등 많은 나라들에서 특히 추수감사절, 크리스마스와 관련하여 11월 중하순 무렵부터 엄청난 쇼핑이 이루어지기 때문이다(http://en.wikipedia.org/wiki/Buy_Nothing_

Day). 우리나라는 1999년부터 녹색연합이 주축이 되어 11월 26일에 이 캠페인을 진행하고 있다. 다음은 '아무것도 사지 않는 날' 관련하여 여러 단체와 미디어에서 제시한 실천 사항들을 정리한 것이다. 요약하면 충동구매를 하지 말 것, 꼭 물건을 사야 한다면 친환경 제품이나 지역 상품을 선택할 것, 한 번 산 물건은 가능한 한 오래 사용할 것 등 윤리적이고 지속가능한 소비를 하라는 것이다.

하나뿐인 지구를 생각하는 소비

- 상점에 가서 쇼핑 시 구매 목록을 사전 작성함으로써 충동구매 피하기
- 온라인 쇼핑 시 장바구니에 일단 담아놓고 결재 전 '나에게 과연 꼭 필요한 물건인지' 다시 한번 점검하기
- 친환경 상품, 동물복지를 고려한 상품 선택하기
- 가능한 한 지역 상품 택하기

자료: 지구시민연합(2017. 11. 25.)의 내용을 필자가 일부 수정 보완

자료: 이민경(2022. 11. 25.)

2. '아무것도 사지 않는 날'과 유아기 지속가능발전교육의 관계

1) '물건을 사는 것'과 우리 생활의 관계

우리는 살아가면서 입을 것, 먹을 것 등 의식주 관련 생필품과 특별한 기호품, 기타 취미생활에 필요한 물품, 선물 등 다양한 물품들을 구매한다. 문제는 꼭 필요한 것을 꼭 필요한 만큼만 구매하면 좋은데 여기서 그치지 않고 더 많이, 더 좋은 것, 더 새것을 추구하면서 끊임없이 소비욕을 키운다는 데 있다. 그 결과 지구 자원은 점점 바닥나고 환경은 오염되어 간다. 인간의 이런 소비 욕망을 더욱 부추기는 것은 TV나 인터넷 등이다. 이런 대중매체가 끊임없이 다른 사람들과의 비교를 유도하면서 더 최신의 것, 더 좋은 것, 더 비싼 것을 선전하는 것이다. 요즈음은 인터넷이 발달되어 클릭 한 번으로 지구 반대편에서도 물건을 받아 볼 수 있기 때문에 필요 이상의 쇼핑을 하는 경우도 왕왕 있다. 그런 의미에서 물질적 풍요를 구가하고 있는 우리나라의 경우 '아무것도 사지 않는 날'과 관련하여 '윤리적 소비'에 대해 유아기부터 교육하는 것은 꼭 필요한 일이다.

윤리적 소비는 합리적 소비('가격 대비 품질'이 초점)와 다르다. 이는 지속가능한 삶을 지향하면서 그 신념과 철학에 따라 환경보호, 건강한 삶 추구와 더불어 인권, 더불어 살기, 나눔 등과 같은 사회적 책임까지 고려하는 가치 지향적 소비이다(지옥정, 심영, 2018). 또한 '소비'라고 하면 단순히 구매해서 사용하는 것까지만을 생각하기 쉬운데, 윤리적 소비란 먼저 자원을 적절하게 윤리적으로 배분하는 것부터 시작된다. 윤리적 배분이란 수입에 따라 적절하게 예산을 짜는 것은 기본이고, 나눔과 기부를 할 수 있도록 예산의 일부를 의도적으로 미리 떼어 놓는 것을 의미한다. 내가 쓰고 남은 것을 나누거나 기부하는 것이 아니라는 것이다. 이런 윤리적 자원 배분에 이어 윤리적 구매, 윤리적 사용, 윤리적 처분이 상호 유기적으로 연결되어 진행되는 전 과정을 통틀어 윤리적 소비라 하는 것이다(천경희 외, 2017).

자, 그럼 이쯤에서 독자 여러분은 어느 정도로 윤리적 소비에 대해 인식하고 있는지, 또 인식에 비해 실천은 어느 정도인지 <표 14-1>을 통해 한번 점검해 보자. 각 문항 별로 최고 10점, 최저 0점으로 하여 자기 점수를 내 보자. 이 표로 점수를 낸 필자지인의 경우, 특히 '처분' 단계에서 인식과 실천의 점수 차가 큰 것을 알 수 있었다. 그 결과표는 다음과 같다.

〈표 14-1〉 윤리적 소비에 대한 인식과 실천 점검

윤리적 소비 단계별 내용			인식	실천
자원배분	예산 수립 및 지출	수입에 따른 지출을 각 항목별로 계획	9	6
		계획해 놓은 예산에 따라 지출	10	6
	수입과 지출의 균형	수입 안에서 지출	10	10
		수입과 지출 점검	9	7
	이웃 · 사회를 위한 기부	지속가능한 사회를 위해 일하는 비영리기구나 단체에 정기적 기부	10	10
		내 재능을 사회와 이웃을 위해 기부	10	9
	6문항	'자원배분' 점수(총 60점)	58	48
구매	환경, 지역공동체와 생명을 고려하는 구매	환경 보전을 위해 육류 섭취 줄임	9	8
		재래시장, 지역농산물 이용	8	5
		다소 비싸도 유기농, 친환경 제품 구매	10	10
		동물복지를 반영한 제품 구매	10	9
		공정무역 제품 구매, 공정여행 이용	8	5
	친환경 기업 제품 구매와 친환경 구매 행동	환경/사회 문제를 일으킨 기업 제품 불매	9	6
		환경 인증받은 기업의 제품 구매	10	8
		장바구니 지참	10	10
		저탄소 배출 상품 구매	10	8
		에너지 절약 제품 구매	10	9
	10문항	'구매' 점수(총 100점)	94	78
사용	친환경 및 지역공동체 살리기 사용 행동	물품 사용설명서에 따라 정량(이하) 사용	9	5
		재생종이/재생화장지 등 재생용품 사용	9	4
		우리 지역에서 생산된 농산물 먹기	9	7
		외식 줄이고 간소하게 요리해 먹기	10	8
		가까운 거리는 자동차 대신 걷거나 자전거 타기	10	6
	자원, 물건 및 에너지 절약	새 제품 사용 전 올바른 사용법 익히기	9	5
		물건을 잘 관리하여 오래 사용	10	7
		전기나 물 절약 노력	10	7
		일회용품 사용 줄이기	10	8
		냉장고 안 비우기	10	7
	10문항	'사용' 점수(총 100점)	96	64

윤리적 소비 단계별 내용			인식	실천
처분	쓰레기 분리, 처분	쓰레기는 종류별로 분리	10	8
		음식물 쓰레기를 제대로 모아 버리기 (음식물 쓰레기 아닌 것을 구별하기)	10	10
		형광등/일회용 건전지는 따로 배출	10	7
		종이팩은 종이와 별도로 모아 배출	10	7
		어디 놀러 갔는데, 그곳에 쓰레기통이 없다면 내 쓰레기는 되가져 오기	10	9
	쓰레기 최소화, 재활용 및 재사용	아나바다장, 당근마켓 등 이용	10	5
		중고물품점, 재활용센터에 물품 기부	9	3
		빈 병 따로 모아 빈용기 보증금 돌려받기	10	2
		쓰레기 분리/재활용에 대한 정부(또는 지자체)의 최신 정책/정보에 따라 실천 행동하기	10	7
		물건이나 선물 포장은 최소한으로만 하기	10	5
	10문항	'처분' 점수(총 100점)	99	63
전체 총 36문항		전체 총점수(총 360점)	347	253

자료: 지옥정, 심영(2018)의 설문지를 필자가 수정 및 보완

결과가 어떠한가? 과연 나는 윤리적 소비에 대해 얼마나 인식하고 있는가? 또 그 실천 정도는 어떠한가?

2) '아무것도 사지 않는 날'과 유아기 지속가능발전교육의 관계

이날의 직접적이고 일차적인 목적은 '단 하루만이라도 아무것도 사지 말자'는 데 있다. 그러나 더 근원적인 목적은 상품 생산에서 소비에 이르는 전 과정에서 발생하는 모든 환경오염 및 생태계 파괴, 자연고갈, 노동문제, 불공정 거래 등 물질문명의 폐단을 상기시키는 데 있다. 동시에 쇼핑 바이러스에 중독된 현대인의 생활습관과 과소비 행태의 반성까지도 촉구한다.

『혼자만 잘 살믄 무슨 재민겨』의 저자 전우익 선생은 '현대인들은 죽어라고 일해서, 죽어라고 사 제끼고, 또 죽어라고 버린다'는 투박하지만 정곡을 찌른 표현으로 현대인들의 삶의 행태를 비판한 바 있다. 그는 '물건을 아낀다는 것은 대상을 소중히 여기는 것이자, 자연에 대한 경외심이며 고마움의 표시'라고 하였다(전우익, 2017).

이와 같이 '아무것도 사지 않는 날'의 의미는 단지 하루 동안만 물건을 사지 않는 데 그치지 않고 환경을 생각하고 노동자, 농민, 지역상인 등 물건을 생산해 내는 사람들의 인권, 작업 조건, 더 나아가 이런 물건들이 공정한 과정과 절차로 가격이 매겨져 우리 손에 들어오는 것인가 하는 것까지 생각해 보도록 하는, 즉 환경적 · 사회적 · 경제적인 측면을 고루 내포한 날이다.

그럼 '아무것도 사지 않는 날'과 관련하여 환경적 측면에서 다룰 필요가 있는 내용은 무엇일까? 녹색연합(박효경, 2013)에서 제안한 것을 보면 무엇보다도 '정리 잘하기'부터 교육이 이루어져야 함을 알 수 있다. 정리를 잘하지 않으면 쓸데없는 소비로 연결되기 십상이다. "어? 이게 있었네. 그것도 모르고 괜히 또 사 왔잖아" 하면서 말이다. 정리를 잘하는 것과 더불어 우리 생활습관을 3R — 줄여 쓰는 것(Reduce), 다시 쓰는 것(Reuse), 재활용하는 것(Recycle) — 중심으로 바꾸는 것도 필요하다. 특히 장바구니 사용이나 자기 컵 사용하기 등은 쓰레기가 아예 생기지 않도록 하는 것이니 가장 바람직한 '줄여 쓰기'가 될 것이다. 이외에 버려질 물건(예: 빈 상자)을 다른 용도로 다시 쓰는 것, 쓰레기를 종류별로 잘 분리하여 버림으로써 효과적인 재활용이 되도록 하는 것 등 우리가 유아들과 함께 생활습관을 조금만 바꾸어도 환경 보호에 크게 기여할 수 있다.

'아무것도 사지 않는 날'을 사회적인 측면에서 생각해 보자. 물건을 생산하는 사람과 소비하는 사람의 관계는 어떠해야 할까? 물건을 생산하는 사람은 환경과 사람을 생각하며 바른 방법으로 생산하고, 소비하는 사람은 그들의 노력에 대한 정당한 가격을 지불해야 할 것이다. 이것을 한마디로 '공정무역'이라고 한다. 관련하여 유아들에게 어떤 물건이 우리에게 오기까지는 많은 자원과 에너지가 필요할 뿐 아니라 많은 사람의 수고가 있어야 함을 알도록 하고 감사하면서 소중하게 사용하도록 하여야 할 것이다. 또 우리가 아무리 물질적인 풍요를 누리고 있다고 해도 지구 저편에 사는 사람들 중에는 먹을 것, 입을 것, 그리고 가장 기본적인 의약품이 없어 고통당하는 이웃들이 있다는 것을 알려 주고 유아 수준에서 그들을 도울 수 있도록 하는 것도 필요하다. 물질적으로 풍부한 20% 정도의 사람들이 지구 총 자원의 80% 이상이나 사용하고 있다고 하니 물질적 풍요를 누리고 있는 나라 사람들은 지구에, 그리고 적은 자원으로 살아가는 빈곤한 나라 사람들에게 빚을 지고 있는 것이나 마찬가지이다.

다음으로 '아무것도 사지 않는 날'을 경제적인 측면에서 살펴보자. 줄여 쓰고, 다시 쓰고 재생해 쓰는 것은 지구 환경을 살리는 일일 뿐 아니라 경제적으로도 매우 의미 있는 일이다. 예를 들어 유리병은 그 자체로는 미세 플라스틱이 나올 염려가 없어 안전하고 또 오래 가기 때문에 최근 플라스틱 대체재로 주목받고 있지만, 사실 재사용이 되지 않는다면 친환경적이라고는 할 수 없다. 생산 과정에서 플라스틱보다 탄소 배출량이 2배 이상으로 많고, 땅에서 썩는 데 무려 100만 년 정도나 걸리기 때문이다. 그래서 플라스틱 사용을 줄이면서 동시에 환경에도 도움을 줄 수 있도록 유리병 재사용이 강조되는 것이다. 자원순환단체 리루프(Reloop)에 따르면 유리병을 한 번 재사용하면 탄소배출량이 40% 감소하고, 다섯 번 재사용하면 85%나 절감된다. 가격으로 따지면 병 한 개에 원가 88원을 절감하는 효과이다(이수연, 2023. 11. 8.). 이런 이유로 전 세계적으로도 유리병 재사용에 관한 관심이 높고 그 노력도 늘고 있다. 참고로, 다음은 우리나라 자원순환보증금관리센터에서 홍보하고 있는 자원순환 관련 '동영상 공모' 포스터와 '유리병 재사용 시민연대'의 토론회 포스터이다. 탈플라스틱 사회로 나아가기 위한 유리병 재사용 활성화가 초점이다.

자료: (좌) 자원순환보증금관리센터(https://www.cosmo.or.kr/home/main.do)
(우) 알맹상점(https://blog.naver.com/almangmarket/223124164939)

이렇게 재활용은 큰 경제적 효과가 있다. 그러므로 유아들에게도 3R을 생활 속에서 실천하면 어떤 경제적인 이익이 나는지 경험하도록 하는 것이 필요하다. 관련하여 성남시에서 운영하는 '성남자원순환가게 re100'은 '시민들이 재활용품을 가져오면 지역 상품권으로 바꿔 쓸 수 있는 포인트로 환급해 주는 제도'이다. 시민들은 재활용품의 무게에 따라 정해진 기준에 의해 포인트를 받는다. 즉, kg당 페트(PET) 105원, 알루미늄 600원, 종이류 50원, 철 70원, 투명 유리병 10원 등이다(김태희, 2021. 12. 12.). 이런 경험을 직접 해 보면 성인은 물론 유아도 재사용 및 재활용의 경제적 측면을 강하게 인식하게 된다. 관련하여 2021년 행정안전부에서 주도한 '올바른 재활용 실천 확산을 위한 시범사업'은 성남시와 같은 노력을 전국적으로 확대하기 위한 정부 차원의 노력이었다. 재활용이 얼마나 중요한 국가적 과제인지 알 수 있다. 참고로, 당시 선정된 10개소 중 충북 청주시는 다음과 같이 어플 활용, 인센티브 지급, 고물상과의 연계를 핵심 전략으로 제시하였다.

충북 청주시	**전국 최초! 인센티브 지급형 환경종합어플 개발, 주민 참여 · 재활용률 혁신** • 시민들에게 꼭 필요한 재활용 정보(수거시간 · 배출방법)를 어플을 통해 알기 쉽게 제공하고 재활용 가능자원 분리배출에 참여하는 시민들에게 다양한 인센티브 지급 • 관내 고물상 100여 개소와 연계하여 재활용품 수거 및 올바른 재활용 실천자에게 인센티브 지급

이런 점들을 고려하면서 '아무것도 사지 않는 날'을 유아교육 활동으로 풀어보면 다음과 같다. 먼저 1단계: 관심 갖고 생각 열기 활동으로 '오염왕국? 어림없어. 우리가 있는 걸!', 2단계: 소비와 우리 생활과의 관계 이해를 위한 활동으로 '계란판 팽이 돌리기'와 '끼리끼리 나누어요', 3단계의 알고 느낀 바를 주변과 공유하고 변화를 위한 실천하기 활동으로 '알뜰함에 넣어요'와 "아름다운가게'에 가 보아요'의 총 5가지 활동이다.

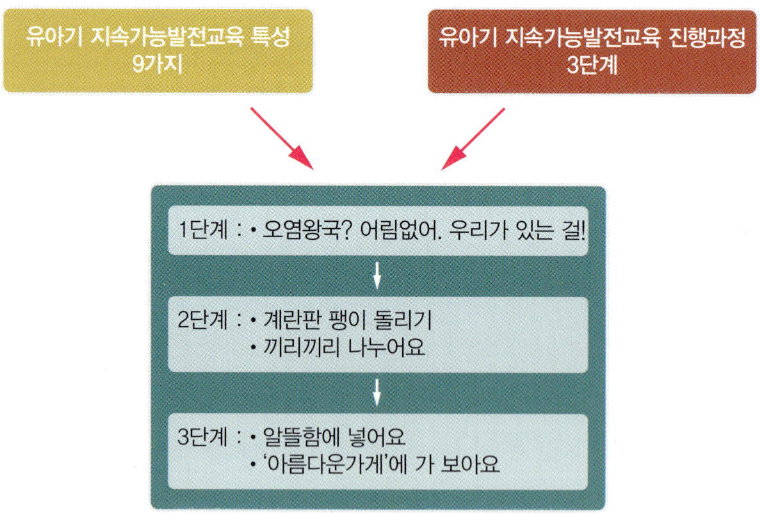

[그림 14-1] '아무것도 사지 않는 날' 관련 활동 5가지

각 활동의 유형과 주요 내용을 살펴보면 <표 14-2>와 같다.

〈표 14-2〉 '아무것도 사지 않는 날' 관련 활동 5가지의 주요 내용 및 방법

단계	활동명	활동유형	주요 내용
1단계 관심 갖고 생각 열기	오염왕국? 어림없어. 우리가 있는 걸!	동화 듣기	과소비, 낭비, 사치가 지구 오염의 원인임을 알기
2단계 소비와 우리 생활 관계 이해를 위한 다양한 활동하기	계란판 팽이 돌리기	신체활동	빈 계란판을 이용하여 팽이 돌리기
	끼리끼리 나누어요	게임	캔, 유리, 플라스틱, 종이 쓰레기들을 종류별로 나누기
3단계 알고 느낀 바를 주변과 공유하고 변화를 위한 실천하기	알뜰함에 넣어요	특별활동	사용하지 않는 물건 찾아보기 및 기부하기
	'아름다운가게'에 가 보아요	현장 견학	지역 내 '아름다운가게' 방문하기

3. '아무것도 사지 않는 날'을 위한 활동

앞에서 소개한 5가지 활동에 대해 구체적인 활동목표, 활동자료, 활동과정 등을 살펴보면 다음과 같다.

1) 1단계: 관심 갖고 생각 열기

활동 1 오염왕국? 어림없어. 우리가 있는 걸!

'오염왕국? 어림없어. 우리가 있는 걸!' 동화는 '아무것도 사지 않는 날'의 일주일쯤 전에 들려주는 것이 가정과의 연계를 위해 적합하다. 이날의 의미를 알고 부모들에게도 전달하며 함께 실천해 보도록 하기 위함이다.

활동목표
- '아무것도 사지 않는 날'의 의미를 안다.
- 과소비, 낭비, 사치는 지구를 병들게 함을 이해한다.

활동자료 • '아무것도 사지 않는 날' 관련 사진이나 그림

• 막대 동화자료: 오염왕국 대왕, 오염왕국 신하들(과소비, 낭비, 사치)

오염대왕

과소비(더써)

낭비(막써)

사치(비싸)

활동순서

1) 도입 '아무것도 사지 않는 날' 포스터 또는 관련 사진을 보여 주며 무엇에 관한 것일지 추측해 보게 한다. 유아들이 추측을 하면 왜 사람들이 '아무것도 사지 않는 날'을 만들었을지 동화를 들어보고 생각해 보자고 한다.

2) 전개 동화를 들려준다.

오염왕국? 어림없어. 우리가 있는 걸!

지옥정 지음

해설: 여기는 오염왕국이에요. 오염대왕과 그 신하들이 수군수군, 또 무슨 나쁜 짓을 꾸미고 있을까요? 가까이 가서 들어보도록 해요.

오염대왕: 여봐라~! 대한민국을 우리 오염왕국으로 끌어들이는 좋은 방법을 말해 보아라. 지금까지 자꾸 실패만 했으니! 에잉~! 화난다. 화나!

막써: 대왕님, 저희가 몇 날 며칠 걸려, 드디어 드디어(강조하며 큰 소리로) 소비 바이러스를 발명했사옵니다~ (굽신굽신)

오염대왕: 오, 그래? 그게 무엇이냐?

더써: 더 새것, 더 비싼 것, 더 많은 것을 사도록 만드는 바이러스입죠. 사람들 마음속에 이 소비 바이러스를 쏘옥~ 넣어주기만 하면 됩니다.

비싸: 요 바이러스 힘이 코로나바이러스보다도 더 세답니다.

셋이 합창하듯: 울트라 슈퍼 강력 소비 바이러스입죠.

오염대왕: 그렇다면 너희가 만든 그 바이러스만 사람들 마음속에 넣어 주면…. 낄낄.

더써: 그러면 더 새것, 더 비싼 것, 더 많은 것을 사게 될 것입니다. 이히히히.

막써: 그러하옵니다. 물건을 막 사고요, 막 쓰고요, 막 버리고요. 아! 양치할 때 물도 막 틀어 놓게 되고요. 휴지도 막 쓰게 된답니다. 막! 막!

오염대왕: 그렇지, 그렇지. 바로 그거야.

비싸: 또 있어요. 무조건 더 큰 것을 사게도 만들지요. 더 큰 차, 더 큰 집, 더 큰 냉장고, 더 큰 TV, 또또….

막써: 헤헷~ 남들이 어떤 물건을 사면 그걸 보고 부러워하면서 또 사게도 만든답니다!

오염대왕: 옳지, 옳지, 크크크~ 내가 너무 신이 나서 배 속이 다 간지럽구나.

비싸: 이 소비 바이러스는 정말 우리 오염나라 특허품 중의 특허품이옵니다. 오홍홍~

오염대왕: 좋아, 좋아. 크하하하.

막써, 더써, 비싸: (춤을 추며 합창하듯)

새것이 좋아~ 버려! 버려!
비싼 것이 좋아~ 나도! 나도!
더 큰 것이 좋아~ 또 사! 또 사!

오염대왕: 히야~! 그럼 공장들은 검은 연기를 풍풍 뿜어대고~ 크하하.

비싸: 미세먼지는 '아주 나쁨'이 될 것입니다. 공기가 막 더러워지는 거지요.

막써: 일회용품을 막 만들고 막 사용하면 땅도, 바다도 더 더러워지고요.

더써: 아이들도 종이를 마구 쓰면 나무를 자꾸 베야 하니 숲의 동물들도 줄어들고요.

오염대왕: 사람들아. 계속 새것, 비싼 것, 큰 것을 사라, 마구 쓰고 버려라. 으하하하!

비싸: 이 작전을 쓰면 많은 나라가 오염왕국에 항복할 것이옵니다.

오염대왕: 그럼 곧 대한민국도? 흐흐흐흐~

비싸: ㅇㅇ유치원(어린이집) 아이들은 저희가 맡겠사옵니다.

오염대왕: 좋아 좋아.

막써: 다행히 아이들은 우리를 눈으로는 볼 수 없지요. 그러니 당장 가서 귀에 대고 예쁜 목소리로 속삭여 주겠습니다. "엄마, 아빠에게 새 옷을 사 달라고 해. 새 운동화도 사 달라고 해. 새 크레파스도 사 달라고 해"라고요.

비싸: 저도요. "더 비싼 것, 더 큰 것 사달라고 해" 이렇게 속삭여 주겠습니다. 소비 바이러스를 마음속에 쏘옥 넣어주면서요.

오염대왕: 좋아, 좋아. 서둘러라. 어서 가서 오염왕국의 소비 바이러스를 넣어 주거라. 크하하하.

막써, 더써, 비싸: 알겠습니다. 곧 출발하겠습니다.

해설: 이런, 이런. 어서 빨리 이 사실을 ㅇㅇ유치원(어린이집) 친구들에게 알려 주어야겠어요. 더 비싼 것, 더 새것, 더 큰 것만 찾다가는 대한민국이 오염왕국에 넘어갈 수도 있다고요. 참, 그리고 이 사실을 엄마, 아빠에게도 알리라고 말해 주어야겠어요. 그리고 11월 26일 '아무것도 사지 않는 날'에는 온 가족이 아무것도 사지 않기로 약속해야겠어요. 우리 같이 이렇게 외쳐 볼까요?

" 오염왕국? 어림없어! 우리 OO반 친구들이 있는 걸."

3) 정리 우리나라가 오염왕국이 되지 않도록 하려면 어떻게 하면 될지 동화 내용을 상기하면서 유아들과 정리해 본다.

- 아껴 써요. 나눠 써요. 다시 써요. 덜 써요. 바꿔 써요.
- 엄마, 아빠에게도 조심하라고 알려 주어요.
- 11월 26일, '아무것도 사지 않는 날'에는 아무것도 사지 않기로 해요.

확장활동 대한민국이 오염나라가 되지 않도록 하기 위한 유아들의 아이디어와 생각을 들어본다. 이후 정리하여 유아들이 아는 노래에 개사하기를 해 본다. '갯벌에는 누가 살까요?'(교육과학기술부, 2012: 91)를 이용하여 개사해 본 예는 다음과 같다.

개사하기의 예

1절) 오염대왕 신하 꼼짝 마. 우리가 모두 나선다.
종이도 아끼고 휴지도 아끼고 장난감도 오래오래 잘 쓸 거야.
우리나라 초록나라 지켜낼 거야.

2절) 오염대왕 신하 꼼짝 마. 우리가 모두 나선다.
정리도 잘하고 재활용도 잘하고 물건도 오래오래 잘 쓸 거야.
우리나라 초록나라 지켜낼 거야. 짠~!

보물 창고 갯벌

작사: 장정애
작곡: 장정애

2) 2단계: 소비와 우리 생활과의 관계 이해를 위한 활동하기

활동 1 계란판 팽이 돌리기

활동목표 • 폐품을 재활용할 수 있음을 안다.
• 폐품으로 놀잇감을 만들어 본다.

활동자료 • 빈 플라스틱 상자, 빈 상자, 빈 우유팩, 계란판

빈 플라스틱 상자

상자에 들어 있던 종이로 사진 배경판 만듦

빈 플라스틱 상자에 고구마 키우기

계란판을 이용한 팽이

활동순서

1) 도입 ① (빈 계란판을 보자기로 덮어 놓고 조금만 보여 주며) 수수께끼처럼 무엇인지 맞혀 보도록 하고 이어 이 계란판으로 무엇을 하면서 놀 수 있을지 생각해 보자고 한다.

② (다음으로 빈 플라스틱 상자를 내놓으며) "그럼 나는 무엇이 될 수 있을까? 짜잔~ 선생님이 나를 이렇게 다시 태어나게 해 주셨단다."(빈 플라스틱 갑에서 나온 얇은 흰 덮개는 사진 배경판으로, 빈 갑은 고구마를 키우는 화분이 될 수 있음을 보여 주며 유아들의 창의력을 자극한다.)

2) 전개 폐품들(빈 우유갑, 계란판 등)을 보여 주며 이것으로 어떤 놀이를 할 수 있을지 생각해 보자고 한다. 유아들과 아이디어를 모은 후 실행 가능한 것은 시도해 본다. 다음은 2023년 청주 YWCA 어린이집에서 빈 계란판을 활용해 놀이한 2023년 사례이다. 조별로 또는 개별로 다양한 시도들이 있었는데, 여기서는 계란판을 잘라 팽이를 만들고 그것으로 시합까

지 해 본 사진 4장만 제시한다. 팽이를 만들고 돌리는 과정에서도 이런 저런 시도가 계속되었다. 예를 들면 팽이를 만들 때 계란 담는 판 한쪽만 이용해 만든 팽이, 이후 판 두 쪽을 붙여 만든 팽이, 가운데에 손잡이를 끼운 팽이 등이다. 팽이 시합도 처음에는 바닥에서 제한 없이 그냥 하다가 자꾸 튕겨 나가자 팽이 시합장의 경계 만들기, 규칙 변형시키기 등으로 계속 발전되어 나갔다.

계란판 한쪽만 이용한 팽이

양쪽을 붙여 만든 팽이

이쑤시개로 손잡이를 만든 팽이

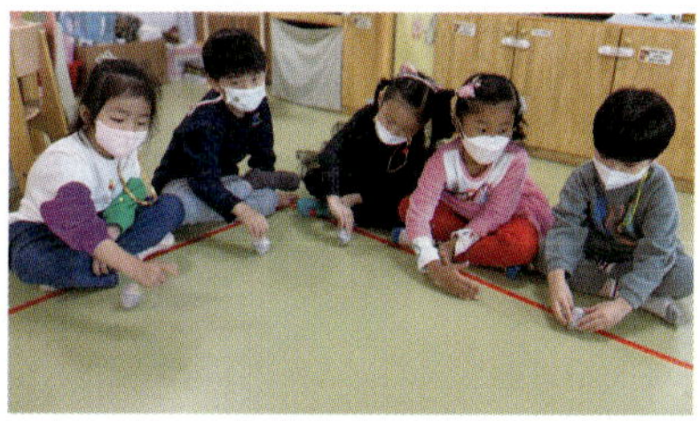

팽이 시합

[그림 14-2] 계란판 이용한 팽이 만들기와 팽기 시합하기

자료: 청주 YWCA 어린이집

3) 정리 물건을 버릴 때는 다시 사용할 수 없는지 꼭 한 번씩 더 생각해 보자고 약속하고 마무리한다.

활동 2 끼리끼리 나누어요

쓰레기를 버릴 때 잘 분리해서 버리는 것은 효과적인 재활용을 위해 꼭 필요한 일이다. '종이 안 쓰는 날'에서 설명한 것처럼 고급펄프로 만들어지는 종이팩은 종이팩끼리 모아야 제대로 재활용이 된다. 마찬가지로 플라스틱, 유리, 알루미늄 캔, 종이 등도 각각 잘 분리해서 버릴 때 효율적인 재활용이 될 수 있다. 독일에서는 요구르트병은 물론, 심지어 그 병마개인 알루미늄 포일까지도 따로 분리해서 모은 후 재활용한다고 한다. 그런 의미에서 유아들이 쓰레기를 바르게 분리할 줄 알도록 하는 데 이 게임의 목적이 있다.

유아들이 '분리배출'에 익숙하지 않은 상태라면 이 활동을 2개로 나누어 먼저 분리배출에 대한 이야기 나누기를 한 후 게임을 해 보거나 자유놀이시간에 미리 분리배출 표시를 충분히 탐색해 보도록 한 후 게임을 하는 것이 바람직하다.

활동목표
- 쓰레기를 종류별로 나누어 버린다.
- 게임에 즐겁게 참여한다.

활동자료
- 유아들이 생활 속에서 쉽게 접할 수 있는 쓰레기들(예: 과자갑, 투명 페트병, 유리병, 종이팩, 비닐, 캔류, 샴푸 담았던 플라스틱통), 분리배출 표시가 붙어 있는 쓰레기통 2세트. 이때 일반 종이와 종이팩 분리, 투명 페트병과 플라스틱통 분리에 대한 교육 여하에 따라 쓰레기통 수를 달리하여 준비한다. 만일 이런 교육 경험이 부족하다면 종이와 종이팩 2가지만 놓고 분리해 보기, 또는 투명 페트병과 플라스틱통 2가지만 놓고 분리해 보기와 같이 간단하게 시작한다.

다양한 분리배출 표시

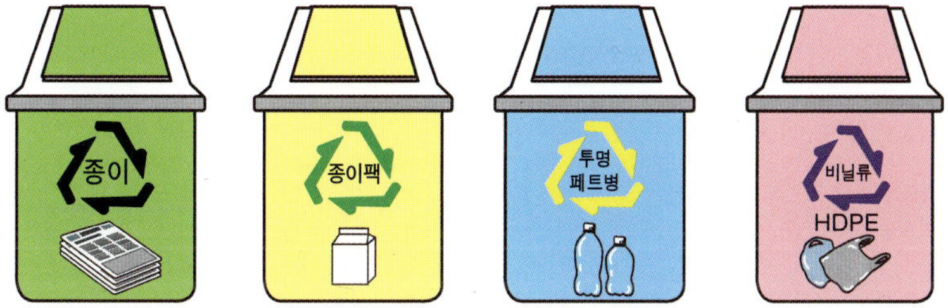

분리배출 표시가 적혀 있는 쓰레기통의 예시

활동순서

1) 도입 (종이팩과 다양한 포장용기가 마구 뒤섞여 있는 큰 상자. 상자는 뚜껑이 덮여 있는 상태이다. 교사는 그 안에서 무슨 소리가 나는 것 같다고 하며 귀를 가까이 댄다.) "뭐라고? 아~ 너희들끼리 섞이면 안 되는데 섞여 있다고? ㅇㅇ반 친구들의 도움이 필요하다고? 알았어. 우리 반 친구들이 도와줄게"라고 하여 유아들의 호기심을 높인다. 뚜껑을 열어 여러 가지 종류의 쓰레기가 한 데 뒤섞여 있음을 유아들과 함께 확인한다. 이어 캔, 종이팩이 나와 다시 한번 다음과 같이 이야기를 들려준다.

> **캔:** (우는 목소리로) 흑흑~ 누가 나를 유리병이랑 막 섞어 놓았지 뭐니? 나는 캔 친구들끼리만 모여 있어야 하는데 말이지. 그래야 빨리 새 캔으로 다시 태어날 수 있거든.
> **종이팩:** 나도 마찬가지야. 우리 종이팩끼리 따로 모여야지만 우리도 휴지로 태어날 수 있다고. ㅇㅇ반 친구들아, 우리를 끼리끼리 모아 줄 수 있겠니? 부탁이야.

모두 함께 이 쓰레기들을 도와주자고 한다.

2) 전개 ① 교사가 큰 상자에서 쓰레기를 하나씩 꺼내 유아들에게 보여 주며 속도 게임하듯이 그것이 어떤 쓰레기통으로 가야 할지 알아맞혀 보기를 한다.

예 (교사가 유리병을 꺼내 보이면 유아들이 빠르게) "유리"
(교사가 종이상자를 꺼내 보이면 유아들이 빠르게)"종이"

② '끼리끼리 나누어요' 게임을 해 본다.

'끼리끼리 나누어요' 게임 순서

① 두 팀으로 나누어 각각 한 줄로 앉는다.
② 신호와 함께 맨 앞의 사람이 출발한다.
③ 중간 지점에 놓인 다양한 쓰레기 중 하나를 집은 후 목표 지점에 놓인 자기 팀의 쓰레기통들 있는 곳까지 달려간다.
④ 들고 간 쓰레기를 분리배출 표시에 맞는 쓰레기통에 집어넣고 다시 출발선으로 돌아온다.
⑤ 다음 사람이 같은 방식으로 게임을 하여 모든 유아들이 게임을 한다.
⑥ 게임의 승패는 어느 팀이 먼저 들어 왔는지, 또 각각의 쓰레기통에 맞게 분리배출했는지 확인하여 정한다(게임에 익숙해지면 유아들과 함께 게임규칙을 새롭게 정하여 다시 해 본다).

3) 정리 쓰레기들이 재활용될 수 있도록 끼리끼리 나누어서 내놓아야 함을 확인하며 마무리한다. 참고로, 환경부(2020. 9. 18.)에서 제시한 '쓰레기 바르게 버리는 방법'을 제시하면 다음과 같다.

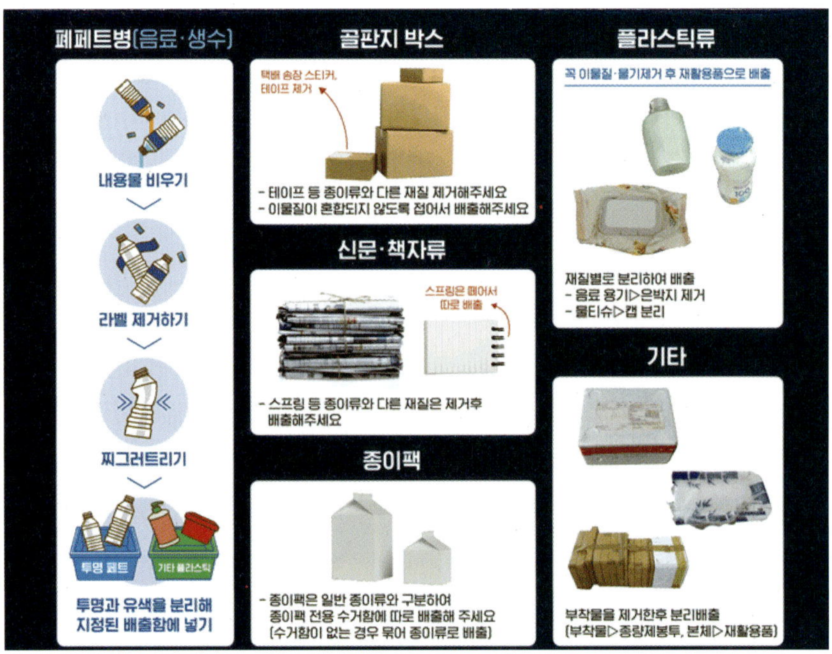

3) 3단계: 알고 느낀 것을 공유하고 변화를 위한 실천하기

활동 1 알뜰함에 넣어요

물건을 사지 않고 다른 사람과 바꾸어 쓸 수도 있다는 것을 알려주는 데 의의가 있는 활동이다.

활동목표
- 나에게 필요 없는 물건이라도 다른 사람에겐 필요한 물건이 될 수 있음을 안다.
- 나에게 필요 없게 된 물건을 모아 본다.

활동자료
- 각 유아마다 가정에서 가져온 물품(예: 유아물품, 또는 부모물품 등)
- 알뜰함(큰 상자)
- 교사의 입지 않는 옷
- 물건 목록 적는 종이

날짜	가져온 친구	물건
2024년 11월 30일	윤아람	작아진 운동화 1켤레
	이상윤	연필 10자루
	임이준	인형 2개
2024년 12월 1일	이상준	엄마 치마 1개

활동방법

1) 도입 '알뜰함'이라는 글씨가 붙어 있는 큰 상자를 옆에 놓고 앉는다. 이 안에는 선생님의 ㅇㅇ가 들어 있다고 한다. 그 ㅇㅇ는 이제 작아져서 선생님한테는 맞지 않게 되었다고 한다. 아이들이 '옷' 또는 '치마' 등으로 답을 맞추면 꺼내서 보여 준다.

2) 전개 ① 우리집에도 그렇게 작아지거나 싫증이 나서 입지 않는 옷 또는 쓰지 않는 장난감 등이 있다면 깨끗하게 한 후, 가져다가 알뜰함에 넣기로 한다. 경쟁이 되거나 못 가져와서 속상한 일이 없도록 가정에 미리 활동의 취지를 알리고 협조를 구해 놓은 다음에 진행한다. 일주일 정도 기간을 정하고 모아 본다.

② 매일 정해진 시간에 물건목록과 물건을 꺼내 비교해 보면서 종류별로 분류한다.

3) 정리 지역 내 '아름다운가게' 또는 재활용센터, YWCA 등과 연계하여 알뜰함에 모은 것을 전달하기로 하고 정리한다.

확장활동 유아와 부모들이 함께 지역사회 내 YWCA, 아름다운가게와 같은 비영리단체에서 하는 알뜰시장에 함께 참여할 수 있다. 이때 몇 유아교육기관이 연합하여 지역사회 주민 대상의 큰 장을 열 수도 있다. 실제로 필자가 지도한 학습공동체(8개 유아교육기관 모임)는 '종이' 프로젝트 실시 후 청주 YWCA와 함께 '아나바다 큰 장'을 지역주민은 물론 인근 농부들까지 초대하여 개최한 바 있다.

활동 2 '아름다운가게'에 가 보아요

활동목표
- '아름다운가게'에서 무슨 일을 하는지 안다.
- '아름다운가게'에 알뜰함에 모은 물건을 기증한다.

활동자료 '아름다운가게' 사진, '아름다운가게' 관계자 또는 그 영상 초대 편지
("○○ 유치원/어린이집 친구들아, 우리 가게에 한번 놀러 오렴.")

활동내용

1) 도입 '아름다운가게' 관계자가 방문을 해 주면 좋고 그렇지 못한 경우라면 초대하는 영상을 본다. 관계자에게 미리 양해를 구한 후 정해진 시간에 유아들과 전화 통화를 시도해 보아도 좋다.

2) 전개 ① '아름다운가게'에서 무슨 일을 하는지 이야기 나눈다.

② 지역사회 내 가까운 곳에 있는 '아름다운가게'를 방문한다. 그런 곳이 멀리 있다면 반대로 그곳 관계자가 유아교육기관을 방문하여 무슨 일을 하는지 이야기 나누기를 하고 유아들이 그간 모은 물건을 기증받는 작은 행사로 대신한다.

3) 정리 내가 안 쓰는 물건이라도 다른 사람에게는 소중한 물건이 될 수 있다는 사실을 확인하며 정리한다.

잠깐!

나눔과 순환의 구심점

아름다운가게가 꿈꾸는 세상은 순환하는 세상(물건의 재사용과 재순환을 도모하여 생태적이고 친환경적인 세상 만들기), 모두가 행복한 세상(일상 속 나눔을 통해 지친 우리의 이웃과 더불어 살아가는 세상 만들기), 함께 하는 세상(우리 모두가 연결되어 있다는 믿음으로 서로의 삶에 책임을 지니고 살아가는 세상 만들기)이다. 기부물품은 전국 아름다운가게 매장에서 판매되며 그 수익금은 국내외 소외 이웃을 돕고 환경을 보호하는데 사용된다(https://www.beautifulstore.org/donation).

이상으로 PART Ⅲ에서 '세계 물의 날'에서부터 '아무것도 사지 않는 날'에까지 총 8개의 환경기념일을 유아기 지속가능발전교육으로 풀어 모았다. 이제 유아교육은 3R(Reading: 읽기, Writing: 쓰기, Arithmetics: 셈하기)보다 7R(Recycle: 재활용하기, Respect: 존중하기, Reflect: 반성하기, Rethink: 재고하기, Reuse: 재사용하기, Reduce: 줄여 쓰기, Redistribute: 재분배하기)에 더 노력을 기울여야 할 때(OMEP, 2012)이다. 이 책에서 제시한 아이디어와 활동들을 각각의 유아교육기관에서 적절하게 활용함으로써 모두에게 의미 있는 유아기 지속가능발전교육이 이루어지기를 소망한다.

정·리·하·기

1 '아무것도 사지 않는 날'이 들어 있는 달은 언제인가?

① 5월　② 7월

③ 9월　④ 11월

2 '아무것도 사지 않는 날'에 대한 설명으로 적절한 것을 하나 고르면?

① 성인들에게만 해당된다.

② 우리나라에서 따로 정한 기념일이다.

③ 소비주의에 경각심을 갖도록 하기 위함이다.

④ 저개발국가에서는 소비가 미덕이므로 해당되지 않는다.

3 윤리적 소비 단계에 해당하지 않는 것은?

① 윤리적 자원 배분　② 윤리적 구매

③ 윤리적 세척　④ 윤리적 처분

정답 및 풀이

1 ④

11월 마지막 주일에 들어 있다.

2 ③

테드 데이브가 소비주의에 경각심을 갖도록 하기 위해 1992년에 시작한 세계적인 환경기념일이다.

3 ③

윤리적 소비 단계는 윤리적 자원 배분 – 윤리적 구매 – 윤리적 소비 – 윤리적 처분으로 이어진다.

참고문헌

건국대 인류세인문학단(2020). 우리는 가장 빠르고 확실하게 죽어가고 있다 Ⅰ, Ⅱ. 서울: 들녘.

고용노동부(2023.11.14.). 지속가능발전교육(ESD)에서 찾는 직장보육의 미래!. https://www.moel.go.kr/news/enews/report/enewsView.do?news_seq=15813에서 2023년 12월 3일 인출.

관계부처합동(2023.12.). 제5차 국가생물다양성 전략(2024~2028). 환경부 공고 제2023-757호.

교육과학기술부(2011a). 5세 누리과정 교사용 지도서 10. 환경과 생활.

교육과학기술부(2011b). 교육과학기술부 고시 제 2011-361호 [별책 1] 초중등학교 교육과정 총론.

교육과학기술부(2012a). 유치원 교육과정 운영 지원을 위한 유아 녹색성장교육 프로그램.

교육과학기술부(2012b). 5세 누리과정 교사용 지침서.

교육과학기술부, 보건복지부(2013). 3–5세 연령별 누리과정 해설서.

교육부(2021.8.). 대기오염 대응 매뉴얼(미세먼지, 오존). https://schoolsafe.kr/post/view?id=1577에서 2023.12.1. 인출.

교육부(2022). 교육부 고시 제2022-33호 [별책 1]. 초중등학교 교육과정 총론.

교육부, 보건복지부(2019). 2019 개정 누리과정 해설서.

국가기후정보시스템(2021.4.13.). 보도자료- 학교 탄소중립 실현을 위해 6개 관계부처 손잡다. https://www.ctis.re.kr/ko/downloadBbsFile.do?atchmnflNo=6058에서 2023년 9월 25일 인출.

국민건강보험공단(2018). 비만의 사회경제적 영향. https://www.nhis.or.kr/nhis/together/wbhaea01600m01.do?mode=view&articleNo=127965에서 2020년 7월 10일 인출.

국제환경단체 그린피스, 안동대학교 산학협렵단(2023.5.20.). 벌의 위기와 보호정책 제안. https://drive.google.com/file/d/1UBCwxFBhGaHs-9W4K9izXGwygI08TODV/view에서 2023년 11월 20일 인출.

권수현(2023.3.15.). '대기질 합격점' 세계 13곳뿐…한국도 WHO 기준치 2~5배. 연합뉴스. https://www.yna.co.kr/view/AKR20230315158500009에서 2023년 5월 1일 인출.

권영임(2009). 유아를 위한 지속가능발전교육 방안 연구. 생태유아교육연구, 8(2), 211-230.

기획재정부(2020.11.3.). 탄소라벨링(탄소성적표지). 시사경제용어사전. https://www.moef.go.kr/sisa/dictionary/detail?idx=2612에서 2021년 7월 2일 인출.

김경수, 지옥정(2020). 미세먼지 상황에서 어린이집 교사의 유아 실외활동 운영실태조사연구. 환경교육, 33(3), 289-309.

김맹수(2005a). 어린이를 위한 환경보고서 땅. 서울: 해와나무.

김맹수(2005b). 농부가 된 맹수 아저씨의 충격 환경보고서 물. 서울: 해와나무.

김명윤(2022.4.5.). WHO "세계 인구 99% 오염된 공기 마신다". 더나은미래. https://www.future-chosun.com/archives/63738에서 2023년 9월 1일 인출.

김문성(2021.12.22.). 10년 새 1인당 식품 폐기물 20%↑ · 처리비용 연 1조…환경 '발목'. https://www.yna.co.kr/view/AKR20211221126900501에서 2023년 7월 19일 인출.

김순한, 지구아이(2011). 돌고 도는 물. 서울: 한솔교육.

김익중(2013). 한국 탈핵. 서울: 한티재.

김정수(2022.6.8.). 전기 없는 삶…2020년 7억3천만 명, 2030년에도 6억7천만 명. 한겨레. https://www.hani.co.kr/arti/society/environment/1045862.html에서 2023년 6월 9일 인출.

김태희(2021.12.12.). "알루미늄 캔 600원, 종이 50원" 성남시에선 쓰레기도 돈이 된다. 경향신문. https://m.khan.co.kr/local/Gyeonggi/article/202112121639001#c2b에서 2023년 8월 9일 인출.

남가은(2022). 우리나라 성인 비만의 현황 및 역학. 대한의사협회지, 65(7), 394-399.

녹색성장위원회, 교육과학기술부, 환경부, 행정안전부(2009. 8. 24). 창의적 녹색 인재 양성을 위한 녹색성장교육 활성화 방안. http://www.msip.go.kr/www/brd/m_158에서 2010년 10월 1일 인출.

대외경제정책연구원(2023.12.6.). 주요국의 녹색산업 활성화 정책 동향과 시사점. https://eiec.kdi.re.kr/policy/domesticView.do?ac=0000179797에서 2024년 1월 3일 인출.

동아 사이언스(2023.8.17.). 전 세계 75% 사막화 진행...미세먼지로 되돌아온다. https://m.dongascience.com/news.php?idx=60628에서 2023년 12월 17일 인출.

박성민(2022.3.8.). 종이팩, 잘 씻어서 따로 내야 고급 원료 다시 쓰죠. 동아일보. https://www.donga.com/news/Society/article/all/20220308/112217151/1에서 2023년 12월 23일 인출.

박순경 외(2014). 국가 교육과정 총론 개선을 위한 기초 연구. 연구보고. CRC 2014-1. 한국교육과정평가원.

박연정(2023.5.18.). "꿀벌이 사라진다"…꿀벌 집단 폐사 막으려면?. 뉴스펭귄. https://www.newspenguin.com/news/articleView.html?idxno=14132에서 2023년 12월 1일 인출.

박영실(2020.3.5.). 다 마신 우유팩 버리지 말고 새 우유로 교환하세요. https://mediahub.seoul.go.kr/archives/1272171에서 2021년 12월 1일 인출.

박은혜, 신은수(엮음)(2012). 유아를 위한 지속가능발전교육. 이화여자대학교 출판부.

박태윤, 성정희(2007). 지속가능발전교육을 위한 교사 지침서. 유네스코한국위원회 · 유엔지속가능발전교육통영센터.

박효경(2013. 11. 26). '아무것도 사지 않는 날' 소비에서 독립하기. 녹색연합. http://www.greenkoreaorg/?p=36050에서 2014년 1월 18일 인출.

산림청(2023.2.27.). [전국] 2022년 말 기준 유아숲체험원 등록현황, https://www.forest.go.kr/kfsweb/cop/bbs/selectBoardList.do?bbsId=BBSMSTR_1438&mn=NKFS_03_13_02_01_02에서 2023년 4월 2일 인출.

서울여성노조(2004). 이것이 궁금하다: 화학조미료를 가장한 감칠 맛의 폐해. http://www.women119.or.kr/women119/board/read.cgi?board=%B9%D9%B7%CE%C1%F6%B1%DD&y_number=718&nnew=2에서 2013년 4월 18일 인출.

송혜민(2014. 2. 26). "미세먼지 무서워" 방독면 쓰고 웨딩 촬영하는 中 커플. 나우뉴스. https://nownews.seoul.co.kr/news/newsView.php?id=20140226601010에서 2014년 3월 1일 인출.

식품의약품안전처(2017.4.3.). 고카페인 함유 문구 한 번 더 확인해 보세요. https://www.mfds.go.kr/brd/m_227/view.do?seq=27563에서 2018년 5월 18일 인출.

신은수, 박은혜(2012). 지속가능발전교육을 위한 유아교육과정의 재방향 설정. 육아지원연구, 7(1), 27-50.

양진영(2023. 5. 4.). 김소영 성대골사람들 대표 "에너지 위기 속 에너지 전환 얼리어답터 돼야" 전기신문. https://www.electimes.com/news/articleView.html?idxno=319433에서 2023년 10월 19일 인출.

에너지경제연구원(2023.4.29.). 세계원전시장 인사이트. https://www.keei.re.kr/web_keei/d_results.nsf/0/D3CB9B9B5A610C0C492589A10008BD2E/$file/WNPMI230428.PDF.

왕챠오챠오, 권오성, 김진효, 나정화(2023). 도시공원의 자연교육기능 향상을 위한 계획 지표의 중요도 분석. 휴양 및 경관 연구, 17(2), 55-66.

유네스코 한국위원회(2008). 유엔지속가능발전교육 10년을 향하여: 지속가능한 미래를 위한 교육.

유네스코 한국위원회(2017). 문답으로 풀어보는 지속가능발전목표(SDG) 4 – 교육 2030.

유네스코 한국위원회(2019). 지속가능발전목표 달성을 위한 교육 – 학습목표 한국어판. https://www.unesco.or.kr/assets/data/report/KMbIeAIVcXDYWcaubzBaD2leuz92cB_1574996046_2.pdf.

유네스코 한국위원회(2021). 지속가능발전교육(ESD) 로드맵. https://www.unesco.or.kr/assets/data/report/YtZmTjhHkcNyvHNAYjysCxhAI05Yyq_1622006543_2.pdf.

유네스코(2023). 2023년 유엔 세계물개발보고서: 물을 위한 파트너십과 협력 요약보고서. https://unesdoc.unesco.org/ark:/48223/pf0000384657_kor/PDF/384657kor.pdf.multi.

윤성규(2013. 5. 7). 환경의 날…환경복지 국가를 꿈꾸며. 정책브리핑. http://www.korea.kr/celebrity/contribute에서 2013년 8월 12일 인출.

이도경(2019. 8. 20.). 소아 비만, 성인기 대사 증후군 위험 30배. 헬스조선. https://m.health.chosun.

com/svc/news_view.html?contid=2019081901820에서 2020년 9월 17일 인출.

이민경(2022.11.25.). 블랙프라이데이와 아무것도 사지 않는 날, 국제신문. https://www.kookje.co.kr/news2011/asp/newsbody.asp?code=0300&key=20221125.99099007906에서 2023년 5월 17일 인출.

이선경(2013). 유초연계를 고려한 우리나라 교육현장의 지속가능발전교육. 한국교통대학교 유아교육학과 2013 학술대회 conference 자료집. 13-30.

이수연(2023.11.8.). 플라스틱 시대 끝낼 유리병, 재활용보다 재사용?. 뉴스펭귄. https://www.newspenguin.com/news/articleView.html?idxno=1543에서 2023년 12월 8일 인출.

이승준(2024.2.7.). 기후변화 마지노선 1.5도 넘었다…2도 돌파하면 '재앙. News 1. https://www.news1.kr/articles/?5314325에서 2024년 2월 8일 인출.

이철현(2020.2.25.). 한국, OECD 회원국 중 초미세먼지 최악의 국가. https://www.greenpeace.org/korea/press/12092/korean-fine-dust-airvisual/에서 2024년 1월 1일 인출.

이태희(2023.5.18.). 청운지 아기 두꺼비와 함께하는 유아 ESD 축제. 경남신문. https://www.knnews.co.kr/news/articleView.php?idxno=1404412에서 2023년 12월 3일 인출.

이해나, 이유림(2023.9.21.). 카페인에 예민하다면… '이 음식'도 피하세요. 헬스조선. https://m.health.chosun.com/svc/news_view.html?contid=2023092002682에서 2023년 12월 26일 인출.

이현정(2020.4.21.). 지구의 날, 나부터 시작하는 '매일매일 기후행동 챌린지'. 서울정보소통광장. https://opengov.seoul.go.kr/mediahub/20217074에서 2023년 12월 1일 인출.

전국지속가능발전협의회(2011). 유엔인간환경회의선언 1972 스톡홀름선언. http://www.la21.or.kr/sb_new/sb_bul.asp?act=read&bbs=la2&no=3&ncount=3&s_searchtext=&s_title=&pageno=1&basic_url=&code=에서 2014년 1월25일 인출.

전우익(2017). **혼자만 잘 살믄 무슨 재민겨**. 서울: 현암사.

정희영(2022.9.26.). 바다 거북이들 `최후의 만찬`…10마리 중 8마리 뱃속서 발견된 이것. 매일경제. https://www.mk.co.kr/news/it/10467909에서 2023년 2월 4일 인출.

조홍섭(2018.4.11.). 플라스틱 먹고 죽은 고래…뱃속에 쓰레기 29kg 있었다. 한겨레. https://www.hani.co.kr/arti/animalpeople/human_animal/840062.html에서 2023년 12월 1일 인출.

조홍섭(2022.9.6.). 태평양 '쓰레기 수프'…남한 면적 16배, 한글 쓰레기 엄청 많네. 한겨레. https://www.hani.co.kr/arti/animalpeople/ecology_evolution/1057496.html에서 2023년 12월 5일 인출.

조효제(2020). **탄소사회의 종말**. 서울: 21세기 북스.

지방의제21 전국협의회(2006). 지속가능발전이 뭐예요? 지속가능발전교육 자료 series 1. http://www.greengj21.or.kr/?c=6/40&uid=1582에서 2013년 7월 21일 인출.

지속가능발전위원회(2005). 유엔 지속가능발전교육 10년을 위한 국가추진 전략 개발 연구. http://www.edutopia.or.kr/sites/default/files/wp-content/uploads/2008/01/050600_%EC%9C%A0%EC%97%94%EC%A7%80%EC%86%8D%EA%B0%80%EB%8A%A5%EB%B0%9C%EC%A0%84%EA%B5%90%EC%9C%A110%EB%85%84%EC%9D%84%EC%9C%84%ED%95%9C%EA%B5%AD%EA%B0%80%EC%B6%94%EC%A7%84%EC%A0%84%EB%9E%B5.pdf.

지옥정(2011a). 퀸즈랜드주를 중심으로 한 호주 유아기 환경교육의 맥락적인 배경 및 특성 고찰. **한국교육**, 38(3), 53-75.

지옥정(2011b). '지속가능성을 위한 유아교육' 사례로서의 '무심천 프로젝트'에 나타난 유아들의 지역사회 참여 내용 분석. **열린유아교육연구**, 16(6), 363-382.

지옥정(2013a). 호주 퀸즐랜드주 Bunyaville 환경교육센터의 유아환경교육프로그램 고찰. **열린유아교육연구**, 18(1), 451-474.

지옥정(2013b). 지속가능발전교육을 위한 '공원 프로젝트' 중 유아들의 공원에 대한 인식 변화 분석. **어린이미디어연구**, 12(3), 373-396.

지옥정(2013c). 한국의 국가 수준 교육과정에 나타난 유아환경교육 변화 과정과 과제. **저탄소 녹색생활을 위한 글로벌 녹색환경교육 Policy & Issues 기획특집**, 19-23.

지옥정(2014). 유아기 지속가능발전교육을 위한 `종이 프로젝트`에서 지역사회와의 연계가 연계 주체들에게 미친 영향. **어린이미디어연구**, 13(3), 199-225.

지옥정(2015). 누리과정에서 범교육과정의 통합적 운영: 녹색성장교육을 중심으로. 2015년 유치원 컨설팅 장학 요원 직무연수(기초①) 교재 (pp. 135-148). 한국교원대학교 유아교육원.

지옥정(2019), 지속가능발전교육 사례로서의 '공원에 살고 있는 것' 프로젝트에 나타난 유아의 생태계 상호연결성 이해. **한국유아교육연구**, 21(3), 209-232.

지옥정(2022a). **유아교육현장에서의 프로젝트 접근법(5판)**. 서울: 창지사.

지옥정(2022b). 기후 위기 시대, 탄소중립을 위한 세계적 노력 그리고 우리 유아교육자의 책무. 한국유아교육학회 2022년 추계정기학술대회 자료집. 93-115.

지옥정, 김경숙(2018). 유해환경으로서의 미세먼지로 인한 유아교육기관장의 원 운영 상 어려움. **한국교육**, 45(1), 53-80.

지옥정, 김미애, 유영의, 권이정, 김경숙(2023). **지속가능한 사회와 유아기 지속가능발전교육**. 서울: 양서원.

지옥정, 심영(2018). 윤리적 소비에 대한 어린이집 교사와 부모의 인식 및 실천. **유아교육연구**, 38(5), 81-105.

지옥정, 조부경, 서윤희, 정애경(2017). **지속가능발전지향 유아환경교육**. 서울: 창지사.

차보금(2020). 지렁이다. 서울: 사파리.

최경호(2020.3.20.). 최근 '70억 마리 꿀벌' 증발…이는 "4년 내 인류 멸종" 경고다?. 중앙일보. https://www.joongang.co.kr/article/25056702#home에서 2023년 12월 20일 인출.

최돈형, 조성화, 안재정, 홍현진, 정국초(2011). 교사가 실천하는 지속가능발전교육: 미래 세대와 동행하기. 유네스코 한국위원회, 서울특별시교육청.

최재붕(2019). 포노 사피엔스. 서울: 쌤앤파커스.

최재천(2010). 생물 산책: 생물다양성. http://navercast.naver.com/contents.nhn?rid=21&contents_id=3537에서 2011년 8월 30일 인출.

통계청(2022). 한국의 사회 동향 2022. https://sri.kostat.go.kr/board.es?mid=a90104010200&bid=12302&tag=&act=view&list_no=422182&ref_bid=에서 2023년 6월 1일 인출.

한겨레신문(1992. 5. 25). 내달 5일, '세계환경의 날', '환경 한마당' 등 행사 다채. http://newslibrary에서 2013년 7월 2일 인출.

함유근(2022.9.30.). 기후 위기가 일상이 되어 버린 세상. The Science Times. https://www.sciencetimes.co.kr/news/기후-위기가-일상이-되어-버린-세상/에서 2023년 1월 3일 인출.

해외문화홍보원(2023.9.25.). 2025년 '세계 환경의 날' 기념식 28년 만에 한국서 개최. https://www.kocis.go.kr/koreanet/view.do?seq=1046211에서 2023년 11월 1일 인출.

허은실(2010). 잘 먹겠습니다. 서울: 창비.

환경부(2009). 초등학교 교사를 위한 지속가능발전교육참고 교재. https://www.kcen.kr/USR_main2016.jsp??=data/data04_view&bbs_no=4825&page=17&bbs_option_cd=&search_option=0&search_value=&h_search=에서 2010년 11월 12일 인출.

환경부(2021.12.1.). 보도자료-종이팩 재활용 활성화 한다…종류별 분리배출 강화. https://eiec.kdi.re.kr/policy/materialView.do?num=220793&topic=&pp=20&datecount=&recommend=&pg=에서 2023년 8월 19일 인출.

환경부(2022.6.7.). 6월 5일 환경의 날 그림 자료. https://me.go.kr/home/web/board/read.do?menuId=10182&boardMasterId=75&boardId=1529350에서 2024년 1월 3일 인출.

환경부(2023.11.27.). 보도자료-거주지 주변 자연환경 만족도, 세종시 제주도 강원도 순으로 높아. https://www.me.go.kr/home/web/board/read.do?pagerOffset=190&maxPageItems=10&maxIndexPages=10&searchKey=title&searchValue=&menuId=286&orgCd=&order=DCREATE_DATE&boardId=1640000&boardMasterId=1&boardCategoryId=&decorator=에서 2023년 12월 28일 인출.

환경부(2023.3.21.). 2050 탄소중립 달성과 녹색성장 실현'을 위한 윤석열 정부 탄소중립 · 녹색성장 청사진 공개. https://me.go.kr/home/web/board/read.do?pagerOffset=0&max-

PageItems=10&maxIndexPages=10&searchKey=&searchValue=&menuId=10525&orgCd=&boardId=1588730&boardMasterId=1&boardCategoryId=&decorator=에서 2023년 5월 28일 인출.

환경부(2023.9.21.). 2025년 세계 환경의 날 우리나라에서 개최- 1997년 서울 개최 이후 28년 만에 개최. 대한민국 정책브리핑 보도자료. PolicyView.do?newsId=148761935에서 2023년 11월 22일 인출.

환경부, 한국산업환경기술원(2020.7.31.). [국내] 스마트 워터 그리드(SWG) 및 인공지능 기반 물 관리 기술 동향. https://www.watis.or.kr/web/board/boardContentsView.do?contents_id=3e54e86949cf4f5ea285a88bbb4f6fb2&board_id=에서 2021년 1월 9일 인출.

大澤博(2017). **먹고 싶은 대로 먹인 음식이 당신 아이의 머리를 망친다(4판)** [食事で治す心の病 心.腦.榮養--新しい醫學の潮流], (홍성민 역). 서울: BM황금부엉이. (원저 2003년 출판).

井上美智子, 登美丘西 こども園 (2020). 持續可能한な社会をめざす 0歲からの保育環境教育に取り組む実踐研究のぁゅみ. (株)北大路書房.

Australian Government Department of Education [AGDE](2022). *Belonging, Being and Becoming: The Early Years Learning Framework for Australia* (V2.0). Australian Government Department of Education for the Ministerial Council.

Beah, I.(2007). **집으로 가는 길**[*A long way gone*]. (송은주 역). 서울: 북스코프. (원저 2007년 출판).

Boulding, K. E.(1966). The economics of the coming spaceship earth. Retrieved August, 27, 2013 from from http://dieoff.org/page160.htmDPTJ.

Bunyaville Environmental Education Centre(2002). *History. Brisbane: Bunyaville Environmental Education Centre*. Brisbane: Bunyaville Environmental Education Centre.

Carson, R.(2011). **침묵의 봄** [*Silent Spring*], (김은령 역). 에코리브르. (원저 1962년 출판).

CNN(2023.4.18.). The Great Pacific Garbage Patch is now so huge and permanent that a coastal ecosystem is thriving on it, scientists say. Retrieved August, 25, 2023 from https://edition.cnn.com/2023/04/17/world/plastic-pollution-ocean-ecosystems-intl-climate/index.html.

David, S. & David R. V.(2011). **그린가이드** [David Suzuki's Green Guide], (국제자연환경교육재단 역), 서울: 도미노북스. (원저 2008년 출판).

Davis, J.(2010). Introduction. in Davis, J.(ed). *Young children and the environment* (pp. 1-20). NY: Cambridge University Press.

Davis, J. et al.(2005). Creating a culture of sustainability: from project to integrated education for sustainability at Campus Kindergarten. in Fiho, W. L.(ed). *Environmental education, communication and sustainability: Hand book of Sustainability Research* (pp.563-594). Frankfurt: Peter Lang.

Davis, J. & Elliott, S.(2003). *Early childhood environmental education making it mainstream*. Early Childhood Australia Inc.

Davis, J. & Elliott, S.(2014). Appendix 1. in Davis, J. & Elliott, S.(eds). *Research in early childhood education for sustainability* (pp. 314-315). NY: Routledge.

EBS Documentary(2020.1.29.). 극한직업-쓰레기에서 찾은 보물. 폐타이어, 유리병, 페비닐, 우유팩. https://www.youtube.com/watch?v=wy0gpbNQPIY에서 2022년 5월 20일 인출.

EBS(2011.5.12). 하나뿐인 지구(Only One Earth): 꿀벌이 사라지고 있다. https://www.youtube.com/watch?v=xbWc4g6BJ1c에서 2013년 1월 5일 인출.

Elliott, S.(2010). Essential, not optional: education for sustainability in early childhood centres. Educational for sustainability. *Exchange*. March/April. 34-37.

Elliott, S. & Pugh, R.(2020). Children's voices about fish and tadpoles in Australian pond ecosystem: Its all about Balancing and Belonging. in Elliott, Arlemalm-Hogser, E.S. & Davis, J.(eds) *Researching early childhood education for sustainability* (pp. 205-219). London: Routledge.

Foer, J. C.(2020). **우리가 날씨다** [*We are the weather*]. (송은주 역). 서울: 민음사. (원저 2019년 출판).

Genesis Water Technologies(2021.2.21.). 펄프 및 제지 폐수 처리-폐수 관리를 위한 혁신적인 처리. https://ko.genesiswatertech.com/blog-post/pulp-and-paper-wastewater-treatment-innovative-treatment-for-efficient-water-management/에서 2023년 8월 29일 인출.

Gore, A.(2006). **불편한 진실** [*An inconvenient truth*]. (김명남 역). 서울: 좋은 생각. (원저 2006년 출판).

Hart, R. A.(1997). *Children's participation: the theory and practice of involving young citizens in community development and environmental care*. London: Earthscan Publication Ltd.

Hawken, P.(2022). **한 세대 안에 기후 위기 끝내기** [Regeneration: ending the climate crisis in one generation]. (박우정역). 서울: 사이언스. (원저 2021년 출판).

Inoue, M.(2015). 일본의 유아기 환경교육에 대한 관점: 지속가능한 사회를 위한 제고, in Davis, J. & Elliott, S. (eds.), **지속가능성을 위한 유아교육연구** [Research in early childhood education for sustainability] (pp. 118-137). (지옥정 외 역). 서울: 창지사. (원저 2014년 출판).

Inoue, M., Gorman, L, Davis, J. & Ji, O.(2017). An international comparison of early childhood educators' understandings and practices in education for sustainability in Japan, Australia, and Korea. *International Journal of Early Childhood*, *3*(49), 353-373.

IPCC(2021.8.). Climate Change 2021. Retrieved April, 23, 2023 from https://www.ipcc.ch/report/ar6/wg1/downloads/report/IPCC_AR6_WGI_SPM_final.pdf.

Jenkins, K.(2009). Linking theory to practice: education for sustainability and learning and teaching. In *Education for sustainability in the primary curriculum* (pp. 29-38). South Yarra: Palgrave macmillan.

Ji, O.(2015). Education for sustainable development in early childhood in Korea. In Davis, J.(Ed.), *Young children and the environment*(2nd ed) (pp. 276-286). Melbourne: Cambridge University Press.

Ji, O. & Stuhmcke, S.(2015). 프로젝트 접근법에 의한 '지속가능성을 위한 유아교육'-한국과 호주의 사례. in Davis, J. & Elliott, S. (eds.), **지속가능성을 위한 유아교육연구** [*Research in early childhood education for sustainability*] (pp. 214-240), (지옥정 외 역), 서울: 창지사. (원저 2014년 출판).

Katz, L. G. & Chard, S. C. (2000). *Engaging children's minds: the project approach(2nd ed)*. Stamford: Ablex Publishing Corporation.

KBS(2023.3.20.). 전국 초미세먼지 기승...수도권 비상저감조치. https://www.youtube.com/watch?v=-c1iRHbpV3Io에서 2023년 11월 23일 인출.

KBS(2023.8.7.). 1.5도 넘으면 우린 다 멸망하나요?. https://www.youtube.com/watch?v=RF-52CUFh4M0에서 2023년 12월 11일 인출.

Littleddyke, R. & McCrea, N. (2009). Starting sustainability early: young children exploring people and places. In *Education for sustainability in the primary curriculum* (pp.39-53). South Yarra: Palgrave macmillan.

OECD(2018). The future of education and skills Education 2030. Retrieved March, 25, 2022 from https://www.oecd.org/education/2030/E2030%20Position%20Paper%20(05.04.2018).pdf.

OMEP(2019). The OMEP ESD rating scale(2nd ed.). Retrieved March, 5, 2022 from https://omep-world.org/wp-content/uploads/2021/02/2019-OMEP-ESD-rating-scale2ed.ENG_.pdf.

Phillips, L. G.(2015). 진정한 일을 하고 싶어요-어린이들의 능동적인 지역사회 참여에 대한 고찰. in Davis, J. & Elliott, S. (eds.), **지속가능성을 위한 유아교육연구** [*Research in early childhood education for sustainability*] (pp.158-179), (지옥정 외 역), 서울: 창지사. (원저 2014년 출판).

Pramling, I. & Kaga, Y. (eds) (2008). *The contribution of early childhood education to a sustainable society*. Paris: UNESCO.

Pratt, R. (2010). Practical possibilities and pedagogical approaches For early childhood education for sustainability. In Davis, J. (Ed.), *Young children and the environment* (pp.104-153). NY: Cambridge University Press.

Robinson, L. & Vaealiki, S. (2010). Ethics and pedagogy at the heart of early childhood education for sustainability. in Davis, J.(ed). *Young children and the environment* (pp.154-181). NY: Cambridge University Press.

Siraj-Blatchford, J., Smith, K. C. & Samulelsson, I. P. (2010). *Education for sustainable development in the early years*. Retrieved September, 29, 2012. from http://www.ecesustainability.org.

Sterling, S. (2001). *Sustainable education*. Bristol: Green Books Ltd.

SWEDESD (2008). The Gothenburg recommendations on education for sustainable development. Gothenburg: Charmers.

Tayler, N., Littledyke, M. & Eames, C. (2009). Why do we need to teach Education for Sustainability at the primary level? in Littledyke, M., Tayler, N. & Eames, C.(eds). *Education for sustainability in the primary curriculum* (pp.1-7). South Yarra: Palgrave macmillan.

Think the Earth(2019). 지구의 내일을 부탁해! [未来を變える目標 SDGSアイデアブック]. (정미애 역). 서울: 청어람. (원저 2018년 출판).

Tilbury, D.(1994). The international development of environmental education: a basis for a teacher education model? *Environmental Education and Information*, *13*(1), 1-20.

UNEP(2021). UNEP Food Waste Index Report 2021. Retrieved April, 23, 2022 from https://www.unep.org/resources/report/unep-foodwaste-index-report-2021.

UNESCO(2005). *United Nations Decade of Education for Sustainable Development (2005-2014): International Implementation Scheme*(ED/DESD/2005/PI/01). Paris: UNESCO.

UNESCO(2014). *Shaping the future we want: UN Decade of Education for Sustainable Development (2005-2014) Final Report*. Retrieved April, 13, 2023 from http://unesdoc.unesco.org/images/0023/002303/230302e.pdf.

UNESCO(2024.1.12.). Young UNESCO Green Citizens take part in Changemakers for the Planet Summits! Retrieved January, 30, 2024 from https://www.unesco.org/en/articles/young-unesco-green-citizens-take-part-changemakers-planet-summits.

Wackernagel, M. & Rees, W. (2006). 생태발자국 [*Our ecological footprint*], (이유진, 류상윤 역), 서울: 이매진. (원저 1996년 출판).

Wallace-Wells, D. (2020). 2050 거주불능지구 [The uninhabitable earth: life after warming].(김재경 역). 서울: 추수밭. (원저 2019년 출판).

Winter, J. (2009). 나무들의 어머니 왕가리 마타이 [Wangari's trees of peace], (지혜연 역). 서울: 미래아이. (원저 2008년 출판).

YTN(2022. 11. 2.). '기후변화, 지구를 삼키다' 1부. 불타는 지구. https://www.youtube.com/watch?v=GQce4lWB2JM에서 2023년 3월 3일 인출.

저자소개

지옥정

이화여자대학교와 동 대학원에서 유아교육 전공으로 학사와 석사학위, 한국교원대학교에서 교육과정 전공으로 박사학위를 받았다. 방문교수로서 미국 University of Illinois에서 '프로젝트 접근법(The Project Approach)'을, 호주 Queensland University of Technology에서 '지속가능성을 위한 유아교육(Early Childhood Education for Sustainability)'을 연구하고 돌아와 우리나라 유아교육 현장에 적합한 방식으로 재해석하여 소개하였다.『유아교육현장에서의 프로젝트 접근법』,『환경기념일로 풀어 본 유아기 지속가능발전교육』은 그 대표적 결과물이다. 현재 한국교통대학교 유아교육과 명예 교수로 있으면서 'EfS 유아와 환경연구소' 대표로 활동하고 있다.

제2판
환경기념일로 풀어 본
유아기 지속가능발전교육

초 판 1쇄 발행 2014년 8월 30일
초 판 4쇄 발행 2023년 1월 16일
제2판 1쇄 발행 2024년 2월 28일

지 은 이 | 지옥정
펴 낸 이 | 김기섭
편 집 인 | 최창숙 · 이혜란
펴 낸 곳 | 창지사 www.changjisa.com
08589 서울시 금천구 가산디지털 1로 83 파트너스타워 1차 9층
전화 (02)719-2211~3
팩스 (02)701-9386
등 록 | 1977년 4월 28일 · 제1-421호

ISBN 978-89-426-1875-0 (93370)

값 25,000원